《煤矿安全生产条例》
专 家 解 读

邬燕云 编著

应 急 管 理 出 版 社

·北 京·

图书在版编目（CIP）数据

《煤矿安全生产条例》专家解读／邬燕云编著．－－北京：
应急管理出版社，2024（2024.3 重印）

ISBN 978－7－5237－0484－4

Ⅰ.①煤…　Ⅱ.①邬…　Ⅲ.①煤矿—安全生产—条例—
法律解释—中国　Ⅳ.①D922.545

中国国家版本馆 CIP 数据核字（2024）第 044785 号

《煤矿安全生产条例》专家解读

编　　著	邬燕云
责任编辑	曲光宇　孔　晶　李雨恬
编　　辑	梁晓平
责任校对	李新荣
封面设计	卓义云天

出版发行　应急管理出版社（北京市朝阳区芍药居 35 号　100029）
电　　话　010－84657898（总编室）　010－84657880（读者服务部）
网　　址　www.cciph.com.cn
印　　刷　天津嘉恒印务有限公司
经　　销　全国新华书店

开　　本　710mm×1000mm¹/₁₆　印张　19¹/₂　字数　248 千字
版　　次　2024 年 3 月第 1 版　2024 年 3 月第 2 次印刷
社内编号　20240185　　　　　定价　65.00 元

前　言

　　国务院总理李强签署中华人民共和国国务院令第774号，公布《煤矿安全生产条例》（以下简称《条例》），自2024年5月1日起施行。制定《条例》，旨在加强煤矿安全生产工作，防止和减少煤矿生产安全事故，保障人民群众生命财产安全。《条例》共六章七十六条，主要规定以下内容：一是坚持党的领导，确立工作原则。明确煤矿安全生产工作坚持中国共产党的领导，坚持人民至上、生命至上，坚持安全第一、预防为主、综合治理的方针。二是强化源头治理，严查风险隐患。要求煤矿企业对风险隐患进行自查自改并按规定报告。监管部门要建立健全督办制度，督促煤矿企业消除重大事故隐患。对"带病生产"的煤矿企业，依法采取责令停产整顿直至关闭的处罚措施。三是夯实煤矿企业主体责任。严格准入条件，明确煤矿企业取得安全生产许可证后方可进行生产。落实煤矿企业全员安全生产责任制。要求煤矿企业进行煤矿灾害鉴定并按照灾害程度和类型实施灾害治理。四是严格落实监管监察责任。规定煤矿安全生产实行地方党政领导干部安全生产责任制。明确监管部门和监管职责，要求县级以上地方人民政府负有煤矿安全生产监督管理职责的部门依法对煤矿企业特别是一线生产作业场所进行监督检查。矿山安全监察机构履行煤矿安全监察职责，负责对地方人民政府煤矿安全生产监管工作进行监督检查，有权进入煤矿现场并采取相应处置措施。五是加大惩处力度。对煤矿安全生产违法行为规定了罚款、行业和职业禁入、责令停产整顿、予以关闭等法律责任。

为便于煤矿企业及其从业人员、政府及其部门工作人员、社会服务机构及其专业技术人员理解《条例》，本人编写了本条例的内容解读，供大家参考。

编　者

2024 年 2 月 8 日

目　次

第一章

总　　则

>>▶ **第一条　为了加强煤矿安全生产工作，防止和减少煤矿生产安全事故，保障人民群众生命财产安全，制定本条例。**

>>> 【条文解读】本条是关于立法宗旨的规定。

一、制定《条例》的背景

煤炭是我国经济建设的基础能源和重要工业原料，关系到国民经济发展的全局。由于煤矿本身的危险性和生产方式的特殊性，因此造成煤矿事故多发，这就要求煤矿生产在满足国民经济发展所需煤炭的同时，必须保证自身安全，保护煤矿职工的生命安全，这是以人为本理念最直接的体现。据统计，中华人民共和国成立以来，全国煤矿共发生24起一次死亡百人以上的事故，死亡3852人，其中，瓦斯煤尘爆炸事故20起，死亡3315人。例如，2005年2月14日，辽宁省某煤矿发生一起特别重大瓦斯爆炸事故，造成214人死亡、30人受伤，直接经济损失4968.9万元。2004年11月28日，陕西省某煤矿发生特别重大瓦斯爆炸事故，造成166人死亡、

45人受伤，直接经济损失4165.9万元。

为了保障煤矿职工生命安全，实现煤炭工业的持续、稳定、健康发展，党中央、国务院始终把煤矿安全生产放在非常重要的位置，强调安全才能生产，生产必须安全。同时，在法律制度层面，国家相继制定出台了多部法律法规。1982年国务院制定出台了《矿山安全条例》《矿山安全监察条例》（后来两部条例已废止），1992年全国人大常委会会议通过了《中华人民共和国矿山安全法》（以下简称《矿山安全法》）。1996年全国人大常委会会议通过了《中华人民共和国煤炭法》（以下简称《煤炭法》），该法对煤矿安全生产专门作出了规定。2000年国务院制定出台了《煤矿安全监察条例》，2002年全国人大常委会会议通过了《中华人民共和国安全生产法》（以下简称《安全生产法》），2005年国务院制定出台了《国务院关于预防煤矿生产安全事故的特别规定》。《煤矿安全监察条例》和《国务院关于预防煤矿生产安全事故的特别规定》的实施，对健全完善煤矿安全法律体系，提高我国煤矿安全生产水平，促进煤矿安全生产形势稳定好转意义重大。2005年，全国煤矿发生4起一次死亡百人以上的事故，死亡614人。2005年以来，随着对小煤矿整顿关闭力度的加大和对瓦斯等灾害治理技术水平的提高，煤矿事故起数和死亡人数总体呈下降态势，但也有波动。2018年，全国煤矿共发生事故224起，死亡333人；2019年，全国共发生事故170起，死亡316人；2020年，全国煤矿共发生事故123起，死亡228人；2022年，全国煤矿共发生事故168起，死亡245人。因此，煤矿安全生产形势仍然十分严峻。一是随着煤矿开采强度和深度加大，各类灾害耦合叠加，重大安全风险持续累加。如部分煤矿由低瓦斯向高瓦斯、突出矿井演变，深部开采出现煤与瓦斯突出和冲击地压相互耦合的新生煤岩动力灾害、底板承压水威胁日趋严重。二是事故风险仍然较大。近些年，事故风险愈发突出，瓦斯、水灾等传统类型事故仍然多发。例如，2019 年陕西省某煤矿瓦斯事故造成 21 人死亡；2021 年新疆维吾尔自治区某煤矿透水事故造成 21 人死亡，青海省某煤矿顶板抽冒导致溃砂溃泥事故造成 20 人死亡。此外，非传统类型事故也呈上升趋势，顶板、窒息、露天煤矿边坡坍塌等事故也在逐步增加，冲击地压事故成为新的风险点。例如，2018 年山东省某煤矿冲击地压事故造成 21 人死亡；2022 年贵州省某煤矿顶板垮塌事故造成 14 人死亡；2023 年内蒙古自治区某露天煤矿发生特别重大坍塌事故，造成 53 人死亡、6 人受伤，直接经济损失 20430.25 万元，造成极大的社会影响。三是统筹发展和安全的压力。全球能源供应持续紧张，对我国能源安全保障造成了很大的冲击，煤炭保供的态势可能将延续。一些煤矿采掘持续紧张甚至失调，部分煤矿为追求短期经济效益，忽视对重大安全风险的有效管控和重大事故隐患的有效治理，违法违规进行生产建设。因此，当前制约煤矿安全生产的深层次矛盾和突出问题仍然很多，需要在整合原《煤矿安全监察条例》和《国务院关于预防煤矿生产安全事故的特别规定》的基础上，制定一部全新的保障煤矿安全生产的行政法规。主要基于以下因素考虑：

（1）认真落实习近平总书记关于安全生产重要论述的需要。习近平总书记指出，发展决不能以牺牲安全为代价，要牢固树立安全发展理念，要落实安全生产责任，坚持"党政同责、一岗双责、齐抓共管、失职追责"原则，坚持管行业必须管安全，管业务必须管安全，管生产经营必须管安全的原则。这些重要论述精神需要在新的《条例》中得到全面体现。

（2）贯彻落实党和国家机构改革精神的要求，2016 年，《中共中央 国务院关于推进安全生产领域改革发展的意见》要求，将国家煤矿安全监察机构负责的安全生产许可事项移交地方政府承担，厘清了安全生产综合监管与行业监管的关系。2020 年，中共中央办公厅、国务院办公厅印发《国家矿山安全监察局职能配置、内设机构和人员编制规定》，要求按照党中央决策部署，国家煤矿安全监察局更名为国家矿山安全监察局，仍由应急管理部管理，应急管理部的非煤矿山安全监督管理职责划入国家矿山安全监察局，设在地方的27个煤矿安全监察局相应更名为矿山安全监察局，由国家矿山安全监察局领导管理。矿山安全监察实施垂直管理体系，形成了"国家监察、地方监管、企业负责"的矿山安全监察工作格局。矿山安全监察机构不承担矿山安全监管的职责，只实行对矿山安全的国家监察职责，矿山安全监管的政府职责由地方人民政府的有关部门承担。以防范遏制重特大矿山生产安全事故为重点，坚持安全第一、预防为主、综合治理的方针，加强对地方政府落实矿山安全属地监管责任的监督检查，严密层级治理和行业治理、政府治理、社会治理相结合的安全生产治理体系，着力防范化解区域性、系统性矿山安全风险。推动地方矿山安全监督管理部门强化监管执法，依法严厉查处违法违规行为，督促企业落实安全生产主体责任，推动企业建立健全自我约束、持续改进的内生机制。强化矿山安全监管能力建设，建立健全监管执法人员资格管理制度，加强教育培训，推进安全科技创新，提升信息化建设和应用水平，进一步提高执法队伍能力和素质。将煤矿安全生产许可、建设工程安全设施设计审查和竣工验收核查、检验检测机构认证、相关人员培训等事项移交给地方政府。国家矿山安全监察局与有关部门的职责分工：①与自然资源部门的有关职责分工。自然资源部门负责查处矿山企业越界开采等违法行为。国家矿山安全监察机构发现矿山企业有越界开采等违法行为的，应当移送当地自然资源部门进行处理。②与公安机关的有关职责分工。公安机关负责民用爆炸物品公共安全管理和民用爆炸物品购买、运输、爆破作业的安全监督管理。国家矿山安全监察机构发现矿山企业有民用爆炸物品使用违法行为的，应当移送当地公安机关进行处理。③与能源部门的有关职责分工。能源部门从行业规划、产业政策、法规标准、行政许可等方面加强煤矿安全生产工作，负责指导和组织拟订煤炭行业规范和标准。国家矿山安全监察机构负责指导和组织拟订煤矿安全标准，会同能源等部门指导和监督煤矿生产能力核定工作。这些要求需要在新的《条例》中体现。2023 年，中共中央办公厅、国务院办公厅印发《关于进一步加强矿山安全生产工作的意见》，对严格矿山安全生产准入、推进矿山转型升级、防范化解重大安全风险、强化企业主体责任、落实地方党政领导责任和部门监管监察责任、推进矿山安全依法治理、强化组织实施等进行了明确。这些要求需要在新的《条例》中予以明确。

（3）进一步加强煤矿安全生产执法工作的需要。原《煤矿安全监察条例》执法主体单一，不适应"国家监察、地方监管、企业负责"的矿山安全监察工作格局，急需解决地方煤矿安全生产监管部门执法依据不足的问题。原《国务院关于预防煤矿生产安全事故的特别规定》是基于当时煤矿安全生产特定时期制定的，部分条款已不适应现在煤矿安全生产执法工作的需要。此外，为落实国务院关于加强事中事后监管，推进"互联网＋安全监管"的执法要求，以及落实实行行政执法公示、全过程记录、重大执法决定法制审核和集体讨论等制度，急需在新的《条例》中加以体现。

（4）与《安全生产法》等现行法律相衔接的需要。2002 年《安全生产法》出台后已多次作出修改，特别是在 2021 年进行了再次修改。相对而言，原《煤矿安全监察条例》和《国务院关于预防煤矿生产安全事故的特别规定》适用范围较窄，有些内容已不适应当前煤矿安全生产工作的需要，部分条款与现行《安全生产法》的规定存在不衔接的情况。新的《条例》需要与《安全生产法》等现行法律相衔接。

（5）适应和促进新时代煤炭工业健康发展的需要。近年来，煤炭工业的开发布局、生产规模发生了重大变革，灾害类型和灾害特点更趋复杂，煤矿从业人员数量和结构发生了重大变化，这些新情况、新问题都需要在新的《条例》中体现和解决。

二、制定《条例》的指导思想

（1）采取综合治理，建立保障煤矿安全生产的长效机制。要遏制煤矿生产安全事故，必须采取综合措施，增强煤矿企业安全生产责任主体意识，明确建设项目的安全管理、井下设备设施的安全标志管理，加强证照管理，保证煤矿职工教育培训，明确职工的安全义务，设置专职技术人员。建立健全全员安全生产责任制，强化停产整顿和关闭措施，发挥职工代表大会和职工大会作用，加重对违法行为的处罚等多方面，为防止和减少煤矿生产安全事故提供制度保障。

（2）强化源头治理，突出对煤矿安全风险监控和生产安全事故隐患的整治。坚持安全第一、预防为主原则，树立安全治理模式向事前预防转型的理念，落实安全风险分级管控机制，强化灾害预防和处理计划，及时消除事故隐患，防患于未然。在煤矿安全生产监督管理的事前预防、事中监管和事后惩处的整个过程中，重视和加强事前预防，加强证照的监督管理，强化建设项目安全设施的设计审查，加强建设项目安全设施验收活动和验收结果的监督核查和安全风险专项整治的监督检查。

（3）强化系统治理，落实各方安全生产责任。强化地方党政领导安全生产责任制，建立健全"国家监察、地方监管、企业负责"的安全生产责任机制。突出煤矿企业在保障安全生产中的主体责任，明确和加重地方人民政府及其负有煤矿安全生产监督管理职责的部门的安全生产职责，明确国家矿山安全监察机构的职责，发挥社会监督作用。规范煤矿安全生产技术服务活动，实施失信联合惩戒，规范煤矿生产安全事故报告和调查处理，实行严格的责任追究制度。

与原《煤矿安全监察条例》和《国务院关于预防煤矿生产安全事故的特别规定》相比，新制定出台的《条例》在保障煤矿安全生产上内容更加完整，制度设计更加有力，操作性更强，更加明确地将煤矿安全生产工作的重心转移到预防煤矿生产安全事故上，深化了安全生产重在预防的理念，反映了煤矿安全生产的规律。

三、制定《条例》的立法目的

1. 加强煤矿安全生产工作

所谓"安全生产"，就是指在生产经营活动中，为避免发生造成人员伤害和财产损失的事故，有效采取风险管控或者消除隐患和有害因素等措施，使生产或者经营过程在符合规定的条件下进行，以保证从业人员的人身安全和健康，保证生产经营活动得以顺利进行的相关活动。安全生产在社会经济生活中具有明显重要的地位，它在以下四个方面上直接产生影响：一是，直接关系广大从业人员的生命和健康；二是，直接关系到国家、生产经营单位以及个人的财产安全；三是，直接关系到生产经营能否继续进行，经济能否顺利发展；四是，直接关系到人民的安居乐业和社会稳定。大量的事实证明：保证安全生产就是有力地保障人民生命健康和国家、集体、个人财产的安全，就是促进经济正常发展，有利于社会稳定。如果安全生产得不到保证，就会给国家、给社会、给劳动者、给个人带来惨重的损失，酿成许多恶果。

煤炭是我国经济建设的基础能源和重要工业原料，关系到国民经济发展的全局。保障煤矿的安全生产尤其重要，一方面要保证煤矿自身的安全，持续不断生产出满足国民经济发展所需煤炭，促进和保障国家经济建设和发展；另一方面要防止和减少生产安全事故，保护煤矿职工的生命安全。经过多年努力，煤矿安全生产工作总体向好，但是，安全生产形势仍然严峻，各类生产安全事故时有发生。当前，一些煤矿企业"安全第一、预防为主"的观念淡薄，没有把维护职工生命安全放在第一位，对事故隐患的危害及其整改认识不足、措施不力，甚至受利益驱动强迫职工突击蛮干。特别是在近一个时期经济发展对煤炭需求旺盛的情况下，一些煤矿企业"以钱为本"，追求高额利润，置安全生产于不顾，带着安全生产隐患进行生产。更有一些非法和不具备安全生产条件的煤矿为获得利益，违法违规生产，从而酿成生产安全事故。同时，一些地方政府和监管部门对预防生产安全事故的发生重视不够、执法不严、监督不力，也是事故多发的重要原因之一。实践中，搞好煤矿安全生产工作有多种手段，早在 20 世纪 80 年代，原煤炭工业部就提出管理、装备、培训并重的原则，也采取各种措施。但是，在各种手段和措施之中，法律手段是保障煤矿安全生产必不可少的手段，这也是安全生产工作普遍性决定了必须依靠法律手段予以保障。其一，安全生产是一个普遍的要求，即人、机、环、管各环节都要符合安全生产的要求，而法律具有普遍性的特点，对法律所列入的调整对象都具有无可置疑的约束力，安全生产的普遍要求正需要法律的这种普遍约束力予以保障；其二，安全生产的要求是一个强制的要求，必须切实遵守和认真执行，不能有随意性，不得违反，而法律的一个基本特点是具有强制性，用国家的力量强制执行法律的规定。基于上述原因，国家在现有《安全生产法》等法律制度的基础上，整合原《煤矿安全监察条例》和《国务院关于预防煤矿生产安全事故的特别规定》，制定一部全新的、强有力的行政法规，实行更加严格的制度和更加严厉的措施来保障煤矿实现安全生产。对于《条例》中规定的安全生产要求，任何单位和个人都必须严格执行，切实遵守，不得违反，不得以种种借口削弱；违反者将受到法律的追究。

2. 防止和减少生产安全事故发生

所谓生产安全事故，是指在生产经营活动（包括与生产经营活动相关的活动，如收尾工作）中意外发生的，伤害人身安全与健康、损坏设备设施或者造成直接经济损失，导致正常的生产经营活动（包括与生产经营活动相关的活动，如收尾工作）暂时中止或永远终止的突发事件。在1993年9月劳动部办公厅印发的《企业职工伤亡事故报告统计问题解答》中，将"轻伤事故"定义为"一次事故中只发生轻伤的事故"；"轻伤是指造成职工肢体伤残，或者某些器官功能性或器质性轻度损伤，表现为劳动能力轻度或暂时丧失的伤害。一般指受伤职工歇工在一个工作日以上，但够不上重伤者。"将"重伤事故"定义为"一次事故中发生重伤（包括伴有轻伤），无死亡的事故"；"重伤是指造成职工肢体残缺或视觉、听觉等器官受到严重损伤，一般能引起人体长期存在功能障碍，或者劳动能力有重大损失的伤害。"将"死亡事故"定义为"一次事故中死亡职工1~2人的事故"；将"重大死亡事故"定义为"一次事故中死亡3人以上（含3人）的事故。"根据2007年发布的《生产安全事故报告和调查处理条例》的规定，生产安全事故是指生产经营活动中造成人身伤亡或者直接经济损失的事故，将事故分为四个等级：特别重大事故、重大事故、较大事故、一般事故。事故等级主要依据死亡人数、重伤（包括急性工业中毒）人数和直接经济损失确定，不包括轻伤人数，这是目前情况所决定的。

煤矿生产作业有很高的危险性：一是煤矿本身的危险性，除了部分煤矿属于低瓦斯外，多数煤矿属于高瓦斯（瓦斯具有爆炸性，还存在一氧化碳等有毒有害气体），有的煤矿还具有煤（岩）与瓦斯（二氧化碳）突出、冲击地压、煤层自燃等危险；二是生产作业的危险性，从业人员在井下和场所中工作，使用不同的机器设备和工具，进行采、掘、机、运、通等不同的作业活动，而许多作业活动都或多或少存在着某些可能会对人身和财产安全造成损害的危险因素。如果在生产经营活动中对各种潜在的危险因素缺乏充分的认识，或者虽有认识但没有采取有效的预防、控制措施，这种潜在的危险就会显现，造成人身伤害和财产损害的生产安全事故。因此，预防和减少煤矿生产安全事故的发生就成为生产经营者和从业人员关注的重要主题。根据事故致因理论，通过加大资金、物资、技术、人员的投入，强化安全管理，加强安全生产教育和培训，强化应急能力等措施，一切事故都是可以预防的。《条例》的制定从法律制度上规范煤矿企业的安全生产行为，加强地方人民政府及其有关部门、煤矿安全监察机构的外部监督管理，明确从业人员安全生产权利义务，确定保障安全生产的法定措施，并以国家强制力保障这些措施的贯彻执行，最终达到防止和减少生产安全事故的目的。

3. 保障人民群众生命财产安全

安全生产事关人民群众生命财产安全，事关改革开放、经济发展和社会稳定，事关党和政府的形象和声誉。一些严重的恶性事故往往会酿成重大人员伤亡和巨额财产损失的惨剧，使许多家庭受到严重伤害。习近平总书记强调，人命关天，发展决不能以牺牲人的生命为代价。这必须作为一条不可逾越的红线。必须坚持安全发展，扎实落实安全生产责任制，堵塞各类安全漏洞，坚决遏制重特大事故频发势头，确保人民生命财产安全。通过制定《条例》，强化煤矿企业的安全生产责任主体，明确政府及其有关部门的安全生产监管主体，落实国家监察、地方监管、企业负责的安全责任机制，防止和减少生产安全事故。其最终目的就是保障人民群众生命财产，维护社会稳定，保证社会主义现代化国家建设的顺利进行，增强人民群众的获得感、幸福感、安全感。

▶▶**第二条　在中华人民共和国领域和中华人民共和国管辖的其他海域内的煤矿安全生产，适用本条例。**

>>>**【条文解读】** 本条是关于本条例适用范围的规定。

法律的适用范围，也称法律的效力范围，包括法律的时间效力，即法律从什么时候开始发生效力和什么时候失效；法律的空间效力，即法律适用的地域范围；法律对人、事的效力，即法律对什么人、行为适用。关于《条例》的时间效力问题，第七十六条已作出规定，自 2024 年 5 月 1 日起施行。本条对《条例》适用的地域范围和对人、事的适用范围作出了规定。

一、适用的地域范围

中华人民共和国境内，它包括在我国主权所及的全部领域内。一般讲，法律的地域效力范围的普遍原则，适用于制定它的机关所管辖的全部领域。《条例》作为国务院制定、颁布的行政法规，其效力自然在我国境内。这里讲的领域，是指主权国家的领陆、领水和领空。领陆是指主权国家疆界以内的陆地；领水是指疆界以内或与陆地疆界邻接的一定宽度的水域，包括江河、湖泊、内水、领海；领空是指领陆和领水之上的空间。内水是指我国领海基线向内陆一侧的所有海域，是构成国家领水的组成部分，即包括一国的海湾、海峡、海港、河口湾，测算领海的基线与海岸之间的海域，被陆地所包围或通过狭窄水道连接海洋的海域。我国海岸线有 18000 千米，海域辽阔，有许多岛屿、海峡、岬角、河口和港口被包括在领海基线的范围内，如我国的渤海、胶州湾、吴淞口、珠江口和琼州海峡等均属于我国的内水。领海是指领海基线以外、领海外部界线以内的一定宽度的海域，是受国家主权支配和管辖下的一定宽度的海域。对于领海宽度的确定权，《联合国海洋法公约》只规定领海宽度从领海基线量起不得超过 12 海里，并规定领海宽度的确定权应当由缔约国决定。根据 1992 年《中华人民共和国领海及毗连区法》规定，我国领海的宽度为 12 海里。此外，沿海国家还可以在其领域之外邻接其领海的海域设立专属经济区，即从测算领海宽度的基线量起，不超过 200 海里的海域。在这个区域内，沿海国家对勘探、开发、养护和管理海床、底土及其上覆水域的自然资源，拥有主权权利，故称此区域为"管辖的其他海域"。就一个国家而言，其法律的空间效力由该国的立法体制决定。在我国，由全国人大及其常委会制定的法律在全国范围内适用，由国务院制定的行政法规在全国范围内适用。根据《中华人民共和国宪法》《中华人民共和国香港特别行政区基本法》和《中华人民共和国澳门特别行政区基本法》的规定，除两个基本法附件上规定的特别行政区适用的全国法律外，其他法律不适用于特别行政区。故国务院制定的行政法规不适用特别行政区。

二、适用的主体范围

（1）一切从事煤矿建设项目的建设、施工、监理和煤矿生产作业的单位或个人。这里的"单位"可以是我国的法人和其他组织，也可以是外国企业以及其他组织；"个人"既可以是中国公民，也可以是外国人。上述主体在我国从事煤矿安全生产活动的，都必须遵守本条例。

（2）对煤矿建设项目的建设、施工、监理和煤矿生产作业的单位或个人的安全生产活动实施监督管理的地方人民政府及其负有煤矿安全生产监督管理职责的部门、矿山安全监察机构。行政机关依法行政是中国特色社会主义法治国家建设的基本要求。各级地方人民政府及其负有煤矿安全生产监管监察职责的部门、矿山安全监察机构按照各自的职责，都应当依照《安全生产法》等有关法律法规和本条例的规定，对煤矿安全生产工作实施监督管理，严格依法办事，做到有法必依、执法必严、违法必究。对有关行政执法部门不依法履行职责，玩忽职守、徇私舞弊或者滥用职权的，《条例》明确规定要依法追究其法律责任。

（3）承担煤矿安全评价认证、检测、检验等职责的煤矿安全生产技术服务机构和对其实施监管管理的县级以上地方人民政府负有煤矿安全生产监督管理职责的部门。煤矿安全生产技术服务机构作为有别于煤矿企业、政府的第三方，必须坚持客观、公正的原则，依照法律法规、国家标准或者行业标准和行业准则的要求开展安全生产技术服务活动，并对出具的报告负责。对煤矿安全技术服务机构及有关人员的违法行为，《条例》明确规定要依法追究其法律责任。

▶▶第三条　煤矿安全生产工作坚持中国共产党的领导。

煤矿安全生产工作应当以人为本，坚持人民至上、生命至上，把保护人民生命安全摆在首位，贯彻安全发展理念，坚持安全第一、预防为主、综合治理的方针，从源头上防范化解重大安全风险。

煤矿安全生产工作实行管行业必须管安全、管业务必须管安全、管生产经营必须管安全，按照国家监察、地方监管、企业负责，强化和落实安全生产责任。

>>>【条文解读】本条是关于煤矿安全生产工作的指导思想、

理念、方针和原则的规定。

（1）坚持党对煤矿安全生产工作的领导，是搞好煤矿安全生产工作的重要保障。

党的十八大以来，习近平总书记对安全生产工作作出重要论述和指示批示精神，强调党政同责、一岗双责、齐抓共管、失职追责。党委要管大事，发展是大事，安全生产也是大事。党政一把手必须亲力亲为、亲自动手抓。2016年《中共中央 国务院关于推进安全生产领域改革发展的意见》明确地方各级党委和政府要始终把安全生产摆在重要位置，加强组织领导。党政主要负责人是本地区安全生产第一责任人，班子其他成员对分管范围内的安全生产工作负领导责任。地方各级党委要认真贯彻执行党的安全生产方针，在统揽本地区经济社会发展全局中同步推进安全生产工作，定期研究决定安全生产重大问题。严格安全生产履职绩效考核和失职责任追究。强化安全生产宣传教育和舆论引导。推动组织、宣传、政法、机构编制等单位支持保障安全生产工作。动员社会各界积极参与、支持、监督安全生产工作。我们党的政策和国家法律都是人民根本意志的反映，在本质上一致的。党的政策是国家法律的先导和指引，是立法的依据和执法司法的重要指导。通过法定程序使党的主张成为国家意志、形成法律，通过法律保障党的政策有效实施，确保党发挥总揽全局、协调各方的领导核心作用。党的政策成为国家法律后，实施法律就是贯彻党的意志，依法办事就是执行党的政策。党领导人民制定宪法法律，也领导人民执行宪法法律，党自身必须在宪法法律范围内活动，做到党领导立法、保证执法、带头守法。《安全生产法》将中国共产党对安全生产工作的领导进行了法律定位，煤矿安全生产工作是整体安全生产工作的重中之重，《条例》进一步明确中国共产党对煤矿安全生产工作的领导地位，十分必要。通过实施《条例》，将更加有利于各级党委依法履职、依法尽责，切实抓好煤矿安全生产工作。

（2）煤矿安全生产工作应当以人为本，坚持人民至上、生命至上，把保护人民生命安全摆在首位。

人的生命至高无上，以人民为中心是我们一切工作的出发点。我国是中国特色社会主义国家，人民的利益高于一切，党的宗旨是为人民服务，坚持为了人民、依靠人民。搞好安全生产工作，根本目的是防止和减少生产安全事故，保障人民群众生命和财产安全，包括国家财产和私人财产，但是要以保障人民的生命为首位。山东省某输油管道泄漏引发特别重大爆炸事故后，习近平总书记在考察事故抢险工作时指出，各级党委和政府、各级领导干部要牢固树立安全发展理念，始终把人民群众生命安全放在第一位。《国务院关于坚持科学发展安全发展促进安全生产形势持续稳定好转的意见》明确提出，安全生产工作要始终把保障人民群众生命财产安全放在首位，大力实施安全发展战略。煤矿风险高、危害大，极易发生生产安全事故，理所当然，搞好煤矿安全生产工作必须坚持发展决不能以牺牲人的生命为代价这条红线，牢固树立以人为本、人民至上、生命至上的理念，把保护人民生命安全摆在首位。这对正确处理重大险情和事故应急救援中"保财产"还是"保人命"问题具有重大意义。

（3）煤矿安全生产工作必须贯彻正确的安全发展理念。

发展是第一要务，没有发展就没有出路。如何发展？怎么发展？要处理好发展与安全的关系。党的十九届五中全会强调，统筹发展和安全，建设更高水平的平安中国。安全是发展的前提，发展是安全的保障，安全和发展要同步推进。实现高质量发展，安全正是题中之义。在市场经济条件下，煤矿生产往往带来巨大的经济利益，如果盲目追求经济利益，对安全隐患心存侥幸，建设项目没有安全设施保障、安全投入严重不足、设备设施陈旧老化和带病运行、从业人员安全教育培训走过场、从业人员安全素质和操作技能低下、超能力超强度生产、强令从业人员冒险违章作业，最终因为安全不达标而导致事故发生。其结果是大量人员伤亡要予以民事赔偿，煤矿要被政府依法处罚，包括罚款、责令停产整顿，甚至责令关闭，这类事例不可胜数。只有正确处理好发展与安全的关系，把发展建立在安全的基础之上，筑牢安全生产的根基，提升煤矿安全生产整体水平，才能促使煤矿健康发展。习近平总书记多次强调，各地区各部门、各类企业都要坚持安全生产高标准、严要求，招商引资、上项目要严把安全生产关，加大安全生产指标考核权重，实行安全生产和重大安全生产事故风险"一票否决"。经济社会发展的每一个项目、每一个环节都要以安全为前提，不能有丝毫疏漏。因此，对于从事煤矿生产这个高危行业，作为市场主体的煤矿企业必须树牢安全发展理念，绝不能只重发展不顾安全，更不能将其视作无关痛痒的事，搞形式主义、官僚主义，要扎扎实实将安全理念贯穿煤矿生产全过程，使安全意识成为全体从业人员的共识，煤矿发展才能高质高效，人民群众生命安全才有保障，社会才能安定和谐。

（4）煤矿安全生产工作必须坚持"安全第一、预防为主、综合治理"的方针，从源头上防范化解重大安全风险。

所谓"方针"，是指导一个领域、一个方面各项工作的总的原则，这个领域、这个方面的各项具体制度、措施都必须体现、符合这个方针的要求。《安全生产法》在总结我国安全生产管理实践经验的基础上，将"安全第一，预防为主、综合治理"规定为我国安全生产工作的基本方针，煤矿安全生产工作必须坚持这个方针。

① 坚持"安全第一"，就是要求煤矿在生产经营活动中，在处理保证安全与实现经济效益的关系时，要始终把安全，特别是把人员（包括从业人员和其他有关人员）的人身安全放在首要的位置，

实行"安全优先"的原则。在确保安全的前提下，努力实现生产经营的其他目标。从根本上说，煤矿保证安全生产与实现生产经营活动本身的目标是一致的。因为就各方面对生产经营活动本身的目标期望而言，投资者是希望取得盈利，得到尽可能多的投资回报；从业人员是希望获得劳动报酬，增加个人收入；政府则是希望多提供一些就业岗位，增加社会需要的煤炭和税收，促进社会的稳定和繁荣。而要使生产经营活动自身所承载的这些目标能够实现，一项基本前提就是必须保证安全生产。显然，如果煤矿不能保证安全生产，发生人身伤亡或财产损失的事故，投资者、从业人员和政府的目标都难以实现或者要大打折扣，甚至会给各方面造成巨大损失，产生严重的负效应。从另一方面讲，生产经营活动中保证安全生产的目标与实现其他目标之间又会在一定情况下发生矛盾。比如，在企业资金一定的情况下，投到安全生产方面的资金多一些，则投到其他方面的资金就会少一些；企业用于安全生产的费用多一些，成本就会高一些，利润就会少一些；严格按安全生产的操作规程办事，生产效率就可能会受到一些影响，等等。在保证安全生产与生产经营活动中的其他目标发生冲突时，如何处理，这就是安全生产管理方针所要回答的问题，答案就是"安全第一"。当然，对于"安全第一"的方针也要有正确的理解，不是说对于安全生产的投入越多越好，安全系数越高越好，更不能理解为为了保证安全而将一些高危作业统统关掉。而是要在保证安全的同时，促进生产经营活动的顺利进行，促进经济社会持续健康的发展。也就是在处理发展与安全、生产与安全、效益与安全的问题上，要树立"安全第一"的理念，做到"生产必须安全、不安全不生产"。

习近平总书记指出："发展决不能以牺牲人的生命为代价，这必须作为一条不可逾越的红线。"即要把安全放在首位，保证人民群众生命，在此基础上促进发展。从实际情况来看，一些煤矿企业违背"安全第一"的方针，受利益驱动，片面追求经济效益，忽视甚至放弃安全生产管理，致使规章制度松弛，安全生产责任制形同虚设，安全生产投入严重不足，设备设施老化和带病运转，存在大量事故隐患，不具备基本的安全生产条件，导致事故不断发生。因此，在《条例》中明确"安全第一"的方针更显得尤为必要。

②坚持"预防为主"，就是要求把抓煤矿安全生产工作的重心放在预防上。对于安全生产的管理，不仅在发生事故后组织抢救，进行事故调查，找原因、追责任、堵漏洞，这些当然都是安全生产管理工作中不可缺少的重要方面，对预防同类或者相近事故也有亡羊补牢的作用。但更为重要的是要谋事在先、尊重科学、探索规律，采取有效的事前控制措施，千方百计预防事故的发生，做到防患于未然，将事故消灭在萌芽状态。根据事故致因理论，一切事故都是可以预防的，当然，绝对杜绝事故难以做到。但只要在思想上重视，预防措施得当，特别是重大恶性事故是可以大大减少的。习近平总书记指出，安全生产，要坚持防患于未然，意思就是要预防在先。

③坚持"综合治理"，就是要求采取多种措施和手段治理煤矿安全生产问题。煤矿安全生产工作是一项系统工程，对于存在的风险或者隐患要从多个方面入手，统筹协调，齐抓共管，标本兼治，重在治本，运用法律、经济、行政、技术、管理等手段，充分调动全社会力量，群防群治，才能达到预期目标。这提示我们，要从发展规划、行业管理、安全投入、科技进步、经济政策、教育培训、激励约束、企业管理、监管体制、社会监督、责任追究等方面入手，解决影响制约安全生产的历史性、深层次问题。具体到各个方面：煤矿企业是安全生产的责任主体，应当加大安全生产投入，加强从业人员安全生产教育和培训，强化安全管理，建立完善风险分级管控和事故隐患排查治理制度，强化应急救援能力等。从业人员

作为安全生产工作的承担者，应当切实提高安全意识和相应的操作技能，遵章守纪，依法依规作业，及时发现并报告事故隐患和安全问题。政府层面应当加大科技研究力度，推广先进安全科学技术和装备，制定出台相应的政策措施，建立重大隐患治理资金等。地方煤矿安全生产监督管理部门、矿山安全监察机构和其他有关部门应当按照各自职责加强安全生产工作的监督检查，督促事故隐患的整改，加大处罚力度，严肃事故责任追究等。

④ 搞好煤矿安全生产工作，强化源头治理是基础。《条例》规定"从源头上防范化解重大安全风险"，意义更加明确，煤矿安全生产要从源头治理。一是要把好入口关，或者准入关。煤矿建设项目建成或者投入使用前，要保证不留尾巴，不存在先天不足。习近平总书记强调，各地区各部门、各类企业都要坚持安全生产高标准、严要求，招商引资、上项目要严把安全生产关，加大安全生产指标考核权重，实行安全生产和重大安全生产事故风险"一票否决"。就是要求我们严把入口关，从源头上杜绝各类事故隐患。否则一旦项目建成或者投入使用就会留下重大隐患。二是对现有煤矿要从源头上防范化解重大安全风险，建立和落实好风险管控和隐患排查双重预防机制。习近平总书记指出，安全生产，要坚持防患于未然。强调安全生产是民生大事，一丝一毫不能放松，要以对人民极端负责的精神抓好安全生产工作，站在人民群众的角度想问题，把重大风险隐患当成事故来对待，守土有责，敢于担当，完善体制，严格监管，让人民群众安心放心。要健全风险防范化解机制，坚持从源头上防范化解重大安全风险，真正把问题解决在萌芽之时、成灾之前。煤矿只要从事生产经营活动，就存有各类风险，从风险开始，切实开展各类风险辨识，进行风险评价，根据评价结果有针对性采取分级管控措施，建立完善相关制度，避免风险管控失效而演变成隐患；加强隐患排查治理机制，避免隐患最终酿成事

故，形成安全预防两道防线。

（5）煤矿安全生产工作实行管行业必须管安全、管业务必须管安全、管生产经营必须管安全的原则。

《安全生产法》规定"安全生产工作实行管行业必须管安全、管业务必须管安全、管生产经营必须管安全"的原则。《条例》进一步明确煤矿安全生产工作应当实行"三管三必须"原则，充分体现了煤矿安全生产工作的复杂性，需要发挥政府、部门、企业、职工等多方的作用，形成协同合力，实现安全生产工作的共治。这里的"管"是广义的概念，既包括政府及部门的监管，也包括生产经营单位内部的管理。从政府层面来讲，国家矿山安全监察机构及其设在地方的矿山安全监察机构对煤矿安全生产实行国家监察职责，地方人民政府及其负有煤矿安全生产监督管理职责的部门对煤矿安全生产实行地方监管职责，自然资源、住房和城乡建设、公安、能源等有关部门按照各自职责对其行业、业务范围内的安全生产工作履行监管职责。同时，领导干部按照规定实行一岗双责，既要管好职责范围内的业务事，也要管好安全生产的事。从煤矿及煤矿企业来讲，应建立健全全员安全生产责任制，从主要负责人到每位从业人员人人都有安全生产职责。主要负责人是本企业安全生产第一责任者，对本企业安全生产工作全面负责；每位分管负责人都要对其职责范围内的安全生产工作负责，严格落实谁管生产，谁就管其生产过程中的安全生产，谁管业务，谁就管其业务范围内的安全生产，谁管经营，谁就管其经营活动内的安全生产，做到每个岗位、每位从业人员都是一岗双责，实现安全生产的共治共管。

（6）建立健全国家监察、地方监管、企业负责的工作机制，强化和落实安全生产责任。

搞好煤矿安全生产工作应当发挥各方优势，建立健全国家监察、地方监管、企业负责的煤矿安全生产工作机制。企业负责是核心、地方监管是重点，国家监察是保证。一是煤矿企业是安全生产工作责任主体，应当对本企业安全生产负责。搞好煤矿安全生产工作的关键是企业主要负责人，主要负责人应当依照本条例和《安全生产法》等有关法律法规的规定，依法履行法定职责。主要负责人和安全生产管理人员应当具备煤矿安全生产知识和相应的管理能力，依法取得相应的安全资格证。煤矿企业应当加强从业人员的安全生产教育和培训，从业人员经培训合格后方可上岗作业。煤矿企业应当建立健全全员安全生产责任制，建立完善的安全生产规章和操作规程等。二是强化和规范县级以上地方人民政府负有煤矿安全生产监督管理职责的部门对煤矿企业的监管。煤矿企业是安全生产工作核心，但离不开负有煤矿安全生产监督管理职责的部门的强有力监管，必须充分发挥负有煤矿安全生产监督管理职责的部门的作用，完善年度安全生产执法计划，规范监管执法行为，强化对煤矿企业的执法力度。三是加强国家监察的指导和监督作用。发挥国家矿山安全监察机构及其设在地方的矿山安全监察机构的国家监察作用，依法加强对县级以上地方人民政府煤矿安全生产监督管理工作的监督检查，指导和监督负有煤矿安全生产监督管理职责的部门开展执法工作。

搞好煤矿安全生产工作，应当强化和落实安全生产责任。这里安全生产责任既包括煤矿企业主体责任，也包括国家监察责任和地方监管责任。国家矿山安全监察机构及其设在地方的矿山安全监察机构代表中央政府对煤矿安全生产工作履行国家监察责任；县级以上地方人民政府负有煤矿安全生产监督管理职责的部门对煤矿安全生产工作履行地方监管责任，其他有关部门按照职责分工依法履行煤矿安全生产相关职责。国家监察、地方监管都是代表政府对煤矿安全生产工作履行监管职责。煤矿企业要强化和落实安全生产主体责任。煤矿安全生产是个系统工程，涉及多方面因素，需要进行综合治理。从各种因素方面来讲，包括内部因素（即煤矿企业及从业人员）和外部因素（包括政府、社会等），主要有以下四个方面：第一，涉及煤矿本身的问题，如从业人员的安全意识和素质高低（即安全教育培训程度）、是否保证必要的安全投入、是否设有安全管理机构及配备安全生产管理人员、设备设施是否安全可靠、风险管控和隐患排查治理等措施是否到位等。这是本质的因素，哲学上讲是内因，是动力。第二，涉及政府的问题，如许可准入、监管执法等，这是外因，主要强化监督和检查。第三，涉及社会的问题，对于有些事，煤矿企业不会做，就得请外人从技术、管理等方面提供帮助，通常讲是第三方服务，如安全评价、检测、咨询、技术、管理等技术服务。第四，还涉及外面的监督，如新闻媒体的监督，任何社会组织和个人的举报等。上述这些因素概括起来主要有两个因素：一是煤矿企业主体责任，这是内因、主因，也是根本；二是政府监管责任，包括国家监察责任和地方监管责任，这是外因，也是最强大的、最有力的外因。煤矿危险性高，关乎广大群众的生命安全，因此煤矿安全生产尤其重要。事实证明，通过外因的作用，即强化政府监管责任，加大对煤矿企业的许可准入、执法检查、行政处罚、行政强制等措施，有利于推动煤矿企业落实安全生产主体责任。哪个地方的政府监管力度大，煤矿企业的主体责任落实得就好，整体安全生产工作就好，生产安全事故就少。所以，《条例》明确按照国家监察、地方监管、企业负责的工作机制，强化和落实安全生产责任，将由过去强调一方面责任转变为强调两方面责任，既强化煤矿企业的安全生产主体责任，又强化国家监察、地方监管的政府监管责任，既体现了立足新发展阶段政府治理的新特点，也体现了以人民为中心的理念和政府对煤矿安全生产工作的担当作为。煤矿企业主体责任与政府监管责任有如一辆车的前后双轮，必须共同发力方能行稳致远。

▶▶第四条　煤矿企业应当履行安全生产主体责任，加强安全生产管理，建立健全并落实全员安全生产责任制和安全生产规章制度，加大对安全生产资金、物资、技术、人员的投入保障力度，改善安全生产条件，加强安全生产标准化、信息化建设，构建安全风险分级管控和隐患排查治理双重预防机制，健全风险防范化解机制，提高安全生产水平，确保安全生产。

煤矿企业主要负责人（含实际控制人，下同）是本企业安全生产第一责任人，对本企业安全生产工作全面负责。其他负责人对职责范围内的安全生产工作负责。

>>>【条文解读】本条是煤矿企业及其负责人安全生产职责的总体规定。

（1）煤矿企业是煤矿安全生产的责任主体。在市场经济条件下，煤矿企业作为市场主体，独立参与经济活动，并获得相应的经济效益。当然，一旦发生生产安全事故，也必须承担相应的法律责任。煤矿安全生产搞得好不好，关键在企业自身。事实证明，煤矿企业发生生产安全事故主要原因有三个方面：人的不安全行为、物的不安全状态、管理制度的缺失。其中，人的不安全行为占到90%以上，具体表现为：安全生产教育培训不到位，从业人员的安全意识和素质低下，违章指挥和违章冒险作业；设备设施陈旧不安全可靠；风险管控和隐患排查治理等制度措施缺失或者落实不好等，这些都是煤矿企业的安全生产职责所在。煤矿企业只有安全生产，才能获得更多利益，才能保障广大人民群众的生命安全和财产安全。因此，煤矿企业应当对本企业的安全生产承担主体责任不仅是法定义务，也符合本企业利益。

（2）煤矿企业必须加强安全生产管理。安全生产管理是企业管理的重要内容。安全融入生产经营活动中，只要存在生产经营活动，就存在安全的问题。安全生产管理，是以保证生产经营过程中的人身安全和财产安全为目标的管理活动，是在生产经营活动中对安全的管理。这里讲的"安全生产管理"是广义的概念，包括所有涉及安全生产事项的管理。为了预防和减少各类生产安全事故发生，煤矿企业必须按照法律、法规、规章、标准和国家有关规定，结合本单位具体情况，做好安全生产的计划、组织、指挥、控制、协调等各项管理工作，建立安全风险管控和隐患排查治理制度，制定灾害治理方案和措施，加强对爆炸物品的安全管理，做好生产作业场所、设备、设施的安全管理等。同时，在安全生产管理工作中，要注意尊重科学，探求和把握规律，借鉴国外先进管理经验和做法，采用科学合理有效的管理方法，切实提高煤矿企业的安全生产管理水平。

（3）煤矿企业必须建立健全并落实全员安全生产责任制和安全生产规章制度。安全生产责任制是指单位、职能部门以及领导、人员在劳动生产过程中对安全生产工作层层负责的制度，即安全生产责任定到岗位、定到人头。全员安全生产责任制是指单位从主要负责人到作业人员的全体员工人人都对安全生产工作负责的制度，即每个岗位的每位员工都按照"管生产必须管安全、管经营必须管安全、管业务必须管安全"和"一岗双责"的要求，既做好本人职责范围的规划、采购、外包、生产、经营、施工、作业等工作（即岗位责任），也要做好与之相关的安全生产工作（即安全责任），切实做到安全生产工作人人有责、人人担责、人人尽责。在煤矿企业全员安全生产责任制中，主要负责人是本企业安全生产第一责任者，对本企业的安全生产工作全面负责，其他各级管理人员、职能部门人员、技术人员和各岗位操作人员应当根据各自的工作任务、岗位特点确定其在安全生产方面应做的工作和应负的责任，并与奖惩制度挂钩。安全生产规章制度是指为保障安全生产，根据法律、法规、规章、标准和国家有关规定，结合本单位实际制定的指引、约束和规范人的行为准则、物的使用准则，包括各种组织生产过程和进行安全管理的规则和制度的总和。煤矿企业从主要负责人到各岗位员工人人都有明晰的安全生产责任，安全生产规章制度齐全具体，人人都按照规章制度和各自职责做好工作，本企业的安全生产才能得到保障。

（4）煤矿企业必须加大对安全生产资金、物资、技术、人员的投入保障力度，改善安全生产条件。煤矿企业具有持续生产的特点，采、掘、机、运、通等环节复杂，保证必要的安全投入既是维护生产活动的需要，也是保证其实现安全生产的基础。大量事实证明，煤矿企业因设备设施陈旧、长期带病运转、安全设备缺失等是导致事故的重要原因之一，这些都与安全生产投入不足有关。此外，从业人员配备不齐、安全教育培训经费不足，从业人员安全素质低下，这些都与人员的投入不足有关。2013年山东省某输油管道泄漏引发特别重大爆炸事故，习近平总书记明确指出"所有企业都必须认真履行安全生产主体责任，做到安全投入到位、安全培训到位、基础管理到位、应急救援到位，确保安全生产。"因此，煤矿企业必须加大对安全生产资金、物资、技术、人员的投入保障力度，不断改进完善安全生产条件，以符合法律、法规、规章、国家标准或者行业标准规定的安全生产要求。

（5）煤矿企业必须加强安全生产标准化、信息化建设。安全生产标准化是保障企业安全生产的重要措施，为此，2014年修订的《安全生产法》专门将安全生产标准化写入法律。《条例》再次明确煤矿企业必须加强安全生产标准化建设。根据《企业安全生产标准化基本规范》（GB/T 33000—2016），企业安全生产标准化是指企业通过落实安全生产主体责任，全员全过程参与，建立并保持安全生产管理体系，全面管控生产经营活动各环节的安全生产与职业卫生工作，实现安全健康管理系统化、岗位操作行为规范化、设备设施本质安全化、作业环境器具定量化，并持续改进。从定义可以看出，企业安全生产标准化涵盖了企业安全生产工作的全过程，是企业开展安全生产工作的基本要求。

其实，对于煤矿来讲，由于生产的高危险性，包括安全在内的质量标准化尤其重要。1964 年煤炭工业部就已经提出质量标准化，并于 1986 年在全国开展实施。这里讲的质量包括采、掘、机、运、通等方面，本身就包括安全生产的内容。质量标准化的实施对于防止和减少煤矿事故发生方面发挥了重要作用。随着国家机构的改革，1998 年撤销原煤炭工业部，成立国家煤炭工业局，1999 年成立国家煤矿安全监察局，2001 年成立国家安全生产监督管理局，国家对包括煤矿在内的安全生产工作高度重视。2004 年，国家煤矿安全监察局对原煤炭工业部颁布的标准进行修改，印发《煤矿安全质量标准化标准与考核评级办法（试行）》，将质量与安全分别在标准化中体现。2005 年，国家安全生产监督管理局升格为国家安全生产监督管理总局。2009 年，国家安全生产监督管理总局、国家煤矿安全监察局对标准再次修订，联合颁布《国家级安全质量标准化煤矿考核办法（试行）》。2013 年，国家煤矿安全监察局以文件印发了《煤矿安全质量标准考核评级办法（试行）》。煤矿安全质量标准化是煤矿企业的基础工程、生命工程和效益工程，是构建煤矿安全生产长效机制的重要措施，是我国煤炭行业借鉴国内外先进的安全质量管理理念、方法和技术，经过多年实践探索，逐步发展形成的一整套安全质量管理体系和方法。它突出安全生产的重要地位，强调安全生产工作的规范化、标准化，以及安全与质量的高度统一性。煤矿安全质量标准分为井工煤矿和露天煤矿两种类型。井工煤矿安全质量标准化包括通风、地测防治水、采煤、掘进、机电、运输、安全管理、职业卫生、应急救援、调度、地面设施 11 个部分。露天煤矿安全质量标准化包括穿孔、爆破、采装、运输、排土、机电、边坡、疏干排水、安全管理、职业卫生、应急救援、调度、地面设施 13 个部分。2020 年，国家煤矿安全监察局对标准进行了修订，印发了《煤矿安全生产标准化管理体系考核定级办法（试行）》和《煤矿安全生产标准化管理体系基本要求及评分办法（试行）》，这两个办法完整体现了煤矿安全生产标准化。煤矿安全生产标准化是一项保障煤矿安全生产的基础性工程和综合性工程，涉及采、掘、机、运、通等环节，包括保障安全生产的硬件（即设备、设施等）和软件（即管理制度等）多个方面。经过几十年的工作，煤矿安全生产标准化建设已有成熟的做法和具体的规范，已经通过实践证明，是保障煤矿安全生产的有效经验，是一种先进的安全管理体系。煤矿企业必须持续加强安全生产标准化建设，不断提高企业安全生产保障能力。

当今时代，信息化是促进企业安全生产的重要手段，5G、AI、"互联网＋安全生产"等方法是解决安全生产问题的有效途径。煤矿企业风险高、危害大，必须树立科技兴安的理念，利用信息化手段加强对本企业重大危险源、重大风险场所的监测、监控，逐步建立风险分级管控和事故隐患排查治理网络，利用信息化实施在线安全管理。

（6）煤矿企业必须构建安全风险分级管控和隐患排查治理双重预防机制，健全风险防范化解机制。构建安全风险分级管控和隐患排查治理双重预防机制是防范事故发生的重要措施。安全风险分级管控是隐患排查治理的前提和基础，通过安全风险辨识、评估，根据评估结果加强安全风险分级管控，从源头上消除、降低或者控制相关风险，进而降低事故发生的可能性和后果的严重性。隐患排查治理是安全风险分级管控的强化与深入，通过隐患排查治理工作，查找风险管控措施的失效、缺陷或不足，采取措施予以整改。

煤矿企业必须严格落实双重预防机制，健全风险防范化解机制，真正把风险分级管控挺在前面，避免风险管控失效而演变成隐患；把隐患挺在事故前面，避免因隐患不消除最终酿成事故，从源头防范化解重大安全风险，最终达到预防和减少生产安全事故的目的。

（7）煤矿企业主要负责人（包括实际控制人）是本企业安全生产的第一责任人，对本企业安全生产工作全面负责。煤矿企业作为社会财富的创造者，承担着与社会共同发展的责任。煤矿企业的安全生产不仅关系到本企业的职工人身安全和财产安全，还可能影响社会公共安全。习近平总书记强调，人命关天，发展决不能以牺牲人的生命为代价，这必须作为一条不可逾越的红线。煤矿企业主要负责人作为企业的"一把手"，要统筹企业的经济发展和安全生产工作，能否切实负起责任不仅关系到煤矿职工的生命安全，也关系到煤矿企业的财产和利益。煤矿企业只有安全生产才能获得更多利益；反之，事故多发，只能使企业遭受重大经济损失。因此，《条例》明确煤矿企业主要负责人是本企业安全生产的第一责任人，全面负责本企业安全生产工作。对本企业的安全生产承担主要责任，不仅是法定的义务，也符合本企业利益。

实际工作中，部分煤矿企业为了逃避法律责任，将临时工或者普通从业人员登记为法定代表人，或者花钱聘请与煤矿企业生产经营管理和决策毫不相干的人员作为名义上的主要负责人，不负责煤矿企业生产经营的实际活动。为了防止这种情况发生，本条还专门规定煤矿企业的实际控制人。根据刑法及最高人民法院、最高人民检察院的司法解释，生产作业中违反规定导致事故的，除了追究名义上的法定代表人、董事长、总经理、矿长的法律责任外，还可以对发生事故负有责任的幕后人员（如实际控制人）等追究相应的法律责任。

（8）煤矿企业其他负责人对职责范围内的安全生产工作负责。

习近平总书记指出"要把安全责任落实到岗位、落实到人头，坚持管行业必须管安全、管业务必须管安全，加强督促检查、严格考核奖惩，全面推进安全生产工作。"只要存在生产经营活动，就有安全生产问题。煤矿企业主要负责人对本企业的生产经营活动负总责，煤矿企业其他负责人承担相应职责范围内的工作，有的分管生产，有的分管经营，有的分管安全，有的分管工程建设施工等，各个领域都有安全生产的问题，这些安全生产问题若都由分管安全的领导全部承担，难以落实。为了强化各方责任，落实习近平总书记指示，《条例》明确规定煤矿企业其他负责人对职责范围内的安全生产工作负责，即其他负责人既要做好本职责范围内的工作，也要做好职责范围内的安全生产工作，人人履行"一岗双责"，实现安全生产齐抓共管。具体表现在分管生产的负责人对生产领域的安全工作负责；分管安全的负责人协助主要负责人做好统筹协调、监督检查，负责本单位的安全生产总工作；分管经营的负责人对经营领域的安全工作负责；分管工程建设施工的负责人对工程建设施工领域的安全工作负责；分管机电的负责人对机电领域的安全工作负责；分管技术的负责人对技术相关的安全工作负责；分管人事、财务等其他领域的负责人对其职责范围内的安全工作负责。

▶▶第五条　县级以上人民政府应当加强对煤矿安全生产工作的领导，建立健全工作协调机制，支持、督促各有关部门依法履行煤矿安全生产工作职责，及时协调、解决煤矿安全生产工作中的重大问题。

>>>【条文解读】本条是关于县级以上人民政府在煤矿安全生产方面职责的规定。

（1）县级以上人民政府应当加强对煤矿安全生产工作的领导。煤矿企业是安全生产的责任主体，按照实行社会主义市场经济对政府职能转变的要求，政府不应再去干预各类市场主体内部的生产经营活动，这属于市场调节可以发挥作用的领域。但是，安全生产作为煤矿企业生产经营的重要环节，与其他由市场调节的因素不同，其直接关系到企业从业人员的生命，还关系到社会公共安全，必须要由政府来发挥监督管理的作用。本条规定的县级以上人民政府对煤矿安全生产工作的领导职责主要考虑：一是对煤矿安全生产的监督管理是政府应尽的职责，我国是具有中国特色的社会主义国家，党的宗旨是为人民服务，我们的政府是人民政府，党和政府的目标就是实现好、维护好最广大人民群众的根本利益。因此，人民政府有责任保证煤矿的安全生产，从而确保煤矿从业人员的生命安全，维护公共安全。二是从已经发生的各类煤矿生产安全事故的原因分析来看，煤矿安全生产仅仅依靠企业的自律是不够的，很多事故都是由于企业不能正确处理发展和安全的关系，片面追求利益所致。实践工作中，许多煤矿企业为追求产量，超能力超强度组织生产，这是生产安全事故多发、频发的根本原因。三是借鉴国外的做法，实行市场经济的各国无一例外地都对安全生产实施政府监督管理。因此，在这种情况下，不可能靠煤矿企业自律保障煤矿安全生产，必须要由政府这只"看得见的手"来发挥监督管理的作用。县级以上人民政府应当充分认识对煤矿安全生产工作领导的重要性和必要性，依法履行对煤矿安全生产工作的领导责任。地方各级人民政府要统筹发展与安全，认真落实煤矿安全生产首长负责制和领导班子成员煤矿安全生产"一岗双责"制度，健全煤矿安全生产地方监管体制，认真研究煤矿安全生产的重大问题，确保有关法律法规和国家关于煤矿安全生产的方针政策落实；加强煤矿建设项目的立项审查，从源头上防范化解重大安全风险；组织有关部门加强对煤矿重大风险隐患的监督检查；加强法律法规和煤矿安全知识的宣传，提高全社会的安全意识。

（2）县级以上人民政府应当建立健全煤矿安全生产工作协调机制。煤矿安全生产工作涉及方方面面，情况问题复杂，某些重大问题仅靠矿山安全监察机构或者负有煤矿安全生产监督管理职责的部门难以解决，需要建立一个协调机制统筹解决。在国家层面，重大煤矿建设工程项目涉及国家发展改革委、国家能源局，民用爆炸物品事项涉及公安部，矿山资源事项涉及自然资源部，重大安全整治涉及应急管理部、工业和信息化部等。在地方层面，煤矿安全生产工作实行国家监察、地方监管的机制，国家矿山安全监察机构及其设在地方的矿山安全监察机构代表国家对煤矿安全生产工作实行监察，地方人民政府负有煤矿安全生产监督管理职责的部门对煤矿安全生产工作履行地方监管职责，同样，相关事项涉及地方政府的发展改革、能源、公安、自然资源等部门。因此，这就需要由地方政府出面，建立健全煤矿安全生产工作协调机制，统筹协调相关部门在煤矿安全生产方面的工作，依法解决监督检查中的问题。目前，国家层面，除了建有国务院安全生产委员会对整体安全生产工作（其中包括煤矿安全生产）进行统筹协调外，还建有煤矿安全生产工作部际协调会议制度。地方层面，各省（自治区、直辖市）、设区的市（盟、州）、县（旗、市）也建有不同层级的安全生产委员会，以及不同形式的煤矿安全生产协调机制，如有的地方在安全生产委员会下设立煤矿安全生产专业委员会。

（3）县级以上人民政府应当支持、督促各有关部门依法履行煤矿安全生产工作职责。按照"管行业必须管安全、管业务必须管安全、管生产经营必须管安全"的原则和各部门"三定"规定，县级以上人民政府各有关部门应当依法履行相应的煤矿安全生产工作职责。在国家层面，中办、国办对各有关部门的"三定"规定和国务院安全生产委员会明确了应急管理、发展改革、工业和信息化、自然资源、能源、矿山安监等有关部门对煤矿安全生产工作的职责。在地方层面，县级以上地方人民政府也明确了应急管理、发展改革、工业和信息化、自然资源、能源等有关部门对煤矿安全生产工作的职责。实践中，政府履行公共行政职责，主要由各组成部门和机构依照各自职责行使。按照法治政府的建设要求，县级以上人民政府理所当然有责任和义务支持、督促本级人民政府所属各有关部门依法履行煤矿安全生产工作职责，强化各有关部门对煤矿安全生产的监督管理工作，促进煤矿企业落实安全生产主体责任。

（4）县级以上人民政府应当及时协调、解决煤矿安全生产工作中的重大问题。关于及时协调、解决煤矿安全生产工作中的重大问题，这也是县级以上人民政府的法定职责之一。这里所说的"重大问题"既可能是有关部门在履行监管职责方面的问题，如部门之间联合执法的协调，部门之间职责交叉或者争议，重大生产安全事故的救援组织协调工作及事故的调查处理问题，部门人员、编制、经费以及违法行为的强制措施和行政处罚的落实等，也可能是煤矿企业存在但需要政府协调解决的重大问题，如安全投入资金的协调、重大事故隐患的排除，还有可能是社会存在或者其他单位存在但需要政府协调解决的煤矿安全生产工作中的重大问题，如受煤矿开采影响的住户搬迁等。总之，无论哪方面的重大问题，只要是涉及煤矿安全生产方面需要解决的，县级以上人民政府就要及时协调解决。

▶▶第六条　县级以上人民政府负有煤矿安全生产监督管理职责的部门对煤矿安全生产实施监督管理，其他有关部门按照职责分工依法履行煤矿安全生产相关职责。

>>>【条文解读】 本条是关于县级以上人民政府负有煤矿安全生产监督管理职责的部门和其他有关部门履行煤矿安全生产工作职责的规定。

（1）县级以上人民政府负有煤矿安全生产监督管理职责的部门对煤矿安全生产实施监督管理。按照《中共中央 国务院关于推进安全生产领域改革发展的意见》要求，将国家煤矿安全监察机构负责的安全生产许可事项移交地方政府承担。按照中共中央办公厅、国务院办公厅印发的《国家矿山安全监察局职能配置、内设机构和人员编制规定》，应急管理部的非煤矿山安全监督管理职责划入国家矿山安全监察局。国家矿山安全监察局依法对煤矿企业贯彻执行安全生产法律法规情况进行监督检查，对煤矿企业安全生产条件、设备设施安全情况进行监管执法，对发现的违法违规问题实施行政处罚、监督整改落实并承担相应责任。将煤矿安全生产许可、建设工程安全设施设计审查和竣工验收核查、检验检测机构认证、相关人员培训等事项移交给地方政府。国家矿山安全监察局要进一步完善"国家监察、地方监管、企业负责"的矿山安全监管监察体制。矿山安全监察机构不承担矿山安全监管的职责，只实行对矿山安全的国家监察职责，矿山安全监管的政府职责由地方人民政府的有关部门承担。因此，县级以上地方各级人民政府负有煤矿安全生产监督管理职责的部门履行地方监管职责，对煤矿安全生产工作实施监督管理。这里讲的"县级以上地方各级人民政府负有煤矿安全生产监督管理职责的部门"具体是哪个部门，由地方政府根据实际情况确定。目前，主要有应急管理部门、能源部门、工业和信息化部门等几种形式。经地方政府确定后，县级以上地方各级人民政府负有煤矿安全生产监督管理职责的部门应当根据政府赋予的部门"三定"规定、本条例和其他有关煤矿安全生产的法律法规依法对煤矿安全生产工作实施监督管理，包括日常监督检查、行政处罚、行政强制和煤矿安全生产许可、建设工程安全设施设计审查和竣工验收核查、检验检测机构认证、相关人员培训等事项。在监督管理中，涉及其他部门执法事项的，应当移送其他部门处理；涉嫌构成犯罪的，依法移送公安机关处理。

（2）县级以上人民政府的其他有关部门按照职责分工依法履行煤矿安全生产相关职责。根据"管行业必须管安全、管业务必须管安全、管生产必须管安全"的原则，有关部门应当在各自职责范围对有关行业、领域的安全生产实施监督管理。这里讲的"其他有关部门按照职责分工"是指部门"三定"规定、国务院安全生产委员会和县级以上地方各级人民政府确定的各有关部门的职责分工。自然资源部门负责查处煤矿企业越界开采等违法行为，依照《中华人民共和国矿产资源法》（以下简称《矿产资源法》）等法律法规和规章的规定，依法实施行政处罚等。其他部门发现煤矿企业有越界开采等违法行为的，应当移送自然资源部门进行处理。公安机关负责民用爆炸物品公共安全管理和民用爆炸物品购买、运输、爆破作业的安全监督管理，依照《中华人民共和国治安管理处罚法》《民用爆炸物品安全管理条例》等法律法规和规章的规定，依法实施行政处罚等。其他部门发现矿山企业有民用爆炸物品使用违法行为的，应当移送当地公安机关进行处理。发展改革部门按照职责分工履行煤矿安全生产相关职责，如重大煤矿建设工程项目的审核等。对于应急管理、工业和信息化、能源等部门，如果县级以上地方人民政府未明确其为负有煤矿安全生产监督管理职责的部门的，则应当按照职责分工依法履行煤矿安全生产相关职责，如应急管理部门从依法履行安全生产综合监督管理方面加强煤矿安全生产工作，能源部门从行业规划、产业政策、法规标准、行政许可等方面加强煤矿安全生产工作。

▶▶第七条　国家实行煤矿安全监察制度。国家矿山安全监察机构及其设在地方的矿山安全监察机构负责煤矿安全监察工作，依法对地方人民政府煤矿安全生产监督管理工作进行监督检查。

国家矿山安全监察机构及其设在地方的矿山安全监察机构依法履行煤矿安全监察职责，不受任何单位和个人的干涉。

>>>【条文解读】　本条是关于煤矿安全监察体制的规定。

（1）国家实行煤矿安全监察制度。

为了适应煤炭工业管理体制改革的需要，加强煤矿安全监察工作，进一步从体制上、组织上加强煤矿安全监督管理，1999年12月30日，国务院批准《煤矿安全监察体制管理改革实施方案》，借鉴国外的成功经验，决定实行垂直管理的煤矿安全监察体制。设立国家煤矿安全监察局，负责全国煤矿安全监察工作。在河北、山西等19个主要产煤的省（自治区、直辖市）设立煤矿安全监察局，均为国家煤矿安全监察局的直属机构。在68个大中型煤矿矿区设立煤矿安全监察办事处，作为省（自治区、直辖市）煤矿安全监察局的派出机构。为了进一步完善煤矿安全监督管理体制，2004年11月4日，国务院办公厅发布《国务院办公厅关于完善煤矿安全监察体制的意见》明确了国家监察、地方监管职责。在湖北、广东、广西、青海、福建5省（自治区）增设煤矿安全监察局。将煤矿安全监察办事处更名为区域性监察分局。2020年，中共中央办公厅、国务院办公厅印发《国家矿山安全监察局职能配置、内设机构和人员编制规定》，按照党中央决策部署，国家煤矿安全监察局更名为国家矿山安全监察局。设在地方的27个煤矿安全监察局相应更名为矿山安全监察局，由国家矿山安全监察局领导管理。矿山安全监察实施垂直管理体系，形成了"国家监察、地方监管、企业负责"的矿山安全监管监察体制。国家矿山安全监察局依法对煤矿企业贯彻执行安全生产法律法规情况进行监督检查，对煤矿企业安全生产条件、设备设施安全情况进行监管执法，对发现的违法违规问题实施行政处罚、监督整改落实并承担相应责任。矿山安全监察机构不承担矿山安全监管的职责，只实行对矿山安全的国家监察职责，矿山安全监管的政府职责由地方人民政府的有关部门承担。

（2）国家矿山安全监察机构及其设在地方的矿山安全监察机构（简称矿山安全监察机构）的职责。

根据《国家矿山安全监察局职能配置、内设机构和人员编制规定》，矿山安全监察机构对煤矿安全生产工作主要有以下两项职责：

一是负责煤矿安全监察工作。这项工作是矿山安全监察机构的主要工作，也是1999年国家设立煤矿安全监察机构体制的初衷。建立专门从事煤矿安全监察工作的、自上而下垂直管理的矿山安全监察机构，即国家矿山安全监察局、区域矿山安全监察局及设在地方的矿山安全监察处三级设置，既形成了完整的煤矿安全监察体系，又保证了安全监察的独立性。建立国家矿山安全监察员制度，属中央垂直管理。同时对矿山安全监察员的职责、任职资格、培训、录用、监察业务范围和工作任务等作出具体规定，保证煤矿安全监察工作的顺利进行。矿山安全监察机构作为对煤矿安全生产履行国家监察的主体，应当依法对煤矿企业贯彻执行安全生产法律法规情况进行监督检查，对煤矿企业安全生产条件、设备设施安全情况进行监管执法，对发现的违法违规问题实施行政处罚，监督整改落实并承担相应责任。

二是依法对地方人民政府煤矿安全生产监督管理工作进行监督

检查。根据"国家监察、地方监管"的原则，地方人民政府及其负有煤矿安全生产监督管理职责的部门对本区域煤矿安全生产实施监督管理工作，矿山安全监察机构依法履行国家监察的主体职责，监督检查地方人民政府的煤矿安全生产监督管理工作。这样规定的考虑，充分发挥矿山安全监察机构国家队和专业化优势，督促、指导地方人民政府的煤矿安全生产监督管理工作，形成国家监察、地方监管双重发力的态势，进一步强化煤矿安全生产工作。这里讲的依法是指依照本条例和其他有关煤矿安全生产的法律法规和规章的规定。矿山安全监察机构对地方人民政府的煤矿安全生产监督管理工作实施监督检查，主要表现在两个方面：一是对地方人民政府层面，组织实施矿山安全生产抽查检查，检查地方人民政府履行煤矿安全生产工作的情况；对发现的重大事故隐患采取现场处置措施，向地方人民政府提出改善和加强矿山安全监管工作的意见和建议，督促开展重大隐患整改的复查。二是对地方人民政府承担煤矿安全生产监督管理职责的部门层面，指导煤矿安全生产监督管理工作。制定煤矿安全准入、监管执法、风险分级管控和事故隐患排查治理等政策措施，并监督地方人民政府承担煤矿安全生产监督管理职责的部门认真加以实施。指导地方人民政府承担煤矿安全生产监督管理职责的部门编制和完善煤矿安全生产监管执法计划，提升煤矿安全生产监管水平和执法能力。

（3）国家矿山安全监察机构及其设在地方的矿山安全监察机构依法履行煤矿安全监察职责，不受任何单位和个人干涉。

国家矿山安全监察机构及其设在地方的矿山安全监察机构依法履行监督检查职责，是代表国家执行公务的行为，具有强制性，任何单位和个人不得非法干涉。这里讲的干涉是广义的概念，通常也说干扰，既包括政府部门和当地领导干部的干涉，也包括煤矿企业、社会组织及相关人员的干涉。实践中，有些地方经济结构单一，政府财政严重依赖煤矿企业，往往为了利益，地方政府及有关部门、包括当地领导给国家矿山安全监察机构及其设在地方的矿山安全监察机构打招呼，以经济发展为名要求对煤矿企业少罚款或者不罚款，甚至阻挠国家矿山安全监察机构及其设在地方的矿山安全监察机构对煤矿企业进行监督检查、阻挠查处非法煤矿等。个别煤矿企业为了经济利益，拒绝接受依法进行的监督检查，不允许监督检查人员进入本企业进行检查，不向监察人员提供有关资料或者有关情况，或者不及时、如实提供有关资料和情况，使用种种手段给监督检查设置各种障碍，甚至对监督检查人员使用暴力或者威胁使用暴力，妨碍监督检查的进行。凡此种种，严重影响国家矿山安全监察机构及其设在地方的矿山安全监察机构依法对煤矿安全生产监督检查工作的正常进行，严重损害了法律的权威和尊严。针对这种情况，《条例》明确规定，国家矿山安全监察机构及其设在地方的矿山安全监察机构依法履行煤矿安全监察职责，不受任何单位和个人干涉。对单位和个人干涉的行为，将依法追究相应的法律责任。

▶▶ **第八条** 国家实行煤矿生产安全事故责任追究制度。对煤矿生产安全事故责任单位和责任人员，依照本条例和有关法律法规的规定追究法律责任。

国家矿山安全监察机构及其设在地方的矿山安全监察机构依法组织或者参与煤矿生产安全事故调查处理。

>>>【条文解读】本条是关于煤矿生产安全事故责任追究和国家矿山安全监察机构及其设在地方的矿山安全监察机构组织或者参与煤矿生产安全事故调查处理的规定。

一、明确煤矿生产安全事故责任追究的规定

1. 国家实行煤矿生产安全事故责任追究制度

煤矿发生的生产安全事故，除因自然因素导致外，绝大多数都由人为因素导致，通常称作责任事故。据统计，在这些人为因素（包括单位或者个人）中，绝大多数是违反安全生产法律、法规、标准和有关技术规程、规范等要求。如设备、设施、工具、器材维护和保养不符合标准规范要求，致使存在缺陷或者带病运行；从业人员未按规定配备安全防护用品；未对从业人员进行安全教育培训，致使从业人员安全素质和技能低下；超强度、超员组织生产；管理人员违章指挥；从业人员违章冒险作业等。对这些因人为因素造成的煤矿生产安全事故，必须依法追究责任单位和责任人的法律责任，给违法者予以惩罚，给其他人员以示警诫和教育，以达到防止和减少事故发生的目的。每一起煤矿生产安全事故都不同程度给国家和人民群众的生命、财产安全造成重大损失，必须通过法律手段制止事故发生。为此，《条例》明确规定，对煤矿生产安全事故实行责任追究制度。

2. 依法追究责任单位和责任人的法律责任

追究的依据是本条例和有关法律、行政法规。有关法律、行政法规包括《监察法》《公务员法》《公职人员政务处分法》《安全生产法》《矿山安全法》《煤炭法》《矿产资源法》《国务院关于特大安全事故行政责任追究的规定》《生产安全事故报告和调查处理条例》等。追究的对象包括有关政府及部门和对煤矿生产安全事故的发生负有领导责任或者有失职、渎职情形的有关人员；煤矿企业或者对造成煤矿生产安全事故负有责任的人员，包括负责人、管理人员、从业人员、实际控制人、投资人等；对煤矿生产安全事故负有责任的社会服务机构及有关人员等。责任追究的种类包括行政责任、民事责

任和刑事责任。

二、明确国家矿山安全监察机构及其设在地方的矿山安全监察机构依法组织或者参与煤矿生产安全事故调查处理的规定

这是国家矿山安全监察机构及其设在地方的矿山安全监察机构对煤矿生产安全事故调查处理的总体原则规定。鉴于国务院对生产安全事故调查处理制定了专门的行政法规，即《生产安全事故报告和调查处理条例》，该行政法规对所有生产安全事故的报告、调查、处理和责任追究作出了规定。但是，考虑到国家矿山安全监察机构及其设在地方的矿山安全监察机构对煤矿安全生产工作履行国家监察职责，组织事故处理又是体现煤矿安全监察的重要内容，故《条例》专门对煤矿生产安全事故调查处理作出了规定。同时在内容上与《生产安全事故报告和调查处理条例》作出了衔接规定：重大（含重大）以下煤矿生产安全事故由国家矿山安全监察机构及其设在地方的矿山安全监察机构依照《生产安全事故报告和调查处理条例》的规定组织调查处理，特别重大煤矿生产安全事故由国务院或者国务院授权相关部门依照《生产安全事故报告和调查处理条例》的规定组织调查处理。因此，对于特别重大煤矿生产安全事故，原则上，国家矿山安全监察机构及其设在地方的矿山安全监察机构就参与调查处理。

▶▶ **第九条** 县级以上人民政府负有煤矿安全生产监督管理职责的部门、国家矿山安全监察机构及其设在地方的矿山安全监察机构应当建立举报制度，公开举报电话、信箱或者电子邮件地址等网络举报平台，受理有关煤矿安全生产的举报并依法及时处理；对需要由其他有关部门进行调查处理的，转交其他有关部门处理。

任何单位和个人对事故隐患或者安全生产违法行为，有权向前款规定的部门和机构举报。举报事项经核查属实的，依法依规给予奖励。

>>>【条文解读】本条是关于煤矿安全生产举报的规定。

一、县级以上人民政府负有煤矿安全生产监督管理职责的部门、国家矿山安全监察机构及其设在地方的矿山安全监察机构应当建立举报制度

本条第一款对有关煤矿安全生产的举报作出普遍性规定。

县级以上人民政府负有煤矿安全生产监督管理职责的部门、国家矿山安全监察机构及其设在地方的矿山安全监察机构除了主动进入煤矿企业进行监督检查外，建立举报制度也是一种有效的监督方式。建立举报制度，对负有煤矿安全生产监督管理职责的部门和矿山安全监察机构来说，可以充分利用群众监督、舆论监督等作用，及时、广泛地掌握煤矿企业生产经营的情况、线索，发现安全生产工作中存在的问题，从而增加监督检查的力度。因此，本条规定县级以上人民政府负有煤矿安全生产监督管理职责的部门、国家矿山安全监察机构及其设在地方的矿山安全监察机构应当建立举报制度，以使举报监督制度化、法定化。举报制度应当包括举报的方式、举报的受理、举报受理后的调查核实、移送其他部门处理，以及奖励等内容。这就要求县级以上人民政府负有煤矿安全生产监督管理职责的部门、国家矿山安全监察机构及其设在地方的矿山安全监察机构要从思想上高度重视受理举报的工作，将其作为一项经常性、制度性的工作，常抓不懈，并在组织、人员、经费、制度等方面充分予以保证。

（1）要公开举报电话、信箱或者电子邮件地址等网络举报平台，方便举报人举报。为了方便举报人，县级以上人民政府负有煤矿安全生产监督管理职责的部门、国家矿山安全监察机构及其设在地方的矿山安全监察机构应当设立专门的举报电话，并向社会公开电话号码。举报电话要安排专人值守，随时保持畅通。同时，应当公开信箱地址或者电子邮件地址、微信公众号等网络举报平台，以方便群众利用不同的方式进行举报。此外也要充分考虑不同地区、不同受教育程度的举报人情况，采用尽可能多、尽可能大众化的举报方式，为举报提供方便和支持。向社会公开举报方式可以利用报刊、电视、互联网等各种媒体，使尽可能多的群众知悉。

（2）要受理有关煤矿安全生产的举报。受理举报的范围是"有关煤矿安全生产"的事项，这是广义的概念，主要包括：第一，安全生产违法行为，即煤矿企业及其有关人员违反有关安全生产的法律、法规、规章、规程、国家标准或者行业标准的行为。例如，煤矿企业未建立安全生产管理制度，未保证必要的安全生产资金投入，不为从业人员提供符合国家标准或者行业标准的劳动防护用品，安全生产管理人员违章指挥或者强令冒险作业，以及不按照规定上报生产安全事故等。第二，煤矿企业存在的事故隐患，包括一般事故隐患和重大事故隐患。《安全生产法》第一百一十八条规定："国务院应急管理部门和其他负有安全生产监督管理职责的部门应当根据各自的职责分工，制定相关行业、领域重大危险源的辨识标准和重大事故隐患的判定标准。"第三，有关地方人民政府、负有煤矿安全生产监督管理职责的部门及其工作人员在履行职责过程中的失职或者违法行为。负有煤矿安全生产监督管理职责的部门实施监督管理的情况如何，与本区域内的煤矿安全生产关系密切。负有煤矿安全生产监督管理职责的部门在履行职责过程中的失职或者违法行为包括对不符合法定煤矿安全生产条件的事项予以批准或者验收通过；发现未依法取得批准、验收的煤矿擅自从事有关活动或者接到举报后不予取缔或者不依法予以处理；对已经依法取得批准的煤矿不履行监督管理职责，发现不再具备安全生产条件而不撤销原批准或者发现安全生产违法行为而不予查处；要求被审查、验收的煤矿购买其指定的安全设备、器材或者其他产品以及对安全生产事项的审查、验收时收取费用等。对这些事项，任何单位或者个人都可以举报。第四，中介服务及其有关人员违法提供服务的行为。

举报人的范围既可以是外部举报，即除县级以上人民政府负有煤矿安全生产监督管理职责的部门、国家矿山安全监察机构及其设在地方的矿山安全监察机构外的任何单位或者个人的举报，也可以是内部举报，即县级以上人民政府负有煤矿安全生产监督管理职责的部门、国家矿山安全监察机构及其设在地方的矿山安全监察机构内部工作人员的举报。举报人在选择使用某种方式举报时，可以具名，也可以匿名。不论以哪种方式举报，县级以上人民政府负有煤矿安全生产监督管理职责的部门、国家矿山安全监察机构及其设在地方的矿山安全监察机构均应受理。

（3）对举报事项要依法处理。这里讲的依法，包括依照《安全生产法》等规定。《安全生产法》第七十三条规定："负有安全生产监督管理职责的部门应当建立举报制度，公开举报电话、信箱或者电子邮件地址等网络举报平台，受理有关安全生产的举报；受理的举报事项经调查核实后，应当形成书面材料；需要落实整改措施的，报经有关负责人签字并督促落实。对不属于本部门职责，需要由其他有关部门进行调查处理的，转交其他有关部门处理。涉及人员死亡的举报事项，应当由县级以上人民政府组织核查处理。"因此，对于属于本部门职责范围内的有关煤矿安全生产举报事项，县级以上人民政府负有煤矿安全生产监督管理职责的部门、国家矿山安全监察机构及其设在地方的矿山安全监察机构受理后，应当进行调查核实，形成书面材料。调查可以以举报的事项为线索，但不限于举报范围内的事项。调查可以采用书面调查的方式，也可以进行实地调查。实施调查时，县级以上人民政府负有煤矿安全生产监督管理职责的部门、国家矿山安全监察机构及其设在地方的矿山安全监察机构可以行使《安全生产法》第六十五条规定的职权，进入煤矿进行检查，调阅有关资料，向有关单位和人员了解情况。经过调查并核实有关情况后，应当依法进行处理，并形成书面材料。材料应当载明调查经过、事实情况以及处理结果等内容。这里讲的处理，包括行政处罚、行政强制、行政处分、组织处理等。如煤矿瞒报事故，需要给予行政处罚的，依法给予行政处罚；有关工作人员失职渎职行为轻微需要给予组织处理的，依法给予组织处理等。县级以上人民政府负有煤矿安全生产监督管理职责的部门、国家矿山安全监察机构及其设在地方的矿山安全监察机构在进行调查处理中应当遵守保密规定，不得泄露举报人的有关信息，不得泄露被举报的煤矿企业、社会服务机构等单位的技术秘密和商业秘密。

对有关举报事项调查核实后，需要落实有关整改措施的，应当在书面材料中提出有关落实整改措施的意见，根据本部门程序报有相应决定权的负责人签字，并督促煤矿企业落实整改措施。例如，责令煤矿企业排除事故隐患的，应当督促排除，在事故隐患排除后，还应当进行审查，事故隐患确实排除且能够保障生产安全的，才可以同意其恢复生产。

对需要由其他部门进行调查处理的，转交其他有关部门处理。县级以上人民政府负有煤矿安全生产监督管理职责的部门、国家矿山安全监察机构及其设在地方的矿山安全监察机构受理有关煤矿安全生产的举报后，存在下列三种情况的，应当转交其他有关部门处理：一是属于其他部门职责范围的，应当及时转交其他部门调查处理，如煤矿超采越界违法行为应当转交自然资源部门进行调查处理。二是机关工作人员失职渎职行为的，应当依照《监察法》规定及时转交监察部门进行调查处理。三是涉及人员死亡的举报事项，应当依照《安全生产法》的规定转交县级以上人民政府调查处理。四是煤矿企业及有关人员违法行为涉嫌犯罪的，应转交公安机关进行调查处理。

二、对于煤矿事故隐患或者安全生产违法行为的举报，相关部门或者机构应当受理并依法依规给予奖励

本条第二款专门对煤矿事故隐患或者安全生产违法行为的举报和奖励进行规定，主要考虑煤矿存在事故隐患或者安全生产违法行为，极易导致事故发生。通过对煤矿事故隐患或者安全生产违法行为的举报和奖励，能够充分调动和发挥社会监督作用，鼓励公众参与到防范煤矿生产安全事故活动中来。从源头治理的角度，及早发现煤矿事故隐患或者安全生产违法行为，对搞好煤矿安全生产工作，从根本上消除隐患、解决问题，预防和减少事故发生尤其重要。

一是县级以上人民政府负有煤矿安全生产监督管理职责的部门、国家矿山安全监察机构及其设在地方的矿山安全监察机构应当受理任何单位和个人对煤矿事故隐患或者安全生产违法行为的举报。《条例》规定："任何单位和个人对煤矿事故隐患或者安全生产违法行为，有权向县级以上人民政府负有煤矿安全生产监督管理职责的部门、国家矿山安全监察机构及其设在地方的矿山安全监察机构举报。"这是一项法定的权利，县级以上人民政府负有煤矿安全生产监督管理职责的部门、国家矿山安全监察机构及其设在地方的矿山安全监察机构和有关工作人员不能予以剥夺，也不能阻挠、妨碍这项权利的行使，更不能对举报煤矿事故隐患或者安全生产违法行为的单位和个人予以打击、报复。对于打击、报复举报单位和举报人员的，依法追究其行政责任和刑事责任。

这里讲的煤矿事故隐患，是指煤矿企业违反安全生产法律、法规、规章、标准、规程和安全生产管理制度的规定，或者因其他因素在生产经营活动中存在可能导致事故发生的物的不安全状态、人的不安全行为和管理上缺陷。事故隐患分为一般事故隐患和重大事故隐患。一般事故隐患，是指危害和整改难度较小，发现后能够立即整改排除的隐患。重大事故隐患，是指危害和整改难度较大，应当全部或者局部停产停业，并经过一定时间整改治理方能排除的隐患，或者因外部因素影响致使煤矿企业自身难以排除的隐患。《煤矿重大事故隐患判定标准》明确了煤矿重大事故隐患的种类。由于事故隐患具有隐蔽性、危险性、形态多样性等特征，规定任何单位和个人有权向县级以上人民政府负有煤矿安全生产监督管理职责的部门、国家矿山安全监察机构及其设在地方的矿山安全监察机构举报事故隐患，有利于及时发现更多的特别是较为隐蔽的事故隐患，便于有关部门及时采取适当措施消除隐患，防止煤矿生产安全事故发生，保障生产安全。

这里讲的煤矿安全生产违法行为，是指违反煤矿有关安全生产法律、法规、规章的行为。因安全生产标准在《安全生产法》中予以明确，《煤矿安全规程》也以规章发布，所以，煤矿安全生产违法行为也包括违反标准、规章的行为。煤矿安全生产违法行为较广，包括煤矿企业、煤矿及其有关人员的安全生产违法行为（如不建立、健全安全生产责任制度，不投入保障安全生产条件所必需的资金，不对从业人员进行安全生产教育和培训，违章指挥、违章操作等），也包括政府、有关部门及其工作人员的安全生产违法行为（如不严格按照法定的安全生产条件对涉及安全生产的事项进行审查，不对生产经营单位进行严格的安全生产检查等）。煤矿安全生产违法行为同样对煤矿安全生产具有直接的威胁，赋予任何单位和个人对煤矿安全生产违法行为以举报的权利是对煤矿企业及其有关人员、政府、有关部门及其工作人员的有效监督，也有利于及时纠正煤矿安全生产违法行为，消除违法行为造成的后果，避免因此导致煤矿生产安全事故，保障安全生产。

实践中，县级以上人民政府负有煤矿安全生产监督管理职责的部门、国家矿山安全监察机构及其设在地方的矿山安全监察机构应当特别重视煤矿企业内部有关管理人员和从业人员的举报。他们处在安全生产管理和生产经营活动的第一线，对本企业的安全生产情况有切身的体会和了解，他们的举报往往具有重要的价值。当然，举报的内容应当真实，不得谎报事故隐患和安全生产违法行为，不得诬告、陷害有关单位和人员。对有谎报、诬告、陷害行为的，将依法追究法律责任。

二是县级以上人民政府负有煤矿安全生产监督管理职责的部门、国家矿山安全监察机构及其设在地方的矿山安全监察机构对举报事项，应当依法及时处理，经核查属实的，应当依法依规给予奖励。

对举报事项经核查属实的人员给予奖励可以弘扬正气，从而发动更多的公众和社会力量对煤矿事故隐患和煤矿安全生产违法行为进行举报，以达到防止和减少煤矿生产安全事故发生的目的。关于对重大事故隐患或者安全生产违法行为的举报奖励，早在2002年制定的《安全生产法》就明确规定县级以上各级人民政府及其有关部门对报告重大事故隐患或者举报安全生产违法行为的有功人员，给予奖励。具体奖励办法由国务院负责安全生产监督管理的部门会同国务院财政部门制定。2014年修订的《安全生产法》明确县级以上各级人民政府及其有关部门对报告重大事故隐患或者举报安全生产违法行为的有功人员，给予奖励。具体奖励办法由国务院安全生产监督管理部门会同国务院财政部门制定。2021年修订的《安全生产法》明确县级以上各级人民政府及其有关部门对报告重大事故隐患或者举报安全生产违法行为的有功人员，给予奖励。具体奖励办法由国务院应急管理部门会同国务院财政部门制定。因此，2005年，国家安全生产监督管理总局、财政部联合制定了《举报煤矿重大安全生产隐患和违法行为奖励办法（试行）》。2012年，国家安全生产监督管理总局、财政部修订发布了《安全生产举报奖励办法》。2018年，国家安全生产监督管理总局、财政部重新修订发布了《安全生产领域举报奖励办法》。根据现行有效的《安全生产领域举报奖励办法》，任何单位、组织和个人（以下统称举报人）均有权向县级以上人民政府安全生产监督管理部门、其他负有安全生产监督管理职责的部门和各级煤矿安全监察机构（以下统称安全监管职责的部门）举报重大事故隐患和安全生产违法行为。经调查属实的，受理举报的负有安全监管职责的部门应当按下列规定对有功的实名举报人给予现金奖励：对举报重大事故隐患、违法生产经营建设的，奖励金额按照行政处罚金额的15%计算，最低奖励3000元，最高不超过30万元。对举报瞒报、谎报事故的，按照最终确认的事故等级和查实举报的瞒报谎报死亡人数给予奖励，其中：一般事故按每查实瞒报谎报1人奖励3万元计算；较大事故按每查实瞒报谎报1人奖励4万元计算；重大事故按每查实瞒报谎报1人奖励5万元计算；特别重大事故按每查实瞒报谎报1人奖励6万元计算，最高奖励不超过30万元计算。

为了强化和落实生产经营单位安全生产主体责任，鼓励和支持生产经营单位从业人员参与安全生产监督工作，严格保护其合法权益，经商财政部同意，应急管理制定了《生产经营单位从业人员安全生产举报处理规定》。明确应急管理部门对受理的生产经营单位从业人员安全生产举报，按照安全生产领域举报奖励有关规定核查属实的，应当给予举报人现金奖励，奖励标准在安全生产领域举报奖励有关规定的基础上按照一定比例上浮，具体标准由各省级应急管理部门、财政部门根据本地实际情况确定。

按照上述规定，对煤矿事故隐患和安全生产违法行为的举报，县级以上人民政府负有煤矿安全生产监督管理职责的部门、国家矿山安全监察机构及其设在地方的矿山安全监察机构，应当依照《安全生产法》的规定及时依法处理，一经核查属实的，应当依照《安全生产法》《安全生产领域举报奖励办法》等规定给予奖励。

▶▶ **第十条**　煤矿企业从业人员有依法获得安全生产保障的权利，并应当依法履行安全生产方面的义务。

>>>【条文解读】本条是关于煤矿企业从业人员安全生产方面权利和义务的规定。

煤矿企业从业人员，是指该企业从事生产经营活动各项工作的所有人员，包括管理人员、技术人员和各岗位的工人，也包括企业临时聘用的人员。

根据本条规定，煤矿企业从业人员在安全生产方面享有相应的权利，并负有相应义务。这是一条从业人员权利和义务的总体规定。

一、煤矿企业从业人员有依法获得安全生产保障的权利

对从业人员的安全生产保障，关系到从业人员的生命安全。从业人员有获得安全生产保障的权利，是劳动者应享有的基本人权。我国宪法在"公民的基本权利和义务"一章中明确规定：国家通过各种途径，创造劳动就业条件，加强劳动保护，改善劳动条件。

在我国《劳动法》《工会法》《安全生产法》《矿山安全法》等法律中，也都有关于劳动者安全生产保障问题的规定。这里讲的依法的法，包括法律、行政法规、地方性法规和部门规章、地方政府规章等。《安全生产法》作为安全生产的专门法，在分则的有关条款中，对从业人员获得安全生产保障的权利作了更具体的规定。按照《安全生产法》规定，煤矿企业从业人员享有的安全生产保障权利主要包括：

（1）有关安全生产的知情权。包括获得安全生产教育和技能培训的权利，被如实告知作业场所和工作岗位存在的危险因素、防范措施及事故应急措施的权利。

（2）有获得符合国家标准的劳动防护用品的权利。

（3）有对安全生产工作提出建议的权利。

（4）有对安全生产问题提出批评、建议的权利。从业人员有权对本单位安全生产工作存在的问题提出建议、批评、检举、控告，生产经营单位不得因此作出对从业人员不利的处分。

（5）有对违章指挥的拒绝权。从业人员对管理者作出的可能危及安全的违章指挥，有权拒绝执行，并不得因此受到对自己不利的处分。

（6）有采取紧急避险措施的权利。从业人员发现直接危及人身安全的紧急情况时，有权停止作业或者在采取紧急措施后撤离作业场所，并不得因此受到对自己不利的处分。

（7）在发生生产安全事故后，有获得及时抢救和医疗救治并获得工伤保险赔付的权利等。

本条例第二章中再次明确煤矿企业从业人员有权拒绝违章指挥和强令冒险作业，并向县级以上人民政府负有煤矿安全生产监督管理职责的部门、国家矿山安全监察机构及其设在地方的矿山安全监察机构报告。

履行保障从业人员依法享有获得安全生产保障权利的义务主体，是从业人员所在的煤矿企业。

二、煤矿企业从业人员应当依法履行安全生产方面的义务

按照《安全生产法》的规定，煤矿企业从业人员应当履行安全生产方面的义务，主要包括：

（1）在作业过程中必须遵守本单位的安全生产规章制度和操作规程，服从管理，不得违章作业，不得违反操作规程作业，不得违反劳动纪律。

（2）接受安全生产教育和培训，掌握本职工作所需要的安全生产知识。

（3）发现事故隐患或者不安全因素应当向现场安全生产管理人员或本企业负责人报告。

（4）正确佩戴和使用生产经营单位提供的劳动防护用品。

煤矿企业从业人员除了履行上述安全生产方面的义务外，按照本条例的规定，还应当履行下列安全生产义务：

（1）遵守有关煤矿安全生产的法律法规和国家标准、行业标准以及煤矿安全生产规章制度、作业规程、岗位操作规程，严格落实岗位安全责任。

（2）接受安全生产教育和培训，知悉本岗位安全风险、防范措施和煤矿生产安全事故以及事故隐患应急处理措施。

（3）维护职责范围内的煤矿安全设备、设施。

（4）及时报告发现的煤矿生产安全事故隐患和其他不安全因素。

只有每个从业人员都认真履行自己在安全生产方面的法定义务，煤矿企业的安全生产工作才有扎实的基础，才能落到实处。

此外，根据《安全生产法》规定，煤矿企业使用的被派遣劳动者同样享有从业人员的权利和义务。

▶▶第十一条　国家矿山安全监察机构应当按照保障煤矿安全生产的要求，在国务院应急管理部门的指导下，依法及时拟订煤矿安全生产国家标准或者行业标准，并负责煤矿安全生产强制性国家标准的项目提出、组织起草、征求意见、技术审查。

>>>【条文解读】本条是关于煤矿安全生产国家标准或者行业标准制定的规定。

加强对煤矿安全生产的监督管理，保障人民群众生命财产安全是国家应当承担的责任。国家矿山安全监察机构承担对煤矿安全实施国家监察的职责，同时指导监督地方人民政府及部门履行煤矿安全地方监管职责，是履行国家对煤矿安全生产监督管理工作的主力军，依法及时拟订煤矿安全生产国家标准或者行业标准，并确保这些国家标准或者行业标准在煤矿生产经营活动中严格执行，是其应有之义。

一、国家矿山安全监察机构应当按照保障煤矿安全生产的要求，在国务院应急管理部门的指导下，依法及时拟订煤矿安全生产国家标准或者行业标准

标准即衡量事物的准则。《中华人民共和国标准化法》（以下简称《标准化法》）中所称标准（含标准样品），是指农业、工业、服务业以及社会事业等领域需要统一的技术要求。原国家技术监督局公布的《标准化法》条文解释对"标准"的定义是："对重复性事物和概念所作的统一规定。它以科学、技术和实践经验的综合成果为基础，经有关方面协商一致，由主管机构批准，以特定形式发布，作为共同遵守的准则和依据。"标准按标准种类划分，有国家标准、行业标准、地方标准、团体标准、企业标准；按标准性质划分，有强制性标准、推荐性标准。按标准内容划分，有基础标准、管理标准、技术标准、方法标准、产品标准等。强制性标准必须执行。国家鼓励采用推荐性标准。对保障人身健康和生命财产安全、国家安全、生态环境安全以及满足经济社会管理基本需要的技术要求，应当制定强制性国家标准。

为了保障安全生产，按照"管行业必须管安全、管业务必须管安全、管生产经营必须管安全"的原则，国务院有关部门根据职责规定，依法及时制定有关行业、领域的国家标准或者行业标准。国家矿山安全监察机构由国务院应急管理部管理，承担拟订矿山安全生产（含地质勘探，下同）方面的政策、规划、标准，起草相关法律法规草案、部门规章草案并监督实施的职责，理应负责拟订煤矿安全生产国家标准或者行业标准。这里讲的"依法"主要是指依照《标准化法》《安全生产法》的规定。按照《标准化法》和现有国务院有关标准化管理的规定，没有行业标准制定权的国务院有关部门要及时制定有关国家标准；有行业标准制定权的国务院有关部门要根据实际及时制定国家标准或者行业标准。

此外，国家矿山安全监察机构应当根据科技进步和经济发展适时修订国家标准或者行业标准。《安全生产法》规定："国务院有关部门应当按照保障安全生产的要求，依法及时制定有关的国家标准或者行业标准，并根据科技进行和经济发展适时修订。"第一，随着科学技术的进步，人们对保证煤矿安全生产规律的认识以及对生产安全事故的防范措施和技术手段会有新的发展、随着经济的发展，国家和煤矿企业经济实力的增强，以及广大人民群众对煤矿安全生产工作重要性认识的提高，必须采用更先进、更安全的设施、设备、工具和工艺方法。第二，随着煤矿生产经营活动中大量新设备、新材料、新工艺、新技术的使用，新的安全问题可能产生。国务院标准化行政主管部门和有关部门应当根据这种新的情况及时制定新的标准或对原有的标准进行修订，以适应保障安全生产的要求。对此，《标准化法》也明确规定，国务院标准化行政主管部门和国务院有关行政主管部门应当建立标准实施信息反馈和评估机制，根据反馈和评估情况对其制定的标准进行复审。标准的复审周期一般不超过五年。经过复审，对不适应经济社会发展和技术进步的应当及时修订或者废止。其次，根据新设备、新材料、新工艺、新技术等的进步，应及时补充完善相应的国家标准或者行业标准，规范生产作业行为。第三，根据经济社会的发展也需要及时调整国家标准或者行业标准中有关指标，以提高煤矿安全生产的准入门槛。因此，适时修订有关煤矿的国家标准或者行业标准是必须的。

二、国家矿山安全监察机构负责煤矿安全生产强制性国家标准的项目提出、组织起草、征求意见、技术审查

《标准化法》规定："对保障人身健康和生命财产安全、国家安全、生态环境安全以及满足经济社会管理基本需要的技术要求，应当制定强制性国家标准。"《安全生产法》规定："国务院有关部门按照职责分工负责安全生产强制性国家标准的项目提出、组织起草、征求意见、技术审查。国务院应急管理部门统筹提出安全生产强制性国家标准的立项计划。国务院标准化行政主管部门负责安全生产强制性国家标准的立项、编号、对外通报和授权批准发布工作。"本条授权规定，国家矿山安全监察机构在国务院应急管理部门的指导下，负责煤矿安全生产强制性国家标准的项目提出、组织起草、征求意见、技术审查。

为了落实《安全生产法》，协调跨行业跨部门涉及安全生产的标准化技术组织建设，以推进安全生产国家标准的制修订工作。

2022 年，经国务院标准化部际协调会议同意，制定了《安全生产国家标准制修订统筹协调工作细则》，明确由市场监管总局（标准委）和应急管理部共同牵头，参加单位列举了工业和信息化、住房城乡建设部等安全生产国家标准制修订任务较多的 19 个部门和单位。因此，对于煤矿安全生产强制性国家标准，由国家矿山安全监察机构提出后，通过协调工作机制，经市场监管总局（标准委）和应急管理部同意后，由国家标准化主管部门，即市场监管总局（标准委）下达标准计划和编号。然后，依照《国家标准管理办法》的规定，国家矿山安全监察局组织标准起草、征求意见、技术审查等工作。最后，由市场监管总局（标准委）对外通报和授权批准发布。按照 WTO 的 TBT 协议，强制性标准等同于国外的技术法规，必须对外通报，尤其是安全生产强制性国家标准，授权发布指经国务院授权发布。

▶▶第十二条　国家鼓励和支持煤矿安全生产科学技术研究和煤矿安全生产先进技术、工艺的推广应用，提升煤矿智能化开采水平，推进煤矿安全生产的科学管理，提高安全生产水平。

>>>【条文解读】本条是关于国家鼓励和支持煤矿安全生产科学技术研究和先进技术、工艺推广应用的规定。

一、国家鼓励和支持煤矿安全生产的科学技术研究

煤矿安全生产工作的重点就是预防和减少各类生产安全事故的发生。煤矿生产安全事故虽然有意外性、偶然性和突发性，但它也有一定的规律。煤矿具有顶板、瓦斯、水、火、地热、冲击地压、煤（岩）与瓦斯（二氧化碳）突出等多种灾害，要达到如何预防和减少这类生产安全事故的发生，就要努力去发现他们的规律，并采取相应的有效措施加以防范。这就要求我们必须加强煤矿安全生产方面的科学技术研究工作，如瓦斯防范技术的研究、冲击地压防治技术的研究等。此外，还要加强煤矿安全生产先进管理方法、智能化装备、先进工艺等方面的研究，依靠科学技术保障安全生产。政府及政府有关部门应当从资金、税收、人才等多方面采取优惠措施，鼓励和支持煤矿安全生产的科学技术研究工作。2010年，《国务院关于进一步加强企业安全生产工作的通知》中强调，加快安全生产技术研发，要求企业在年度财务预算中必须确保必要的安全投入。2022年，《"十四五"矿山安全生产规划》中明确加强矿山智能化关键技术的研发，重点突破精准地质探测、矿岩识别、透明地质、设备精准定位、复杂条件智能综采和快速掘进、辅助运输环节无人驾驶、固定场所少人化或无人化值守等制约矿山智能化发展的关键技术和装备，提升智能装备的成套化和国产化水平。重点研发和推广安全防控、侦查巡检、应急救援等矿山机器人。鼓励研究保护凿岩人员的轻便型液压支架等作业现场人员安全防护类技术和产品。

二、国家鼓励和支持煤矿安全生产先进技术、工艺的推广应用

煤矿安全生产的科学技术研究成果，只有在生产经营实践中得到推广应用，才能发挥保障生产安全的实际作用。煤矿企业应当以对人的生命安全高度负责的态度，努力采用能保障安全生产的先进技术、工艺、装备等；政府及有关部门应当采取有效的措施，鼓励和支持煤矿安全生产先进技术、工艺、装备的推广应用。例如，在矿山井下等恶劣的作业环境中，大力推广采用机械化、自动化的先进开采技术、工艺；大力推广应用保障安全生产的新工艺、新设备、新材料等，使科学技术转化为现实的生产力，努力提高煤矿企

业的安全生产水平。2016 年，中共中央、国务院印发的《关于推进安全生产领域改革发展的意见》中明确推动工业机器人、智能装备在危险工序和环节广泛应用。提升现代信息技术与安全生产融合度，统一标准规范，加快安全生产信息化建设。运用大数据技术开展安全生产规律性、关联性特征分析，提高安全生产决策科学化水平。

三、提升煤矿智能化开采水平，推进煤矿安全生产的科学管理是搞好煤矿安全生产的有效措施和手段

煤矿灾害严重、安全风险高、开采难度大，极易发生瓦斯爆炸、火灾等各类生产安全事故，往往造成企业职工群死群伤。根据事故致因理论，减少职工接触危险的概率，采取高效的开采技术、工艺提高科学管理水平是防止和减少生产安全事故的有效途径。煤矿智能化开采是各种科技、装备、工艺的集成，也是现代科学技术和传统煤矿开采的成功结合。多年实践证明，在高风险煤矿中采用智能化开采技术、地面控制操作井下生产作业，努力实现无人工作面，可大力减少生产安全事故的发生。目前，全国已有近百个煤矿采用智能化开采，实现了事故为零的目标。因地质条件等多种因素制约，所有煤矿都采用智能化开采是不现实的，但是，有条件的煤矿要努力采用智能化开采，无条件的煤矿要采用机械化换人、自动化减人的技术，逐步向智能化开采迈进。2022 年，《"十四五"矿山安全生产规划》中明确实施矿山智能化发展行动计划，协同推进矿山自动化、智能化建设相关政策配套，分级分类推进矿山智能化建设。推进新建、改扩建矿井及大型煤矿、灾害严重煤矿实现智能化开采。小煤矿深化机械化换人、自动化减人专项行动，逐步向智能化过渡。

━━━━━━━━━━━ *第二章*
━━━━━━━━━━━

煤矿企业的安全生产责任

▶▶ 第十三条　煤矿企业应当遵守有关安全生产的法律法规以及煤矿安全规程，执行保障安全生产的国家标准或者行业标准。

>>>【条文解读】本条是关于煤矿企业遵守法律、法规以及煤矿安全规程和执行国家标准、行业标准的规定。

本条对煤矿企业安全生产的基本义务作出概括规定，具体义务在本章煤矿企业的安全生产责任以及本条例的有关条款中进一步规定。

一、遵守有关安全生产法律、法规以及煤矿安全规程

根据本条的规定，煤矿企业应当遵守有关安全生产的法律法规以及煤矿安全规程。遵守法律法规是所有煤矿企业必须履行的义务。本条例是专门针对煤矿安全生产工作制定的行政法规。除此以外，《安全生产法》是我国安全生产领域的综合法、基础法，它确定了安全生产工作的基本准则和基本制度，其中专门对矿山安全作出特别规定。其他有关安全生产的法律，如《矿山安全法》《煤炭法》等也都对煤矿安全生产作出了相应规定。国务院也制定了若

干有关安全生产的行政法规，如《安全生产许可证条例》明确矿山企业、危险化学品生产企业、建筑施工企业、烟花爆炸生产企业、民用爆炸物品生产企业取得安全生产许可证，应当具备下列安全生产条件：①建立、健全安全生产责任制，制定完备的安全生产规章制度和操作规程；②安全投入符合安全生产要求；③设置安全生产管理机构，配备专职安全生产管理人员；④主要负责人和安全生产管理人员经考核合格；⑤特种作业人员经有关业务主管部门考核合格，取得特种作业操作资格证书；⑥从业人员经安全生产教育和培训合格；⑦依法参加工伤保险，为从业人员缴纳保险费；⑧厂房、作业场所和安全设施、设备、工艺符合有关安全生产法律、法规、标准和规程的要求；⑨有职业危害防治措施，并为从业人员配备符合国家标准或者行业标准的劳动防护用品；⑩依法进行安全评价；⑪有重大危险源检测、评估、监控措施和应急预案；⑫有生产安全事故应急救援预案、应急救援组织或者应急救援人员，配备必要的应急救援器材、设备；⑬法律、法规规定的其他条件。此外，根据《中华人民共和国立法法》（以下简称《立法法》的规定，各地方也根据法律、行政法规，结合本地实际情况，制定一些有关安全生产的地方性法规，如各省、自治区、直辖市制定的安全生产条例等。目前，现行的《煤矿安全规程》以部门规章公布，应急管理部令第8号进行了修正，是专门针对煤矿企业安全生产制定的具体规定。对于上述这些有关安全生产的法律、行政法规、地方性法规和煤矿安全规程，煤矿企业都必须严格执行。

二、执行依法制定的保障安全生产的国家标准或者行业标准

这里讲的依法，是指依照《标准化法》的规定。这里讲的国家标准和行业标准，是指由国务院标准化主管部门和国务院有关部门根据《标准化法》制定的以保障安全生产为目的，对生产经营

活动中的设计、施工、作业、制造、加工、检测等技术、管理事项所作出的统一规定。国家标准和行业标准是贯彻执行安全生产法律、法规的具体要求，是规范生产经营单位安全生产工作的行为准则，对保障生产经营单位的安全生产起着十分重要的作用。目前，有关煤矿安全生产方面的国家标准有 500 多项，行业标准有 1000 多项，国家标准的代号是 GB，行业标准的代号有 AQ、MT、NB 等。例如，《爆破安全规程》（GB 6722—2014）、《煤矿瓦斯抽采基本指标》（GB 41022—2021）、《煤矿瓦斯抽放规范》（AQ 1027—2006）等。煤矿企业必须执行相应的国家标准或者行业标准，符合其规定的安全生产条件。

▶▶第十四条 新建、改建、扩建煤矿工程项目（以下统称煤矿建设项目）的建设单位应当委托具有建设工程设计企业资质的设计单位进行安全设施设计。

安全设施设计应当包括煤矿水、火、瓦斯、冲击地压、煤尘、顶板等主要灾害的防治措施，符合国家标准或者行业标准的要求，并报省、自治区、直辖市人民政府负有煤矿安全生产监督管理职责的部门审查。安全设施设计需要作重大变更的，应当报原审查部门重新审查，不得先施工后报批、边施工边修改。

>>>【条文解读】本条是关于煤矿建设项目安全设施设计的规定。

（1）煤矿建设项目安全设施设计应当委托具有建设工程设计企业资质的设计单位设计。实践中，凡是按一个总体设计组织施工，建成后具有完整的系统，可以独立地形成生产能力或使用价值的建设工程称为一个建设项目。煤矿建设项目的种类很多，如新建矿井的建设项目，新水平扩建的建设项目。煤矿建设项目安全设施是建设项目投入生产或者使用后安全进行的物质基础，其质量的好坏直接影响建设项目的生产或者使用安全，从而影响建设项目企业的安全生产状况。安全设施设计是建设项目中安全设施的专项设计。建设项目安全设施设计的质量，对于安全设施能否真正"安全"具有决定性的影响。因此，对于煤矿高危险性行业来讲，其从事煤矿建设项目安全设施的设计单位必须具有相应的能力要求，即必须具有相应的资质。不同煤矿的危险性等级不同，建设项目安全设施的设计要求也不同，设计单位必须按照资质等级承担相应的煤矿建设项目安全设施设计任务，不得擅自超越资质等级及业务范围承接任务。

（2）煤矿建设项目安全设施设计应当包括煤矿水、火、瓦斯、冲击地压、煤尘、顶板等主要灾害的防治措施，并符合国家标准、行业标准的要求。这是从内容上对建设项目安全设施设计提出要求，对于保证设计的质量具有重要意义。设计人、设计单位应当根据有关法律、法规、国家标准、行业标准和设计规范的规定，对包括煤矿水、火、瓦斯、冲击地压、煤尘、顶板等主要灾害，从工程布局、设备设施选用等设计上提出相应的防治措施，以达到从源头防范的目的。设计人、设计单位应当保证安全设施的设计质量，严格按照技术标准和合同约定进行设计，加强设计过程的质量控制，保证设计文件符合国家现行的法律、法规、规章、工程设计技术标准和合同的规定。《安全生产法》明确规定，建设项目的安全设施必须与主体工程同时设计、同时施工、同时投入生产和使用；建设项目安全设施的设计人、设计单位应当对安全设施设计负责。因此，设计人、设计单位对煤矿建设项目安全设施设计问题造成的后果负责。对于设计给煤矿建设单位或者煤矿企业造成经济损失的，应当承担赔偿责任；对于因设计原因导致事故的，还应承担相应的行政责任；构成犯罪的，将追究其刑事责任。

（3）煤矿建设项目安全设施设计应当报省、自治区、直辖市人民政府负有煤矿安全生产监督管理职责的部门审查。煤矿建设项目与一般建设项目相比，具有更大的危险性，其安全设施应当报省、自治区、直辖市人民政府负有煤矿安全生产监督管理职责的部门审查。这里讲的审查是一项行政许可，主要审查安全设施的设计是否符合有关法律、法规、规章、国家标准或者行业标准、设计技术规范等规定。省、自治区、直辖市人民政府负有煤矿安全生产监督管理职责的部门应当根据《中华人民共和国行政许可法》（以下简称《行政许可法》）等规定对提起申请的煤矿建设项目安全设施设计进行严格审查，对符合上述规定的，予以批准，并出具审查同意文书；对不符合规定条件的，不予批准，并说明相应的理由。煤矿建设项目安全设施设计经审查同意后，煤矿建设项目安全设施方可施工建设。

（4）煤矿建设项目安全设施设计需要作重大变更的，应当报原审查部门重新审查，不得先施工后报批、边施工边修改。安全设施设计经批准后，因多种因素可能需要作重大变更，如施工过程中，施工单位认为安全设施不符合具体情况，需要对安全设施进行调整，作出重大变更；又如安全设施设计批准后一直没有建设，后来国家标准或者行业标准发生变化，如果再按照原来批准的安全设施设计进行建设，显然建设后就不符合要求，这时候就需要根据新的国家标准或者行业标准对安全设施设计进行修改。这种情况下，安全设施设计作出重大变更后，应当重新按照《行政许可法》等规定报原负责审查的省、自治区、直辖市人民政府负有煤矿安全生产监督管理职责的部门进行审查，经审查同意后，方可施工建设。这是一项行政许可，安全设施设计作出重大变更后，不经重新审查同意而继续施工的，等同于未批先建。同样，先施工后报批、边施工边修改，也等同于未批先建。为此，本条作出了禁止性规定，建设单位、设计单位、施工单位不得先施工安全设施后报批安全设施设计，不得边施工安全设施边修改安全设施设计。否则，建设单位、设计单位、施工单位将承担法律责任。同样，监理单位熟视无睹，也将承担相应法律责任。

▶▶第十五条 煤矿建设项目的建设单位应当对参与煤矿建设项目的设计、施工、监理等单位进行统一协调管理，对煤矿建设项目安全管理负总责。

施工单位应当按照批准的安全设施设计施工，不得擅自变更设计内容。

>>>【条文解读】本条是关于建设单位对建设项目安全管理负总责和安全设施施工的规定。

（1）建设单位对建设项目安全管理负总责。根据《建设工程安全生产管理条例》，建设单位、勘察单位、设计单位、施工单位、工程监理单位及其他与建设工程安全生产有关的单位，必须遵守安全生产法律、法规的规定，保证建设工程安全生产，依法承担建设工程安全生产责任。实践中，煤矿建设项目的设计、施工、监理等单位在各负其责过程中，有些情况下还出现相互扯皮的现象，特别是施工单位和监理单位之间，从而影响建设项目的进度和质量。为了保证建设项目质量和安全生产，本条规定煤矿建设单位对参与煤矿建设项目的设计、施工、监理等单位进行统一协调管理，对煤矿建设项目安全管理负总责。这里讲的统一协调管理，是指设计、施工、监理等单位之间，有重大矛盾、分歧等问题时进行的协调和管理。煤矿建设项目的设计、施工、监理等单位按照各自职责对其业务范围内的安全生产工作负责。煤矿建设项目的建设单位作为牵头单位，要对整个煤矿建设项目的安全管理工作进行统筹管理，并负总责。这从法律上进一步明确了建设单位的安全管理责任，对加强建设项目的安全管理提供了重要保障，同时，也为发生生产安全事故后依法追究法律责任提供了依据。

（2）施工单位应当按照批准的安全设施设计组织施工，不得擅自变更设计内容。根据本条例第十四条的规定，煤矿建设项目的安全设施设计应当报省、自治区、直辖市人民政府负有煤矿安全生产监督管理职责的部门审查。这是一项行政许可，经批准后，施工单位应当按照批准的安全设施设计组织施工，并对安全设施的工程质量负责。

煤矿建设项目在施工过程中，在项目的勘察、设计质量都没有问题的前提下，整个项目的质量状况最终决定于施工质量。实践中，不少煤矿建设项目的质量问题都发生在建设项目的施工阶段。因此，严把施工质量关，做好施工的各项质量控制与管理工作，要求施工单位严格按照已经审查同意的设计文件和技术标准组织施工，不得擅自变更设计内容。因实际情况确需变更安全设施设计的，施工单位应将需要改变的理由向负责安全设施设计的单位说明，由原设计单位进行慎重研究论证。根据论证结果，需要对设计进行变更的，由原设计单位对设计进行变更。煤矿建设项目安全设施有重大设计变更的，应当报原审查部门重新审查。经审查同意后，施工单位再按照重新审查同意的设计文件进行施工。

▶▶第十六条　煤矿建设项目竣工投入生产或者使用前，应当由建设单位负责组织对安全设施进行验收，并对验收结果负责；经验收合格后，方可投入生产和使用。

>>>【条文解读】 本条是煤矿建设项目安全设施竣工验收的规定。

（1）煤矿建设项目竣工投入生产或者使用前，应当由煤矿建设单位负责组织对安全设施进行验收，并对验收结果负责。这里讲的验收，是指建设项目安全设施已经按照设计要求完成全部工作任务，准备交付建设单位投入生产或者使用时，由建设单位对其符合设计要求和工程质量标准的情况进行检查、考核的工作。这是建设项目安全设施建设全过程的最后一道程序，是对其质量控制的最后一环。建设单位是建设项目的投资主体，应当对建设项目安全设施投入生产和使用后的安全质量和效果负责，体现其承担建设项目安全生产的主体责任。《安全生产法》规定，建设项目的安全设施必须与主体工程同时设计、同时施工、同时投入生产和使用。说明建设项目与其安全设施必须是一个整体。因此，建设单位应当对煤矿建设项目安全管理负总责，理应对其安全设施进行验收，并对验收结果负责。

（2）煤矿建设项目安全设施经验收合格后，方可投入生产和使用。验收的目的就是确保安全设施与煤矿建设项目同时投入生产和使用，落实《安全生产法》的规定。验收的内容，主要是安全设施是否与建设项目主体工程同时建成，是否严格按照批准的安全设施设计施工，工程质量是否符合法律、法规、规章、国家标准或者行业标准和设计技术规范的要求等。谁来负责煤矿建设项目安全设施的验收，本条规定由煤矿建设项目的建设单位负责组织验收。煤矿建设项目的建设单位实行多级管理的，原则上由建设单位的最高层级决定由哪一级负责组织验收，但应当考虑建设项目的规模和负责组织验收的建设单位能力等情况。对于未经验收或者验收不合格的安全设施，建设单位不得将其投入生产或者使用。否则，建设单位将依法承担相应的法律责任。

▶▶ **第十七条** 煤矿企业进行生产，应当依照《安全生产许可证条例》的规定取得安全生产许可证。未取得安全生产许可证的，不得生产。

>>>【条文解读】本条是关于煤矿企业实行《安全生产许可证条例》的规定。

《行政许可法》对许可事项作出了规定：直接涉及国家安全、公共安全、经济宏观调控、生态环境保护以及直接关系人身健康、生命财产安全等特定活动，需要按照法定条件予以批准的事项可以设定行政许可。《安全生产许可证条例》明确，国家对矿山企业、建筑施工企业和危险化学品、烟花爆竹、民用爆破器材生产企业实行安全生产许可制度。这项制度是一项带有现场准入的制度。企业要进行生产，就必须依法取得安全生产许可证。要取得安全生产许可证，就必须具备相应的安全生产条件。这项制度实质上提高了企业从事生产活动的"门槛"，使不具备相应安全生产条件的企业不能进行生产，从而促使企业进一步规范其安全生产条件，有利于从源头上防止和减少生产安全事故，真正实现安全生产。

本条是与《安全生产许可证条例》的衔接性规定。煤矿企业未依法取得安全生产许可证，不得从事生产。国家设置安全生产许可制度，就是从源头上降低煤矿生产安全事故发生的可能性。事实上，煤矿企业未取得许可证本身就不具备安全生产条件，其生产行为具有很大的安全隐患；煤矿企业未取得许可证擅自从事生产的行为大大增加了出现事故隐患，进而导致生产安全事故的可能性。此外，《安全生产许可证条例》还规定企业取得安全生产许可证应当具备下列13项安全生产条件：①建立、健全安全生产责任制，制定完备的安全生产规章制度和操作规程；②安全投入符合安全生产要求；③设置安全生产管理机构，配备专职安全生产管理人员；④主要负责人和安全生产管理人员经考核合格；⑤特种作业人员经有关业务主管部门考核合格，取得特种作业操作资格证书；⑥从业人员经安全生产教育和培训合格；⑦依法参加工伤保险，为从业人员缴纳保险费；⑧厂房、作业场所和安全设施、设备、工艺符合有关安全生产法律、法规、标准和规程的要求；⑨有职业危害防治措施，并为从业人员配备符合国家标准或者行业标准的劳动防护用品；⑩依法进行安全评价；⑪有重大危险源检测、评估、监控措施和应急预案；⑫有生产安全事故应急救援预案、应急救援组织或者应急救援人员，配备必要的应急救援器材、设备；⑬法律、法规规定的其他条件。煤矿企业进行生产前，应当依照《安全生产许可证条例》的规定向安全生产许可证颁发管理机关申请领取安全生产许可证，并提供符合《安全生产许可证条例》规定的13项安全生产条件的相关文件和资料。安全生产许可证颁发管理机关应当自收到申请之日起45日内审查完毕，经审查符合规定的安全生产条件的，颁发安全生产许可证。煤矿企业应当以矿（井）为单位，依照《安全生产许可证条例》的规定取得安全生产许可证。安全生产许可证的有效期为3年。

▶▶ **第十八条**　煤矿企业主要负责人对本企业安全生产工作负有下列职责：

（一）建立健全并落实全员安全生产责任制，加强安全生产标准化建设；

（二）组织制定并实施安全生产规章制度和作业规程、操作规程；

（三）组织制定并实施安全生产教育和培训计划；

（四）保证安全生产投入的有效实施；

（五）组织建立并落实安全风险分级管控和隐患排查治理双重预防工作机制，督促、检查安全生产工作，及时消除事故隐患；

（六）组织制定并实施生产安全事故应急救援预案；

（七）及时、如实报告煤矿生产安全事故。

>>>【条文解读】本条是关于煤矿企业主要负责人职责的规定。

煤矿企业的主要负责人是保障本企业安全生产的关键，是安全生产第一责任人，对本企业的安全生产全面负责。煤矿企业主要负责人，是指对煤矿企业的生产经营活动负有组织、决策、指挥的人，具有三个特征：一是享有本企业生产经营活动包括安全生产事项的最终决定权；二是具有实际领导、指挥本企业日常生产经营活动的能力；三是能够承担本企业安全生产工作全面领导责任。主要负责人可以是有限责任公司、股份有限公司的董事长、总经理或者个人经营的投资人，也可以是其他经济形式的经理、矿长（含实际控制人）等人员，具体主要负责人是谁，应当根据企业的具体情况确定。

根据本条的规定，煤矿企业主要负责人必须履行下列 7 条具体职责。

1. 建立健全落实全员安全生产责任制，加强安全生产标准化建设

企业安全生产工作不仅仅是安全生产管理部门、安全生产管理人员的责任，企业每一个部门、每一个岗位、每一个员工都不同程度地直接或者间接地影响安全生产，迫切需要把全体员工积极性和

创造性调动起来，形成人人关心安全生产、人人提升安全素质、人人做好安全生产的局面，提升企业整体安全生产水平，形成全面遏制生产安全事故的生产经营环境。全员安全生产责任制是煤矿企业最基本的安全管理制度。这里讲的全员安全生产责任制，是指将安全生产责任分解落实到煤矿企业的主要负责人或者正职，相关负责人或者副职，职能管理机构负责人，班组长以及每位岗位职工身上，做到纵向到底、横向到边，一岗双责、人人有责、人人负责的制度。建立健全落实全员安全生产责任制，就是要明确每位员工安全责任，层层负责，分工负责，形成完整有效的安全管理体系，激发职工的安全责任感，严格执行安全生产法律、法规和标准，防患于未然，防止和减少事故，为安全生产创造良好的环境。主要负责人负有建立健全全员安全生产责任制并监督落实的责任，要亲自带头，自觉执行责任制的规定，经常或者定期检查全员安全生产责任制的执行情况，奖优罚劣，提高全体员工执行全员安全生产责任制的自觉性，使责任制得到严格执行。

安全生产标准化管理体系是搞好煤矿安全生产工作的基础，涉及采、掘、机、运、通等多个环节。推进安全生产标准化建设是一项基础性、长期性和根本性的工作，只有落实到主要负责人身上，才能有效推进和加强安全生产标准化管理体系建设，当然也需要全员全过程参与，建立有效的实施机制。实施中，要由主要负责人牵头，成立煤矿安全生产标准化管理体系建设领导小组，成员包括分管采、掘、机、运、通等部门的负责人和各职能部门负责人。领导小组主要负责管理体系建设过程中的重大事项决策、安全投入和协调工作。领导机构下设专门的机构或者指定安全生产管理机构具体承担煤矿安全生产标准化管理体系建设事宜。按照国家煤矿安全生产标准化管理建设规范，制定本企业安全生产标准化管理体系建设的实施方案，各职能部门对标对表推进安全生产标准化管理体系建设，专门的机构或者指定安全生产管理机构加强督促管理体系的建设。主要负责人要经常召开会议，听取建设过程中的汇报，及时解决难点问题。

2. 组织制定并实施安全生产规章制度和作业规程、操作规程

煤矿企业的安全生产规章制度、作业规程和操作规程是根据自身生产特点、危险程度、工作性质和具体工作内容，根据国家有关法律、法规、规程和国家标准、行业标准的要求制定的，具有针对性、可操作性，是保障本企业安全生产的工作运行制度及工作方式、方法和操作程序。安全生产规章制度是党和国家安全生产方针、政策、法律、法规和标准在煤矿企业的具体化，是煤矿企业搞好安全生产，保证其正常运转的重要措施和行为规范总称。煤矿企业安全生产规章制度主要有两类：一类是安全生产管理方面的制度，包括全员安全生产责任制、安全生产教育和培训、安全生产现场检查、安全设备管理、安全生产奖惩、劳动防护用品配备和管理等；另一类是安全生产技术方面的规章制度，包括电气安全技术、矿井灾害治理等。规程是对工艺、操作、安装、检测、安全、管理等具体技术要求和实施程序所作的统一规定。作业规程、操作规程，是指在生产作业中，为消除能导致人身伤亡或者设备设施损坏、财产损失以及职业危害因素而制定的具体技术要求和实施程序的统一规定。作业规程主要是针对作业活动，操作规程主要是针对设备设施操作。作业规程、操作规程往往与具体作业活动、岗位紧密联系，是保证作业和岗位安全生产的基础。党和国家关于安全生产的方针、政策、法律、法规及政府部门有关安全生产的规定，只有通过各项安全生产规章制度和作业规程、操作规程才能真正落到实处，落实到基层，落实到每位从业人员。主要负责人应当制定好本企业的各项安全生产规章制度和作业规程、操作规程，并保证其有效实施。主要负责人必须抓好这项工作。

3. 组织制定并实施安全生产教育和培训计划

煤矿企业的安全生产教育和培训计划，是根据本企业安全生产状况、岗位特点、人员结构组成，有针对性地规定企业主要负责人、分管负责人、职能部门负责人、区队长、班组长、安全生产管理人员、特种作业人员以及其他从业人员的安全生产教育和培训的统筹安排，包括经费保障、教育和培训内容、时间安排以及组织实施等内容。从业人员既是安全生产的保障对象，同时又是保证安全生产的决定因素。煤矿企业是安全生产责任主体，如何落实这个责任主体，从业人员是最关键的。从业人员的安全素质如何，直接关系到煤矿企业的安全生产。"一人把关一人安，众人把关稳如山"，只有紧紧依靠广大从业人员做实做细安全生产工作，切实增强所有岗位、全体从业人员的安全意识，牢固树立"人人抓安全、安全为人人"的思想意识，才能从根本上保障安全生产。从煤矿事故教训中可以看出，绝大多数都是由于从业人员没有经过严格的安全生产教育和培训，缺乏足够的安全生产意识，缺乏必要的安全生产知识和操作技能，由此导致违章冒险作业而引发事故。安全生产教育和培训工作是一项系统工程，涉及本企业人事、财务、安全管理和生产、掘进、机电、运输等业务部门以及人、财、物的安排。实践中，如何处理生产和培训的矛盾是最难协调的，安全生产管理机构要求培训，人事部门想组织培训，业务部门不愿意培训，特别是涉及区队、班组长等作业人员，业务部门担心影响本部门的生产经营活动和经济效益，不愿意安排进行教育和培训。因此，煤矿企业主要负责人有职责义务组织有关人事、财务、安全管理和业务部门认真制定好本企业的安全生产教育和培训计划，并保证计划的落实。作为煤矿企业主要负责人一是要组织制定安全生产教育和培训计划，计划要包括本企业所有从业人员，并保证相应的教育和培训资金；二是切实保证计划的有效实施。根据《煤矿安全培训规定》，煤矿企业应当建立完善安全培训管理制度，制定年度安全培训计划，明确负责安全培训工作的机构，配备专职或者兼职安全培训管理人员，按照国家规定的比例提取教育培训经费。

4. 保证安全生产投入的有效实施

煤矿企业根据具体法律、法规、规章和国家标准、行业标准的要求，需要一定的资金投入，用于安全设备设施建设、劳动防护用品配备等。安全生产投入是保障煤矿企业安全生产的重要基础，安全生产投入包括人、财、物的投入。大量煤矿生产安全事故的分析表明，煤矿企业的安全生产投入不足是导致事故发生的重要原因之一。在市场经济条件下，煤矿企业的主要负责人往往更注重经济效益，认为安全生产投入会影响经济效益，或者存在侥幸心理，不想或者不愿意在安全方面过多地投入。因此，《安全生产法》等有关法律、法规、规章要求煤矿企业必须有必要的安全投入。作为煤矿企业的主要负责人，有责任从三个层面保证安全生产投入的有效实施：一是保证安全生产工作所必要的投入。该配备的人员要配齐，该更换的设备要及时更新，该投入的资金要保证投入。投入资金要设立专门的账户或者科目，专款专用，不得根据企业生产经营的需要，随意挪用安全生产投入资金。二是保证安全生产投入切实用到实处。安全生产投入必须用于安全生产，不得以安全生产投入的名义用于其他生产经营活动。维持正常生产经营活动所需的资金不得从安全生产投入资金中列支。三是保证安全投入收到实际效果。要定期召开会议听取安全生产投入资金的使用情况。安全技术措施工程、安全设备更新等安全投入项目完成后，主要负责人要组织进行验收，检查安全生产投入资金的使用情况，保证安全生产投入资金的有效使用。

5. 组织建立并落实安全风险分级管控和隐患排查治理双重预防工作机制，督促、检查本企业的安全生产工作，及时消除事故隐患

　　这里讲的安全风险，是事故发生可能性和后果严重程度的综合。风险是客观存在的，针对不同的风险，应当采取不同的管控手段进行控制，确保风险不会演变为隐患或者事故。这里讲的事故隐患，是指企业在生产设施、设备以及安全管理制度等方面存在的可能引发事故的各种自然或者人为因素，包括人的不安全因素、物的不安全状态以及管理上的制度缺失等。隐患是导致事故的根源，隐患不除，事故难断。建立并落实安全风险分级管控和隐患排查治理双重预防工作机制，是保障煤矿企业安全生产的重要措施，是从源头上防范化解重大安全风险隐患。把风险挺在隐患前面，开展风险辨别、评估，根据评估结果实施风险分级管控，防止风险不会演变为隐患；把隐患挺在事故前面，排查治理事故隐患，避免隐患酿成事故。煤矿企业主要负责人对搞好安全生产工作，避免事故发生负有不可推卸的责任。一是组织建立安全风险分级管控和隐患排查治理双重预防工作机制，落实责任人员，并明确相应的责任。二是经常召开有关安全生产的会议，听取或者组织各职能部门进行安全生产工作的汇报，了解双重预防工作机制开展情况，掌握安全生产状况，研究分析安全生产存在的问题。对反映的安全生产问题或者存在的事故隐患，认真组织研究，制定切实可行的安全措施，并督促有关部门限期解决。三是经常组织各种形式的安全检查，强化安全风险分级管控和隐患排查治理双重预防工作机制的落实。对检查中发现的安全问题或者事故隐患，指定专人负责，立即处理解决；难以处理的，组织有关职能部门研究，采取有效措施，限期整改，并在人、财、物上予以保证，及时消除事故隐患。

　　6. 组织制定并实施生产安全事故应急救援预案

　　出了事故怎么办？及时开展有效的救援，最大限度地减少事故伤亡和财产损失是必须的。事故应急救援预案就是一种在事故发生之前就已经预先制定好的事故处置方案，是指煤矿企业根据本企业的实际，针对可能发生的事故的类别、性质、特点和范围等情况制定的事故发生时组织措施、技术措施和其他应急措施。事故应急预案的作用是：一旦事故发生，煤矿企业能够立即按照事故应急救援预案中确定的救援方案开展工作，避免事故救援的盲目性。应急救援预案对于防止事故扩大和迅速抢救受害人员，尽可能减少损失具有重要作用。事故往往有突发性，一旦发生，正常的工作秩序将被打乱，人们的思想出现慌乱，往往会出现领导或者临时成立的抢救组制定不出有效的抢救措施、事先物资准备不充分、抢救人员迟迟不到位等种种现象。而由于这些原因往往延误了抢救的最佳时机，导致事故扩大。因此，制定和实施事故应急救援预案对煤矿企业来说非常重要，必不可少。但是，应急救援预案是一个涉及多方面的系统工程，涉及人、物等调动和指挥等，需要煤矿企业主要负责人组织制定和实施，发生事故时也要亲自指挥和调度。工作中，一是根据本企业安全生产的状况，组织有关部门、专家和专业技术人员认真研究本企业可能出现的生产安全事故，制定出符合实际、操作性强的生产安全事故应急救援预案。二是对事故应急救援预案要定期组织演练，根据演练情况进行修订，保证预案的针对性和可操作性。三是亲自指挥救援。一旦事故发生，要按照事故应急救援预案中确定的救援方案，立即开展各项工作。

7. 及时、如实报告煤矿生产安全事故

发生生产安全事故后应及时向有关部门报告，一方面可以使有关部门及时配合煤矿企业进行抢救，防止事故扩大，减少人员伤亡和财产损失，如实掌握事故的情况，按照规定向社会公布相关事故信息；另一方面也有利于有关部门对事故进行调查处理，分析事故的原因，处理有关责任单位和责任人员，提出防范措施。煤矿企业主要负责人应当及时如实报告生产安全事故，这是其应尽的职责。根据本条例和《安全生产法》《生产安全事故报告和调查处理条例》

等有关法律、行政法规的规定，煤矿企业发生事故，现场人员应当立即向煤矿企业有关负责人报告，有关负责人应当立即向煤矿企业主要负责人报告。主要负责人接到事故报告后，应当迅速采取有效措施，组织抢救，防止事故扩大，减少人员伤亡和财产损失，同时按照国家有关法律法规的规定及时、如实地报告矿山安全监察机构、有关人民政府及其有关部门。不得隐瞒不报、谎报或者拖延不报，不得故意破坏事故现场、毁灭有关证据。构成犯罪的，将追究刑事责任。所谓"及时"，是指发生生产安全事故后，煤矿企业的主要负责人必须按照有关规定，以最快的速度、最短的时间向矿山安全监察机构、有关人民政府及其有关部门报告，不得故意拖延或者迟报。因故意拖延或者不报而耽误生产安全事故救援调查处理的，要承担相应法律责任。所谓"如实"，是指发生生产安全事故后，事故报告的内容和情况必须真实、准确；暂时难以准确确定事故情况的，应当尽快核实后补报或者续报。如果故意不报或者隐瞒事故的人员伤亡和财产损失，或者报告虚假情况的，要追究发生生产安全事故的煤矿企业主要负责人的法律责任。

▶▶第十九条　煤矿企业应当设置安全生产管理机构并配备专职安全生产管理人员。安全生产管理机构和安全生产管理人员负有下列安全生产职责：

（一）组织或者参与拟订安全生产规章制度、作业规程、操作规程和生产安全事故应急救援预案；

（二）组织或者参与安全生产教育和培训，如实记录安全生产教育和培训情况；

（三）组织开展安全生产法律法规宣传教育；

（四）组织开展安全风险辨识评估，督促落实重大安全风险管控措施；

（五）制止和纠正违章指挥、强令冒险作业、违反规程的行为，发现威胁安全的紧急情况时，有权要求立即停止危险区域内的作业，撤出作业人员；

（六）检查安全生产状况，及时排查事故隐患，对事故隐患排查治理情况进行统计分析，提出改进安全生产管理的建议；

（七）组织或者参与应急救援演练；

（八）督促落实安全生产整改措施。

煤矿企业应当配备主要技术负责人，建立健全并落实技术管理体系。

>>>【条文解读】 本条是关于煤矿企业设置安全生产管理机构并配备专职安全生产管理人员、主要技术负责人和安全生产管理人员职责的规定。

一、煤矿企业应当设置安全生产管理机构并配备专职安全生产管理人员

煤矿开采，除小部分工作以外，主要是在井下作业。井下作业条件差、作业场所狭小、阴暗、潮湿、多变，生产环节多、过程复杂，现场管理难度大，导致事故的因素多。此外，井下作业受到各种灾害，包括顶板、瓦斯、水、火、煤尘、冲击地压、煤（岩）与瓦斯（二氧化碳）突出等严重威胁。一旦发生事故，不仅影响企业自身的安全，而且影响周围人群的安全，社会影响力大。因此，对于煤矿企业的安全生产工作，必须设置专门的安全生产管理机构，并配备相应数量的专职安全生产管理人员，对煤矿企业的安全生产工作进行经常性检查，及时督促处理检查中发现的安全生产问题，及时监督排查事故隐患，提出改进安全生产工作建议等。这里讲的安全生产管理机构，是指企业内部设立专门从事安全生产管理事务的独立机构，不是在另外机构上加挂安全生产管理机构牌子。这里讲的安全生产管理人员，是指煤矿企业内专门负责安全生产管理的人员，不是兼任其他工作的人员。

二、安全生产管理机构和安全生产管理人员的职责

为了发挥安全生产管理机构和安全生产管理人员的作用，保证其依法履行职责，本条例明确了安全生产管理机构和安全生产管理人员的 8 项职责。

1. 组织或者参与拟订安全生产规章制度、作业规程、操作规程和生产安全事故应急救援预案

煤矿企业主要负责人负责组织制定并实施安全生产规章制度和作业规程、操作规程，组织制定并实施生产安全事故应急救援预案。煤矿企业的安全生产规章制度、作业规程和操作规程是根据自身生产特点、危险程度、工作性质和具体工作内容，根据国家有关法律、法规、规程和国家标准、行业标准的要求制定的，具有针对性、可操作性，是保障本企业安全生产的工作运行制度及工作方式、方法和操作程序。安全生产规章制度是党和国家安全生产方针、政策、法律、法规和标准在煤矿企业的具体化，是煤矿企业搞好安全生产，保证其正常运转的重要措施和行为规范总称。作业规程、操作规程往往与具体作业活动、岗位紧密联系，是保证作业和岗位安全生产的基础。安全生产规章制度、作业规程和操作规程是根据国家法律法规，结合本企业实际制定的具体规范，是保证煤矿企业安全生产的最基本制度和有效手段，是煤矿企业实现科学发展、安全发展的重要保障。安全生产管理机构作为本企业具体负责

安全生产管理事务的部门，是贯彻落实有关安全生产方针、政策、法律、法规、标准以及规章制度等事项的具体执行者，对本企业的安全生产状况最了解、最熟悉。因此，安全生产管理机构有责任和义务根据主要负责人的安排，负责组织或者参与拟订本企业安全生产规章制度、作业规程和操作规程，以确保符合本企业安全生产实际。

煤矿企业主要负责人负责组织制定并实施生产安全事故应急救援预案。生产安全事故应急救援预案是指煤矿企业根据本企业的实际，针对可能发生的事故的类别、性质、特点和范围等情况制定的事故发生时组织措施、技术措施和其他应急措施，是事故发生后，及时开展救援，防止事故扩大，最大限度减少人员伤亡的最基本制度和有效手段。《生产安全事故应急条例》《生产经营单位生产安全事故应急预案编制导则》（GB/T 29639—2020）等法律法规和标准对应急预案制定、修订和演练等作出了规定。安全生产管理机构作为本企业具体负责安全生产管理事务的部门，是贯彻落实有关安全生产方针、政策、法律、法规、标准以及规章制度等事项的具体执行者，有责任和义务根据主要负责人的安排，负责拟订本企业生产安全事故应急救援预案。而后按照《生产安全事故应急预案管理办法》组织专家进行评审，报本企业主要负责人批准后公布。

2. 组织或者参与安全生产教育和培训，如实记录安全生产教育和培训情况

搞好煤矿安全生产工作最关键是人的因素。从煤矿事故教训中可以看出，煤矿生产安全事故中绝大多数是人为因素所致，表现为从业人员没有经过严格的安全生产教育和培训，缺乏足够的安全生产理念，缺乏必要的安全生产知识和技能。为此，本条例规定由煤矿企业的主要负责人组织制定并实施安全生产教育和培训计划。如何落实好安全生产教育和培训计划是提高从业人员安全素质和技

能，解决人的因素的关键。安全生产管理机构作为具体负责本企业安全生产工作的执行机构，从某种意义讲，也是企业主要负责人在安全生产方面的重要助手，对本企业的安全生产工作最了解、最熟悉。为了使安全生产教育和培训计划更有针对性、操作性，并保证计划的有效实施，本条规定由安全生产管理机构承担组织或者参与安全生产教育和培训，如实记录安全生产教育和培训情况的职责。因此，安全生产管理机构有责任和义务根据主要负责人的安排，负责组织本企业的安全生产教育和培训，或者参与人事培训部门组织的本企业安全生产教育和培训工作。安全生产教育和培训不论是组织形式，还是参与形式，都应当详细记录本企业安全生产教育和培训情况，及时掌握安全生产教育和培训的实施进展动向和存在的问题，向本企业主要负责人报告。

3. 组织开展安全生产法律法规宣传教育

煤矿企业必须依法生产经营，保障安全生产。安全生产的法律法规是保障煤矿企业安全生产的最重要的准则和制度。《条例》第十三条明确规定煤矿企业应当遵守有关安全生产的法律法规。实践中，煤矿企业发生的很多生产安全事故都是非法、违法所导致，如未取得安全生产许可证就生产，安全设施未经验收就施工，从业人员未经培训合格就上岗等。事故调查发现其原因是从业人员不知道是法律法规的规定，有的煤矿企业主要负责人不知道《安全生产法》规定的七项职责。煤矿企业对安全生产法律法规宣传教育滞后，这在很多中小煤矿企业比较普遍，甚至有的煤矿未组织过一次《安全生产法》的宣传教育。为此，本条专门作出规定，由煤矿企业的安全生产管理机构负责组织开展安全生产法律法规宣传教育。这是安全生产管理机构及其安全生产管理人员的一项法定职责。今后，但凡有关煤矿安全生产的法律法规出台后，安全生产管理机构及其安全生产管理人员必须立即组织宣传活动。一方面要配备政府及部门做好宣传，另一方面要利用本企业的广播、电视、报刊栏、黑板等平台组织宣传，让每位从业人员了解、知悉。同时，要利用各种形式加强法律法规的培训教育，将安全生产法律法规纳入全员培训内容。安全生产法律法规宣传教育不到位的，将追究相关人员的法律责任。

4. 组织开展安全风险辨识评估，督促落实重大安全风险管控措施

煤矿企业开展安全风险分级管控是从源头上防范化解安全生产风险，搞好安全生产工作的重要措施。这里讲的安全风险，是事故发生可能性和后果严重程度的综合。风险是客观存在的，针对不同的风险，应当采取不同的管控手段进行控制，确保风险不会演变为隐患或者事故。开展安全风险辨识、评估，根据评估结果实施安全风险分级管控措施，是加强安全风险管控的有效途径。安全生产管理机构以及安全生产管理人员是本企业安全生产工作的具体执行者，应当组织各职能部门、基层工作班组开展安全风险辨识、评估，并根据评估结果督促各职能部门、基层工作班组落实安全风险分级管控措施。对于本企业存在的重大安全风险，极易造成生产安全事故的，安全生产管理机构以及安全生产管理人员应盯紧盯牢职能部门和责任人，严格督促落实风险管控措施，并加强日常监督检查。日常检查中，一旦发现重大安全风险管控措施失效，应当立即要求相应的职能部门和责任人进行整改。

5. 制止和纠正违章指挥、强令冒险作业、违反规程的行为，发现威胁安全的紧急情况时，有权要求立即停止危险区域内作业，撤出作业人员

据统计，造成煤矿生产安全事故发生的主要原因是人的不安全行为，尤其是违章指挥、强令从业人员冒险作业、违反作业规程的行为较多。实践中，有法不遵、有章不循是煤矿企业普遍存在的问

题。煤矿企业的负责人、车间主任、班组长往往随心所欲，存在侥幸心理，总认为不会出事，违章指挥作业，甚至强令从业人员冒险作业。从业人员对自身安全不重视，存在侥幸心理，违反作业规程作业。针对上述情况，安全生产管理机构以及安全生产管理人员对检查中发现的违章指挥、强令冒险作业、违反《煤矿安全规程》和作业规程的行为应当立即制止和纠正。这是一项法定义务，必须严格执行，不得讲情面、讲私情。为了促进从业人员遵章守纪，安全生产管理机构还应当将从业人员的违规记录纳入安全生产奖惩的内容中，对违规者严肃处理；对于经常违规的人员，重新安排进行安全生产教育和培训；必要时，建议本单位主要负责人及相关负责人、有关职能部门、人事部门将其调离原工作岗位；情节严重的，建议本单位予以开除。只有这样，才能从根本上扭转从业人员违章指挥、强令冒险作业、违反操作规程的毛病。检查中，发现威胁从业人员生命的紧急情况时，安全生产管理机构和安全生产管理人员有权要求立即停止危险区域内作业，撤出作业人员。煤矿企业及有关人员必须无条件执行。

6. 检查安全生产状况，及时排查生产安全事故隐患，对事故隐患排查治理情况进行统计分析，提出改进安全生产管理的建议

隐患是导致事故的根源，隐患不除、事故不断。安全生产管理机构以及安全生产管理人员的主要职责就是经常性地开展安全检查，及时排查生产安全事故隐患，及时处理不安全的问题。安全生产管理机构应当根据本单位生产经营特点、风险分布、危害因素的种类和危害程度等情况，制定检查工作计划，明确检查对象、任务和频次。检查应当覆盖每个作业场所、设备、设施，不留死角。对于安全风险大、容易发生生产安全事故的地点，应当加大检查频次。对于检查中发现的生产安全事故隐患，应当要求立即整改或排除；不能立即整改或排除的，要求暂时停止作业或施工，责令有关

业务部门、车间、班组提出整改措施，限期整改；如果有可能发生生产安全事故，危及从业人员生命健康的，应立即采取撤离措施，将从业人员撤到安全地点；对于迟迟未整改完成的事故隐患，应当及时向本企业主要负责人或者主管安全生产工作的负责人报告。隐患排除或者整改完成后，应当对事故隐患排查治理情况进行统计分析，总结规律特点和治理经验做法。对于排查治理生产安全事故隐患过程中，发现本企业在安全生产管理、技术、装备、人员等方面存在难点问题的，安全生产管理机构以及安全生产管理人员有责任及时提出改进的建议。

7. 组织或者参与应急救援演练

开展应急救援演练是提高企业应急能力，检验生产安全事故应急救援预案有效性的重要途径。根据《生产安全事故应急条例》，煤矿企业应当按照规定每半年组织 1 次应急救援演练，及时修订应急预案，切实增强应急预案的有效性、针对性和操作性。通过应急救援演练，让每个可能涉及的相关部门、从业人员熟知事故发生后如何进行现场抢救、如何联络人员、如何避灾以及采取何种技术措施，从而提高广大从业人员的应急处置能力。安全生产管理机构应当根据本企业的情况，积极组织本企业的应急救援演练，制定详细的演练工作方案，精心组织实施，确保应急救援演练取得效果。对于有关主管部门组织的区域应急救援演练，要求本企业参加的应急救援演练活动，安全生产管理机构都应当积极参与，并配合做好应急救援演练的相关工作。

8. 督促落实本企业安全生产整改措施

煤矿企业安全生产整改措施主要是重大事故隐患整改措施以及其他重大安全问题整改措施等，是一项复杂的系统工程，包括整改的目标和任务、采取的方法和措施、经费和装备物资的落实、负责整改的机构和人员、整改的时限和要求、相应的安全措施和应急预案等，涉及人、财、物多个方面。由安全生产管理机构具体落实安全生产整改措施，是难以做到的，应按照"管业务必须管安全、管生产经营必须管安全"的原则由相关业务部门负责落实安全生产整改措施。实践中，业务主管部门负责生产经营活动，了解实际情况，掌握相应资源，包括专业人员，具有丰富的实践经验，有能力做好此项工作。安全生产管理机构以及安全生产管理人员主要负责督促有关业务主管部门认真落实安全生产整改措施，对不按照规定落实安全生产整改措施的，应当及时向本企业主要负责人报告。当然，不进行督促或者督促不到位的，将承担相应的法律责任。

三、煤矿企业应当配备主要技术负责人，建立健全并落实技术管理体系

主要技术负责人，是指煤矿企业负责技术管理的总负责人，一般指总工程师。煤矿开采，主要是在井下作业，井下作业条件差、作业场所狭小、生产环节多、过程复杂，现场管理难度大。此外，井下作业受到各种灾害，包括顶板、瓦斯、水、火、煤尘、冲击地压、煤（岩）与瓦斯（二氧化碳）突出等严重威胁。稍不注意，就可能发生生产安全事故。因此，如何防范和治理各种灾害是安全生产工作的重中之重。这些都是技术工作，需要通过技术手段和方法来解决。各种灾害治理都有相应的技术负责人，对于煤矿企业来讲，就需要一位总负责人，对本企业的技术管理把总关。2010年，《国务院关于进一步加强企业安全生产工作的通知》中明确规定要加强企业生产技术管理。强化企业技术管理机构的安全职能，按规定配备安全技术人员，切实落实企业负责人安全生产技术管理负责制，强化企业主要技术负责人技术决策权和指挥权。因安全生产技术问题不解决产生重大隐患的，要对企业主要负责人、主要技术负责人和有关人员给予处罚；发生事故的，依法追究责任。因此，本条规定煤矿企业应当配备主要技术负责人。

煤矿企业应当建立健全并落实技术管理体系。煤矿企业安全生产与工艺、技术、装备等密切相关，技术管理尤其重要。实践中，生产与技术脱节，或者不懂技术乱干、蛮干往往造成煤矿发生生产安全事故。煤矿生产是个复杂系统，采煤、掘进、机电、运输、通风都有相应的技术管理领域，瓦斯的治理、冲击地压的治理、水害的治理、煤尘的治理等也都有相应的技术管理领域。因此，建立健全技术管理体系至关重要，既要保证统筹相关的技术管理，又要确保相关的技术管理都有人负责。煤矿企业主要负责人是本企业安全生产第一责任者，对安全生产工作全面负责，除了名义上对本企业技术管理负总责外，另一件重要工作就是建立健全并落实技术管理体系。这个技术管理体系由总体系和子体系构成。煤矿企业要设立主要技术负责人（通常讲的是总工程师），每个领域设立相应的技术负责人（通常讲的是分管副总工程师），由主要技术负责人牵头组织相关领域的技术负责人逐步建立健全采煤、掘进、瓦斯治理等领域的安全生产技术管理子体系，最后建立完善本企业的技术管理总体系，形成一个技术管理网络，确保每一项技术工作都有技术负责人把关。

▶▶ 第二十条　煤矿企业从业人员负有下列安全生产职责：

（一）遵守煤矿企业安全生产规章制度和作业规程、操作规程，严格落实岗位安全责任；

（二）参加安全生产教育和培训，掌握本职工作所需的安全生产知识，提高安全生产技能，增强事故预防和应急处理能力；

（三）及时报告发现的事故隐患或者其他不安全因素。

对违章指挥和强令冒险作业的行为，煤矿企业从业人员有权拒绝并向县级以上地方人民政府负有煤矿安全生产监督管理职责的部门、所在地矿山安全监察机构报告。

煤矿企业不得因从业人员拒绝违章指挥或者强令冒险作业而降低其工资、福利等待遇，无正当理由调整工作岗位，或者解除与其订立的劳动合同。

>>>【条文解读】本条是关于从业人员安全生产职责的规定。

一、规定从业人员安全生产职责的重要意义

据不完全统计，煤矿企业发生的各类事故中，绝大多数属于从业人员违章作业、违规操作引发的责任事故。导致从业人员违章作业、违规操作的主要原因有四点：一是法律规定的从业人员安全生产职责不明确；二是从业人员的安全素质和操作技能低下，不懂或者不会，导致不按规章制度和操作规程进行工作；三是从业人员不履行法定安全生产职责，未严格按照操作规程和规章制度进行生产作业；四是有关责任追究的规定较轻，不能引起从业人员的足够重视。由此可见，要实现煤矿安全生产，必须强化从业人员依法生产、照章作业的责任感，对从业人员安全生产职责作出明确的法律规定。基于此，《条例》针对煤矿安全生产的实际，对从业人员安全生产职责作出了规定，要求从业人员必须尽职尽责，严格照章办事，不得违章违规；不履行法定职责的，将承担相应的法律责任。同时，《条例》也为事故调查处理及其从业人员责任追究提供了法律依据。

二、煤矿企业从业人员的安全生产职责

根据本条的规定，煤矿企业从业人员应当履行下列职责：

（1）遵守煤矿企业安全生产规章制度和作业规程、操作规程，严格落实岗位安全责任。

煤矿企业从业人员既是安全生产的保护者，也是安全生产的参与者，从业人员的工作直接关系到本企业的安全生产。煤矿企业的安全生产规章制度、作业规程和操作规程是根据法律、法规、规章和国家标准或者行业标准的要求，结合本企业的实际，制定的规范本企业及从业人员从事生产经营活动，确保安全生产的具体规范和依据。按照全员安全生产责任制的要求，每位从业人员都是"一岗双责"，既要做好本岗位的工作，又要负责岗位的安全责任，确保安全责任落实到岗位、落实到人头，人人有责、人人负责。大量事实表明，从业人员不按照安全生产规章制度、作业规程和操作规程进行生产、作业，不落实岗位安全责任，是导致生产安全事故发生的主要原因。安全寓于生产经营活动的全过程，安全生产需要企业每一位从业人员、每一道工序的相互配合和衔接，每一位从业人员都从不同角度为生产经营活动负责，每一位从业人员的尽责程度直接关系到整个企业的安全生产。因此，从业人员必须遵守煤矿企业安全生产规章制度和作业规程、操作规程，严格落实岗位安全责任。只有这样，才能确保煤矿企业的安全生产。依照《条例》和《安全生产法》等有关法律法规的规定，煤矿企业的从业人员违反安全生产规章制度和操作规程、不服从管理、不履行岗位安全责任的，由企业给予批评教育，依照有关规章制度给予处分；造成重大事故，构成犯罪的，依照刑法有关规定追究刑事责任。

（2）参加安全生产教育和培训，掌握本职工作所需的安全生产知识，提高安全生产技能，增强事故预防和应急处理能力。

从业人员是煤矿企业生产经营活动的最直接承担者，只有每个岗位从业人员的具体生产经营活动安全了，整个企业的安全生产才能得到保障。从业人员的安全生产意识和安全技能的高低，直接关系到生产经营活动的安全可靠性。提高从业人员的素质，直接关系到煤矿企业的安全生产。大量事实表明，煤矿生产安全事故的发生，主要原因是人的不安全行为，包括领导违章指挥，从业人员不懂不会、违章作业。从某种意义上讲，加强对从业人员的安全生产教育和培训，是提高安全生产知识、增强安全生产技能、控制人的不安全行为的有效方法，是提高从业人员自我防护能力、防止和减少生产事故安全发生的重要措施。为此，《条例》和《安全生产法》等有关法律法规规定，煤矿企业要加强对从业人员的安全生产教育和培训，未经培训合格的，不得上岗作业；煤矿企业采用新工艺、新技术、新材料或者使用新设备，必须对从业人员进行专门的安全生产教育和培训；特种作业必须经过专门的安全作业培训。为了督促从业人员主动接受安全生产教育和培训，本条从履行职责的角度作出规定，要求从业人员参加安全生产教育和培训，掌握本职工作所需的安全生产知识，提高安全生产技能，增强事故预防和应急处理能力。根据《煤矿安全培训规定》，从业人员应当认真学习煤矿通风、防瓦斯、防水、防尘、防水等安全知识、安全技术和安全管理，提高安全意识，知悉本岗位安全风险、防范措施，提高风险管控、隐患排查和应急处理技能。对于煤矿企业组织安排的安全生产教育和培训活动，从业人员不得拒绝参加，不得无正当理由缺席，不得"蜻蜓点水"。

（3）及时报告发现的事故隐患或者其他不安全因素。

因从业人员直接进行生产经营活动，他们往往最先发现存在的生产安全事故隐患或者不安全因素。实践中，许多煤矿发生的生产安全事故，主要是由于从业人员在作业现场发现事故隐患或者不安全因素后没有及时报告，以至延误了采取措施进行紧急处理的时机所导致的。如果从业人员尽职尽责，及时发现并报告事故隐患或者不安全因素，使其得到及时有效的处理，完全可以避免事故的发生和降低事故的损失。发现事故隐患或者不安全因素并及时报告、处理是贯彻预防为主，加强事前防范的重要措施。为此，《安全生产法》规定："从业人员发现事故隐患或者其他不安全因素，应当立即向现场安全生产管理人员或者本单位负责人报告；接到报告的人员应当及时予以处理。"

煤矿生产风险高、危害大，环节多、战线长，事故隐患或者不安全因素随时可见，从业人员参与是搞好煤矿安全生产工作的重要基础，必须充分发挥从业人员的线人作用。因此，《条例》规定对从业人员发现的煤矿生产安全事故隐患或者其他不安全因素，应当及时报告。向谁报告？按照法律，向现场的安全生产管理人员或者本企业负责人报告。对于从业人员来讲，必须具有高度的责任心，发现煤矿的生产安全事故隐患或者不安全因素应当立即报告，如果拖延报告，则会增大事故发生的可能性，一旦发生事故，将追究其相应的法律责任。当然，对于接到报告的煤矿企业负责人和安全生产管理人员，对生产安全事故隐患或者其他不安全因素要及时处理，避免事故发生。

三、煤矿企业从业人员有权拒绝违章指挥和强令冒险作业，并向县级以上地方人民政府负有煤矿安全生产监督管理职责的部门、所在地矿山安全监察机构报告

实践中，在煤矿生产经营活动中，为了追求生产进度、经济效益等，煤矿企业负责人或者管理人员往往存在违章指挥、强令从业人员冒险作业的现象，从而导致生产安全事故，致使人员伤亡。因此，《条例》规定从业人员有权拒绝违章指挥和强令冒险作业。这不仅是为了保护从业人员的人身安全，也是为了警示煤矿企业负责人和管理人员必须照章指挥，保证安全，并且不得因从业人员拒绝违章指挥和强令冒险作业而对其进行打击报复。这里讲的违章指挥，主要是指违反规章制度，不顾从业人员的生命安全和健康，指挥从业人员进行生产经营活动的行为；这里讲的强令冒险作业，是指对于存在危及从业人员人身安全和健康的危险因素而又没有相应的安全保护措施的情况下，不顾从业人员的生命安全和健康，强迫命令从业人员进行作业的行为。这两种行为对从业人员的生命安全和健康构成极大威胁。为此，《条例》赋予从业人员拒绝执行这两种行为的权利。

为了强化外部监督，杜绝违章指挥和强令冒险作业行为的发生，《条例》规定，煤矿企业从业人员除有权拒绝违章指挥和强令冒险作业外，还要将违章指挥和强令冒险作业的行为一并向县级以上地方人民政府负有煤矿安全生产监督管理职责的部门、所在地矿山安全监察机构报告。县级以上地方人民政府负有煤矿安全生产监督管理职责的部门、所在地矿山安全监察机构接到报告后，应当立即制止这种行为，拒不执行的，依法实施行政处罚；构成犯罪的，依法移送公安机关追究刑事责任。

四、煤矿企业不得因从业人员拒绝违章指挥或者强令冒险作业而降低其工资、福利等待遇，无正当理由调整工作岗位，或者解除与其订立的劳动合同

拒绝违章指挥和强令冒险作业权是从业人员安全生产的基本权利，《劳动法》《安全生产法》《劳动合同法》等法律对其作出了明确规定，并加以保护。拒绝违章指挥和强令冒险作业权，是法律赋予的，煤矿企业应当保障从业人员行使，任何人不得侵犯从业人员依法享有的权利。为此，本条明确规定予以禁止。煤矿企业违反此规定的，依法追究法律责任。

这一规定包含以下含义：一是煤矿企业不得因从业人员拒绝违

章指挥或者强令冒险作业而降低其工资、福利等待遇；二是煤矿企业不得因从业人员拒绝违章指挥或者强令冒险作业而无正当理由调整工作岗位；三是煤矿企业不得因从业人员拒绝违章指挥或者强令冒险作业而解除与其订立的劳动合同。

需要进一步说明的是，根据《劳动合同法》，劳动者拒绝用人单位管理人员违章指挥、强令冒险作业的，不视为违反劳动合同。用人单位拒绝违章指挥、强令冒险作业危及劳动者人身安全的，劳动者可以立即解除劳动合同，不需事先告知用人单位。这是从另一个方面赋予煤矿企业从业人员的权利。根据《劳动合同法》，用人单位有违章指挥或者强令冒险作业危及劳动者人身安全的行为的，依法给予行政处罚；构成犯罪的，依法追究刑事责任；给劳动者造成损害的，应当承担赔偿责任。

▶▶ **第二十一条** 煤矿企业主要负责人和安全生产管理人员应当通过安全生产知识和管理能力考核，并持续保持相应水平和能力。

煤矿企业从业人员经安全生产教育和培训合格，方可上岗作业。煤矿企业特种作业人员应当按照国家有关规定经专门的安全技术培训和考核合格，并取得相应资格。

>>>**【条文解读】** 本条是关于煤矿企业安全生产教育和培训的规定。

（1）煤矿企业主要负责人和安全生产管理人员应当通过安全生产知识和管理能力考核，并持续保持相应水平和能力。

煤矿企业主要负责人是本单位安全生产第一责任者，负有组织、领导本企业的安全生产管理工作，并承担保证安全生产的责任。主要负责人需要知道、熟悉国家有关安全生产的法律、法规、规章、规程和国家标准、行业标准，需要建立健全安全生产责任制，需要听取有关安全生产的汇报，需要参加各种安全大检查以及其他有关安全生产的工作等，这就迫切要求主要负责人掌握与本企业生产经营活动有关的安全生产知识。只有这样，才能真正搞好安全生产工作，保障企业安全生产，防止和减少各类生产安全事故的发生。安全生产管理人员是煤矿企业专门负责安全生产管理的职业人员，是国家有关安全生产法律、法规、方针、政策在本企业的具体贯彻执行者，是本企业安全生产规章制度、作业规程的具体落实者，是企业安全生产的保护神。安全生产管理人员知识水平的高低、工作责任心的强弱，对企业的安全生产起着重要作用。安全生产管理人员，必须具备与本企业所从事的生产经营活动相应的安全知识和管理能力。因此，煤矿企业主要负责人和安全生产管理人员必须经过地方人民政府承担煤矿安全生产监督管理职责的部门组织的安全生产知识和管理能力的考核合格后，方可上岗作业。

需要说明的是，这项考核不是行政许可，而是政府主管部门对煤矿企业主要负责人和安全生产管理人员的事后监管手段。既然这种考核是事后监管手段，也就没有考核的有效期，这就要求主要负责人和安全生产管理人员应当持续保持相应水平和能力，以备执法部门的检查。达不到要求的，将承担相应的法律责任。如《煤矿安全培训规定》要求煤矿主要负责人必须在上岗后6个月内经主管部门考核合格，否则责令限期改正，可以处以罚款；逾期未改正的，责令停产停业整顿，并处以罚款，对其直接负责的主管人员和其他责任人员处以罚款。

（2）煤矿企业从业人员经安全生产教育和培训合格，方可上岗作业。

隐患是导致事故的根源。隐患包括人的不安全行为、物的不安全状态和管理制度的缺失等。其中，人的不安全行为是导致事故发生的主要原因。对从业人员进行安全生产教育和培训，控制人的不安全行为，对防止和减少生产安全事故极其重要。生产教育和培训是安全生产管理工作的重要组成部分，是实现安全生产的基础性工作。煤矿企业从业人员的安全素质如何，直接关系到煤矿企业的安全生产水平状况。从大量煤矿生产安全事故教训看，绝大多数煤矿生产安全事故是由于从业人员没有经过严格的安全生产教育和培训，缺乏安全生产技能和与岗位相适应的风险控制能力所导致的。通过安全生产教育和培训，可以使从业人员提高安全意识，严格执行安全生产规章制度、作业规程和操作规程等，认识生产中的危险因素和掌握事故发生的规律，运用安全知识、技术和管理方式，正确管控风险，及时发现和消除隐患，保证安全生产。根据《安全生产法》《煤矿安全培训规定》，煤矿企业应当对从业人员进行安全生产教育和培训，保证从业人员具备必要的安全生产知识，熟悉有关的安全生产规章制度和安全操作规程，掌握本岗位的安全操作技能，了解事故应急处理措施，知悉自身在安全生产方面的权利和义务；未经安全生产教育和培训合格的从业人员，不得上岗作业；煤矿企业应当建立安全生产教育和培训档案，如实记录安全生产教育和培训的时间、内容、参加人员以及考核结果等情况。

（3）煤矿企业特种作业人员应当按照国家有关规定经专门的安全技术培训和考核合格，并取得相应资格。

特种作业人员所从事的工作，在安全程度上与其他工作有较大差别。特种作业人员在工作中接触的危险因素较高、危险性较大，很容易发生生产安全事故；一旦发生事故，不仅会对作业人员本人造成较大危害，而且会对他人和周围设备、设施造成较大危害。国家对特种作业人员实行严格的许可准入制度。煤矿企业特种作业人员所从事的岗位，一般危险性都较大，如瓦斯检查员、安全检查员

等。特种作业人员的工作好坏直接关系着煤矿企业的安全生产，对
煤矿企业的安全生产起着举足轻重的作用。因此，特种作业人员应
当按照国家有关规定经专门的安全技术培训及考核合格，取得相应
资格，方可上岗作业。这里讲的相应资格，现行的做法是指取得
《中华人民共和国特种作业操作证》（以下简称特种作业操作证）。
《特种作业人员安全技术培训考核管理规定》规定了煤矿企业特种
作业人员的范围、培训、考核和管理等要求。煤矿企业特种作业人
员的特种作业操作证有效期为 6 年，超过有效期的，应当经复训、
考核和复审合格后，重新取得特种作业操作证。煤矿企业特种作业
人员必须在特种作业操作证的有效期内作业，否则，属非法作业，
将追究相应的法律责任。

▶▶第二十二条　煤矿企业应当为煤矿分别配备专职矿长、总工
程师，分管安全、生产、机电的副矿长以及专业技术人员。
　　对煤（岩）与瓦斯（二氧化碳）突出、高瓦斯、冲击地压、
煤层容易自燃、水文地质类型复杂和极复杂的煤矿，还应当设立
相应的专门防治机构，配备专职副总工程师。

>>>【条文解读】本条是关于煤矿设立分管副矿长、专业技术
人员、专门防治机构和配备专职副总工程师的规定。
（1）煤矿企业应当为煤矿分别配备专职矿长、总工程师，分
管安全、生产、机电的副矿长以及专业技术人员。
这是对煤矿企业的普通约束规定，主要是考虑煤矿生产的特殊
性、复杂性和高危险性。
煤矿是独立的生产单位，主要负责煤炭从井下到地面的产出工
作，具有复杂的采煤、掘井、机电、运输、通风等系统。煤矿还面

临瓦斯、水、火、尘、煤（岩）与瓦斯（二氧化碳）突出、冲击地压、地热等各种灾害，需要预防和治理各种灾害。煤矿生产是一个系统工程，需要各方面的人力资源，且人员性质和专业特点差别较大。实践中，如果煤矿相应人员配备不足、专业技术缺失（如水害严重的煤矿没有水文地质技术人员）则会导致事故发生。为此，本条规定，一是煤矿必须分别配备专职矿长、总工程师和分管安全、生产、机电的副矿长。这里讲的专职矿长，是指煤矿企业所属煤矿专门负责煤矿生产经营工作的矿长，不是煤矿企业负责人兼职的矿长或者煤矿企业委派兼职的矿长；这里讲的总工程师，是指煤矿的总技术负责人，对煤矿技术管理负总责。二是煤矿必须分别配备专业技术人员。这里讲的专业技术人员，是指煤矿根据实际分别配备的负责采煤、掘进、机电、运输、"一通三防"、地测、防治水等领域的专业技术人员。专业技术人员的配备数量要符合煤矿实际工作的需要。

（2）煤（岩）与瓦斯（二氧化碳）突出、高瓦斯、冲击地压、煤层容易自燃、水文地质类型复杂和极复杂的煤矿，还应当设立相应的专门防治机构，配备专职副总工程师。

这些都是灾害特殊的煤矿，必须根据灾害特点配备相应的专门防治机构，并配备专职副总工程师。这里讲的专职副总工程师，是指专门负责特殊领域的灾害防治工作技术负责人，对这一领域的技术负责，同时，服从煤矿总工程师领导，对煤矿总工程师负责。

▶▶第二十三条　煤矿企业应当按照国家有关规定建立健全领导带班制度并严格考核。

井工煤矿企业的负责人和生产经营管理人员应当轮流带班下井，并建立下井登记档案。

>>>【条文解读】 本条是关于煤矿企业领导人员带班下井的规定。

（1）煤矿企业应当按照国家有关规定建立健全领导带班制度并严格考核。

煤矿生产风险高、危害大，环节多、战线长，煤矿井下作业危险性大，一旦发生生产安全事故，往往会造成人员伤亡。因此，煤矿企业主要负责人和领导班子成员责任重大。主要负责人是本企业安全生产第一责任者，对安全生产全面负责；领导班子成员即分管负责人，按照管业务必须管安全、管生产经营必须管安全的原则，履行"一岗双责"，对职责范围的安全生产负责。这就要求领导必须掌握安全生产情况，特别是掌握井下的作业情况和安全生产情况，按照职责做好相应的生产经营工作。实践中，有些领导长期不下井，根本不了解井下生产作业和安全生产情况，盲目指挥生产作业，最终导致事故。为此，2010年，《国务院关于进一步加强企业安全生产工作的通知》，强化了生产过程管理的领导责任。企业主要负责人和领导班子成员要轮流现场带班。煤矿、非煤矿山要有矿领导带班并与工人同时下井、同时升井，对无企业负责人带班下井或该带班而未带班的，对有关责任人按擅离职守处理，同时给予规定上限的经济处罚。发生事故而没有领导现场带班的，对企业给予规定上限的经济处罚，并依法从重追究企业主要负责人的责任。为了做好煤矿企业领导带班下井工作，2010年，国家安全生产监督管理总局制定了《煤矿领导带班下井及安全监督检查规定》（2015年进行修正），对下井的有关要求作出了详细规定。为此，本条规定，煤矿企业应当按照国家有关规定建立健全领导带班制度并严格考核。这里讲的领导，主要是指煤矿企业主要负责人和领导班子成员。对于煤矿企业来讲，不论是井工煤矿，还是露天煤矿，都应当建立健全领导带班制度，确保领导轮流现场带班，并对带班情况进行严格考核，做到人名相符。对领导干部名义上带班实际没有带班，或者冒名顶替领导带班等弄虚作假的，将追究法律责任。

（2）井工煤矿企业的负责人和生产经营管理人员应当轮流带班下井，并建立下井登记档案。

井工煤矿的危险性极高，这对煤矿企业的负责人和生产经营管理人员的要求更高。为此，本条第二款对井工煤矿进一步作出更加严格规定，对于井工煤矿来讲，除煤矿企业的负责人应当轮流带班下井外，煤矿企业的生产经营管理人员也应当轮流带班下井，并建立下井登记档案，是十分必要的。这样规定，主要基于几点考虑：一是通过煤矿企业的负责人和生产经营管理人员轮流带班下井，能让他们及时了解煤矿井下作业和安全生产情况，有利于抓好煤矿企业的生产经营活动，及时排查治理风险隐患，实现安全生产。二是体现煤矿企业的负责人和生产经营管理人员与其他从业人员有着相同的生命价值。通过煤矿企业的负责人和生产经营管理人员轮流带班下井，能让他们与其他从业人员在井下一起工作，从而使他们更加认识到井下工作环境的艰苦和面临的危险，从思想上进一步提高搞好安全生产的自觉性和责任感。三是有利于现场生产安全事故的指挥和救援。井下发生生产安全事故时有领导在和没有领导在是不一样的。煤矿企业的负责人和生产经营管理人员轮流带班下井，一旦井下发生生产安全事故，能够及时组织救援。因此，井工煤矿企业应当制定企业负责人和生产经营管理人员轮流带班下井制度，并建立下井登记档案。企业的负责人和生产经营管理人员应当按照制度规定，轮流带班下井，不得名义上下井实际未下井，不得只下井不带班、不得弄虚作假、不得冒名顶替。发现违反规定的，将追究相应的法律责任。发生生产安全事故的，从重追究。

▶▶第二十四条 煤矿企业应当为从业人员提供符合国家标准或者行业标准的劳动防护用品，并监督、教育从业人员按照使用规则佩戴、使用。

煤矿井下作业人员实行安全限员制度。煤矿企业应当依法制定井下工作时间管理制度。煤矿井下工作岗位不得使用劳务派遣用工。

>>>【条文解读】本条是关于煤矿企业为从业人员配备劳动防护用品和实行井下作业限员等特殊管理的规定。

（1）煤矿企业应当为从业人员提供符合国家标准或者行业标准的劳动防护用品。

劳动防护用品主要是指劳动者生产过程中为免遭或者减轻事故伤害和职业危害所配备的防护装备。是保护从业人员安全健康所采取的必不可少的辅助措施，从某种意义上说，它是从业人员防止职业伤害的最后一道措施。煤矿劳动条件差、危害程度高，劳动防护用品的质量好坏，对于保障从业人员的人身安全健康是很重要的。劳动防护用品根据用途的不同，分为眼面部防护用品、头部防护用品、呼吸防护用品、躯干防护用品、手部防护用品、足部防护用品、坠落防护用品等。国家对劳动防护用品的产品质量和技术条件，制定了一系列技术标准。如对安全帽、安全绳、自吸过滤式防尘口罩、防冲击眼护具、阻燃防护服、安全鞋等防护用品，均制定了国家标准、行业标准，并根据情况变化适时修订。一是煤矿企业必须为从业人员提供符合国家标准或者行业标准，并经过鉴定和检验合格的劳动防护用品，只有这样，才能真正起到保障从业人员人身安全健康的作用。这里需要指出的是，煤矿企业不得以货币或者其他物品替代应当配备的劳动防护用品。煤矿企业应当根据作业场所的危险因素的种类及特点，参照《劳动防护用品选用规则》的要求，为从业人员提供适用的劳动防护用品。劳动防护用品都有使用期限，超过使用期限的劳动防护用品，不得使用。二是煤矿企业应当加强对从业人员有关劳动防护用品的教育和培训，监督、教育从业人员按照劳动防护用品的使用规则和防护要求正确佩戴、使用劳动防护用品。煤矿企业应当制定相应的规章制度，严格规范从业人员使用劳动防护用品，对不按照规定佩戴、使用劳动防护用品的从业人员，给予必要的处理。三是生产经营单位应当建立健全劳动防护用品的购买、验收、保管、发放、更新、报废等管理制度，加强劳动防护用品的管理。

（2）煤矿井下作业人员实行安全限员制度。

这里讲的安全限员，是指按照国家有关规定，为保障煤矿安全生产，结合煤矿生产实际，对井下作业人员的数量进行限制。煤矿井下生产系统复杂，又存在瓦斯等多种灾害，一旦发生生产安全事故，事故救援比较困难。目前，有的煤矿井下作业人员较多，当班人员数量近千人，给安全生产工作带来了极大的难度。为了保障煤矿安全生产，一方面通过智能化开采，采用机械化换人、自动化减人的技术改造，减少从业人员。生产系统中繁琐、危险性高的工序通过机器人来操作，以替代人工，减少作业人员数量，提高生产效率。另一方面通过合理安排采掘等工序，减少井下作业人员数量。通过实行井下作业人员安全限员制度，倒逼煤矿合理组织生产，提高效率。

（3）煤矿企业应当依法制定井下工作时间管理制度。

煤矿井下生产作业环境艰苦，从业人员从地面至井下作业地点路途远，还要背负劳动防护用品，如自救品等，劳动强度极大，必须保障适当的休息时间。为了保障从业人员的身体健康，煤矿企业应当根据《劳动法》等法律法规，制定本企业井下工作管理制度，合理安排井下作业时间，每周总工作时间不得超过国家规定，还要考虑路途时间。同时，还应当合理安排井下从业人员的白天和夜晚的工作轮换。

（4）煤矿井下工作岗位不得使用劳动派遣用工。

这里讲的劳动派遣用工，是指煤矿企业使用的被派遣劳动者。根据《劳动合同法》，被派遣劳动者不是与煤矿企业建立劳动合同关系的人员，但煤矿企业是实际用工单位，被派遣劳动者在日常工作中直接接受煤矿企业的劳动监督和管理，被派遣劳动者的安全素质和操作技能的高低直接影响煤矿企业的安全生产。由于被派遣劳动者的这个特点，加强对被派遣劳动者的安全生产教育和培训十分重要，是实现企业生产安全的重要保证。对此，《安全生产法》专门对被派遣劳动者的安全生产教育和培训工作作出了规定，但在实践中，许多生产经营单位为了降低劳动力成本，规避责任，使用被派遣劳动者，但对被派遣劳动者的安全生产教育和培训不认真，致使被派遣劳动者不了解、不熟悉相应的安全生产规章制度、作业规程、操作规程、违章指挥、违章作业，致使事故发生。针对煤矿企业生产系统复杂、危险性高的特点，对此，本条作出了禁止规定，煤矿井下工作岗位不得使用劳动派遣用工；否则，将追究相应的法律责任。

▶▶第二十五条　煤矿企业使用的安全设备的设计、制造、安装、使用、检测、维修、改造和报废，应当符合国家标准或者行业标准。

煤矿企业应当建立安全设备台账和追溯、管理制度，对安全设备进行经常性维护、保养并定期检测，保证正常运转，对安全设备购置、入库、使用、维护、保养、检测、维修、改造、报废等进行全流程记录并存档。

煤矿企业不得使用应当淘汰的危及生产安全的设备、工艺，具体目录由国家矿山安全监察机构制定并公布。

>>>【条文解读】本条是关于煤矿企业安全设备管理和不得使用危及生产安全的设备工艺的规定。

一、煤矿企业使用的安全设备应当符合国家标准或者行业标准

安全设备是用于保证生产经营活动正常进行，防止事故发生，保障职工人身安全与健康的设备总称。安全设备关系到人身安全和健康，因此，国家对这类设备作出严格的规定，从设计、制造、安装、使用、检测、维修、改造直到报废，都制定了严格的国家标准或者行业标准。在我国，由于各种安全设备不合格，以及使用不当，导致发生的煤矿生产安全事故也不少。为此，煤矿企业安全设备的设计、制造、安装、使用、检测、维修、改造和报废，应当符合国家标准或者行业标准。即所有安全设备从设计至报废都要合规，即符合国家标准或者行业标准的规定。这里有两层含义，一是对于煤矿企业安全设备的设计、制造，是指煤矿企业从事安全设备的设计、制造工作，设计、制造出来的安全设备可能企业自用，也可能对外销售。作为设计、制造安全设备的煤矿企业，应当保证安全设备的设计和制造符合国家标准或者行业标准。如果由于安全设备的设计或者制造不符合国家标准或者行业标准，导致事故发生，将依法追究煤矿企业法律责任，包括民事赔偿责任。二是对于使用安全设备的煤矿企业来说，应当做到安全设备的安装、使用、检测、维修、改造和报废符合国家标准或者行业标准，严禁违章操作。煤矿企业不按照规定使用，导致事故发生的，将依法追究煤矿企业法律责任。

二、煤矿企业应当加强设备的安全管理

煤矿生产复杂，涉及大量的各式各样的安全设备。安全设备发挥效用主要在于安装后投入使用的环节。安全设备在使用过程中，可能出现各类问题。因此，使用安全设备的煤矿企业必须对其进行经常性维护、保养，并定期检测，以保证安全设备安全、可靠和正常运转，发挥保证安全的作用。通过经常性维护、保养，并定期检测，可以及时发现并处理安全设备存在的问题，这是煤矿企业的义务，也是提高安全设备使用年限的重要途径，更是从源头抓好企业安全生产的重要措施。比如，企业使用的瓦斯检测仪器，无论是光学原理，还是催化原理，使用时间长了，就会出现零点漂移，影响应有的精度。如果瓦斯检测仪器精度不准，就不能正确反映作业场所的瓦斯浓度，容易造成事故发生。因此，煤矿企业必须按照规定定期进行校正。

为了加强安全设备的管理，煤矿企业应当建立安全设备台账和追溯、管理制度。一是煤矿企业应当建立安全设备台账和档案管理制度。其目的是做到心中有数，对设备购置、入库、使用、维护、保养、检测、维修、改造、报废等进行全流程记录并存档。档案中还应当包括设备必要的信息，如生产厂家、型号等。二是建立设备使用维护制度。煤矿企业应当对设备进行经常性维护、保养，并定期检测，以确保设备正常运转。维护、保养、检测必须要有记录，并由有关人员签字。所有记录材料都应当纳入档案管理，以备查阅。三是建立设备使用追溯制度。其目的是做到所有设备的使用情况来源可查。除设备进行维护、保养、检测外，设备需要改造的，应当按照有关规定进行改造，并经验收合格，方可投入使用。设备达到使用年限的，应当按照规定予以报废。所有记录材料都应当纳入档案管理，以备查阅。

三、煤矿企业不得使用应当淘汰的危及生产安全的设备、工艺

国家对严重危及生产安全的设备、工艺实行淘汰制度，实行目录管理。这是一条禁止性规定。严重危及生产安全设备、工艺，是

指不符合安全生产条件，极有可能导致生产安全事故，致使人民群众生命安全和财产遭受重大损失的设备、工艺。这类设备、工艺属于物的不安全状态，本身就存在隐患和问题。如果煤矿企业采用了危及生产安全的设备、工艺，生产过程中就存在较大的风险，需要采取更多的防范措施和应急措施，在安全防护方面也需要投入更多的资金，以防止生产安全事故发生；而且，这些防范措施也只是治标不治本，不能杜绝生产安全事故的发生。为此，国家对严重危及生产安全的设备、工艺实行淘汰制度，一方面增加本质安全水平，防止事故发生，另一方面推进科技兴安，促进设备、工艺更新。为此，本条授权规定，国家应当淘汰的危及生产安全的设备、工艺的具体目录，由国家矿山安全监察机构制定并公布。

▶▶第二十六条　煤矿的采煤、掘进、机电、运输、通风、排水、排土等主要生产系统和防瓦斯、防煤（岩）与瓦斯（二氧化碳）突出、防冲击地压、防火、防治水、防尘、防热害、防滑坡、监控与通讯等安全设施，应当符合煤矿安全规程和国家标准或者行业标准规定的管理和技术要求。

　　煤矿企业及其有关人员不得关闭、破坏直接关系生产安全的监控、报警、防护、救生设备、设施，或者篡改、隐瞒、销毁其相关数据、信息，不得以任何方式影响其正常使用。

>>>【条文解读】本条是关于煤矿的主要生产系统和安全设施以及安全防护系统管理的有关规定。

（1）煤矿的主要生产系统和安全设施，应当符合煤矿安全规程和国家标准或者行业标准的管理和技术要求。

煤矿生产是一个复杂的系统工程，要维持生产活动，就得有各类生产系统予以保障。采煤、掘进、机电、运输、通风、排水、排土等生产系统是常见的、主要的、必需的生产设施，各个生产系统既是独立的，又是相互联系的，任何一个系统发生故障都可能会导致整个系统暂停或者瘫痪，即煤矿停止生产。这些主要生产系统的质量好坏及安全可靠性直接决定着煤是否能够生产。例如，排水系统出现故障，井下水就排不出去，采掘工作面就可能有水，工作就可能停止，甚至还可能淹井，导致整个矿井停产或者报废。因此，采煤、掘进、机电、运输、通风、排水、排土等主要生产系统必须符合国家标准或者行业标准，并加强维护，才能确保生产持续进行。此外，煤矿有多种灾害，这就需要采取相应的安全措施，防瓦斯、防煤（岩）与瓦斯（二氧化碳）突出、防冲击地压、防火、防治水、防尘、防热害、防滑坡、监控与通讯等安全设施必不可少。同样，这些安全设施必须符合国家标准或者行业标准，并加强维护保养，确保正常运行。只有煤矿的主要生产系统和安全设施有了安全保证，煤矿安全生产才能得到保障。

（2）煤矿企业及其有关人员不得关闭、破坏安全防护系统。

煤矿生产是高危行业，具有极大危险性。因此，煤矿企业有保障安全生产的监控、报警、防护、救生设备、设施，构成了完整的安全防护系统。监控、报警、防护等设备、设施，主要用于对工作场所有害物质进行监控，一旦超过临界值，及时发出报警信息，及时关闭相关设备，提醒从业人员采取防护措施；救生设备、设施，主要保障出现险情时能够对从业人员实施快速有效的救援。如果监控、报警、防护、救生设备、设施出现故障，势必造成从业人员失去安全保护，使从业人员处于危险中。监控、报警的相关数据、信息，是煤矿企业了解监控、报警设备、设施是否正常运行、有害物质浓度是否超限的依据，也是煤矿企业对数据、信息汇总分析研究，找出规律，提出安全预防措施的依据。这些数据、信息作假或者销毁，势必造成煤矿企业不能了解工作现场的真实情况，不能作出正确决策。因此，《条例》作出禁止性规定，煤矿企业及其有关人员不得关闭、破坏关系直接关系生产安全的监控、报警、防护、救生设备、设施，或者篡改、隐瞒、销毁其相关数据、信息，不得以任何方式影响其正常使用。这里讲的以任何方式，包括故意不维修、不保养或者减少系统、设备、设施的功能等方式。这是概括的表述方式，即除关闭、破坏以外的任何方式，不论其是故意还是过失。违反上述规定的，依法追究企业及其有关人员的法律责任；构成犯罪的，依照刑法及司法解释追究刑事责任。

▶▶第二十七条 井工煤矿应当有符合煤矿安全规程和国家标准或者行业标准规定的安全出口、独立通风系统、安全监控系统、防尘供水系统、防灭火系统、供配电系统、运送人员装置和反映煤矿实际情况的图纸，并按照规定进行瓦斯等级、冲击地压、煤层自燃倾向性和煤尘爆炸性鉴定。

井工煤矿应当按矿井瓦斯等级选用相应的煤矿许用炸药和电雷管，爆破工作由专职爆破工承担。

>>>【条文解读】 本条是关于井工煤矿有关安全出口、安全系统、图纸、危险性鉴定和爆破管理的规定。

（1）井工煤矿应当有符合要求的安全出口、安全系统和图纸。

井工煤矿从事地下开采，从业人员都在井下进行作业，这就需要有安全出口和独立的通风系统。安全出口至少2个，确保一进一出畅通。井下存在瓦斯等有害气体、煤尘、煤层自然发火倾向，需要对有害气体进行监测监控，采取降尘、防灭火措施。生产作业需要电力，从业人员进出井口及从井底车场到工作地点工作都需要运送装置。另外，随着采掘工作的推进，相应的井上井下对照图等图纸是必需的，以便及时掌握井下采掘作业进展情况和整个煤矿开采情况，一旦发生事故可以及时组织指挥救援。因此，安全出口、独立通风系统、安全监控系统、防尘供水系统、防灭火系统、供配电系统、运送人员装置和反映煤矿实际情况的图纸，是井工煤矿保障安全生产的基础，必须符合国家标准或者行业标准的规定，如《煤矿安全监控系统及检测仪器使用管理规范》（AQ 1029—2019）。

（2）井工煤矿应当按照规定进行危险性鉴定。

煤层含有瓦斯，井工煤矿井下都有瓦斯，瓦斯浓度超到规定就会发生爆炸，按照瓦斯等级不同，分为低瓦斯矿井、高瓦斯矿井、突出矿井等三类。煤矿有没有冲击地压现象。煤层有没有自燃倾向性，自燃倾向性分为容易自燃、自燃、不易自燃等三类。煤尘有没有爆炸性。井工煤矿的瓦斯、冲击地压、煤层自燃和煤尘爆炸性是比较常见的自然灾害，其危险程度如何，必须进行鉴定。根据鉴定结果，采取不同的预防和治理方式。井工煤矿还存在其他灾害的，按照规定需要鉴定的，必须进行鉴定。瓦斯等级、冲击地压、煤层自燃倾向性和煤尘爆炸性鉴定工作，必须委托中介机构进行。

（3）井工煤矿应当按矿井瓦斯等级进行爆破管理。

井工煤矿井下有瓦斯，所以，井下使用的炸药和电雷管与地面普通使用的炸药和电雷管不同，要求有更高的安全性。瓦斯等级不同，要求的安全性等级也不同。因此，井工煤矿应当按矿井瓦斯等级选用相应的煤矿许用炸药和电雷管，不得随意选用煤矿许用炸药和电雷管，不得选用普通炸药和电雷管。另外，爆破工作由专职爆破工担任。《民用爆炸物品安全管理条例》规定："爆破作业人员应当经设区的市级人民政府公安机关考核合格，取得《爆破作业人员许可证》后，方可从事爆破作业。"

▶▶ 第二十八条 露天煤矿的采场及排土场边坡与重要建筑物、构筑物之间应当留有足够的安全距离。

煤矿企业应当定期对露天煤矿进行边坡稳定性评价，评价范围应当涵盖露天煤矿所有边坡。达不到边坡稳定要求时，应当修改采矿设计或者采取安全措施，同时加强边坡监测工作。

>>>【条文解读】 本条是关于露天煤矿有关安全距离和边坡稳定性评价的规定。

（1）露天煤矿的采场及排土场边坡与重要建筑物、构筑物之间应当留有足够的安全距离。

露天煤矿采场及排土场边坡不稳，极有可能因滑坡、塌方等而威胁周围重要建筑物、构筑物安全。因此，露天煤矿采场及排土场边坡与重要建筑物、构筑物之间应当留有足够的安全距离。这里讲的足够的安全距离，是指达到这个距离要求后，即使发生采场及排土场边坡的滑坡事故，也不致损害建筑物、构筑物和建筑物、构筑物内设备设施及人员的安全。原则上，安全距离的确定要遵循相关国家标准、行业标准和行业规范等规定；相关国家标准、行业标准和行业规范没有规定的，要根据实际情况并适当放宽的原则确定。为了防止此类情况发生，采矿工程设计中应当对采场的边坡进行验算，慎重选择排土场的位置。《煤矿安全规程》规定："排土场位置的选择，应当保证排弃土岩时，不致因大块滚落、滑坡、塌方等威胁采场、工业场地、居民区、铁路、公路、农田和水域的安全。"

（2）煤矿企业应当定期对露天煤矿进行边坡稳定性评价。

从多年发生的事故看，露天煤矿发生的事故主要是零散的机械、运输等事故，一旦发生重特大事故几乎是边坡事故。例如：

2023年2月22日，内蒙古自治区阿拉善盟孪井滩生态移民示范区内蒙古新井煤业有限公司露天煤矿发生特别重大坍塌事故，造成53人死亡、6人受伤。因此，影响露天煤矿安全生产的重要因素之一就是采场及排土场的边坡稳定。根据现有规定，露天煤矿的长远和年度采矿工程设计，必须进行边坡稳定性验算。达不到边坡稳定要求时，应当修改采矿设计或者制定安全措施。露天煤矿应当进行专门的边坡工程。在日常工作中，露天煤矿应当定期巡视采场及排土场边坡，发现有滑坡征兆时，必须设明显标志牌。对设有运输道路、采运机械和重要设施的边坡，必须及时采取安全措施。发生滑坡后，应当立即对滑坡区采取安全措施，并进行专门的勘查、评价与治理工程设计。非工作帮形成一定范围的到界台阶后，应当定期进行边坡稳定性分析和评价，对影响生产安全的不稳定边坡必须采取安全措施。工作帮边坡在临近最终设计的边坡之前，必须对其稳定性进行分析和评价。当原设计的最终边坡达不到稳定的安全系统时，应当修改设计或者采取治理措施，同时加强边坡监测工作。如何在露天煤矿正常生产中，持续保持边坡的稳定，这就需要定期对边坡进行安全评价。一旦发现问题，应当及时采取相应的措施。为此，本条规定，煤矿企业应当定期对露天煤矿进行边坡稳定性评价，这是十分必要的。评价范围应当涵盖露天煤矿所有边坡，包括工作帮、非工作帮等。经边坡稳定性评价后，达不到边坡稳定要求的，应当修改采矿设计或者制定安全措施，同时加强边坡监测工作。边坡稳定性评价应当委托中介机构进行。

▶▶第二十九条 煤矿企业应当依法制定生产安全事故应急救援预案，与所在地县级以上地方人民政府组织制定的生产安全事故应急救援预案相衔接，并定期组织演练。

> 煤矿企业应当设立专职救护队；不具备设立专职救护队条件的，应当设立兼职救护队，并与邻近的专职救护队签订救护协议。发生事故时，专职救护队应当在规定时间内到达煤矿开展救援。

>>>【条文解读】 本条是关于煤矿企业应急救援预案和事故救援的规定。

（1）煤矿企业应当依法制定本企业的生产安全事故应急救援预案。

煤矿企业作为安全生产责任主体，结合本企业实际制定生产安全事故应急救援预案，对于在第一时间对生产安全事故作出应对，最大限度降低人员伤亡、财产损失具有重要现实意义。煤矿企业应当根据《安全生产法》《生产安全事故应急条例》的规定，针对本企业可能发生的生产安全事故的特点和危害，进行风险辨识和评估，制定相应的生产安全事故应急救援预案，并向本企业从业人员和社会公布。生产安全事故应急救援预案应当符合有关法律、法规、规章和标准的规定，具有科学性、针对性和可操作性，明确规定应急组织体系、职责分工以及应急救援程序和措施。《生产经营单位生产安全事故应急预案编制导则》（GB/T 29639—2020） 明确规定，生产经营单位应结合本单位安全风险的特点，编制生产安全事故应急救援预案。如果本单位风险种类较多、可能会发生多种类型事故，应当组织编制综合应急预案。综合应急预案从总体上规定事故的应急工作原则和程序，包括应急组织机构及职责、应急预案体系、事故风险描述、预警及信息报告、应急响应、保障措施、应急预案管理等内容。如果针对某一类型事故，或者仅仅针对某一重要生产设施、重大危险源、重大活动等，可以制定专项应急预案。

专项应急预案应当包括某一事故类型或者重要设施、重大危险源存在的风险分析、应急指挥机构及职责、处置程序和措施等内容。如果仅仅针对具体的工作场所、装置或设施，可以制定简单的现场处置方案。现场处置方案包括风险分析、应急指挥人员职责、处置程序和措施等内容。因此，煤矿企业应当根据上述法律、行政法规和国家标准的要求，结合实际，制定本企业的综合应急预案、专项应急预案和现场处置方案。

此外，根据《生产安全事故应急条例》的规定，煤矿企业有下列情形之一的，煤矿企业应当及时修订相应的生产安全事故应急救援预案：①制定预案所依据的法律、法规、规章、标准发生重大变化；②应急指挥机构及其职责发生调整；③安全生产面临的风险发生重大变化；④重要应急资源发生重大变化；⑤在预案演练或者应急救援中发现需要修订预案的重大问题；⑥其他应当修订的情形。

（2）煤矿企业制定的生产安全事故应急救援预案应当与所在地县级以上地方人民政府的应急救援预案相衔接。

为了充分发挥煤矿企业和所在地县级以上地方人民政府在生产安全事故抢险救援中的合力，统筹配置应急救援组织机构、队伍、装备和物资，共享区域应急资源，煤矿企业在编制本企业生产安全事故应急救援预案时，应当充分了解和掌握所在地县级以上地方人民政府的应急救援预案情况，并在内容上与所在地县级以上地方人民政府的应急救援预案相衔接。此外，根据《国务院关于坚持科学发展安全发展促进安全生产形势持续稳定好转的意见》，要完善企业与政府应急预案衔接机制，建立省、市、县三级安全生产应急预案报备制度。根据2019年7月11日应急管理部令第2号《应急管理部关于修改〈生产安全事故应急预案管理办法〉的决定》修正，煤矿企业在本企业生产安全事故应急救援预案公布之日起20

个工作日内，按照分级属地原则，向县级以上人民政府应急管理部门和地方人民政府承担煤矿安全生产监督管理职责的部门进行备案，并抄送所在地的矿山安全监察机构。

（3）煤矿企业应当定期组织应急救援预案演练。

煤矿企业应当制定年度应急救援预案演练计划，结合本企业安全风险的特点，开展相应的综合应急救援演练、专项应急救援演练或者现场处置方案的演练。根据《生产安全事故应急条例》的规定，煤矿企业应当至少每半年组织 1 次生产安全事故应急救援预案演练，并将演练情况报送所在地县级以上地方人民政府承担煤矿安全生产监督管理职责的部门。县级以上地方人民政府承担煤矿安全生产监督管理职责的部门应当对本行政区域内煤矿企业的生产安全事故应急救援预案演练进行抽查；发现演练不符合要求的，应当责令限期改正。煤矿企业未按照规定组织开展应急救援预案演练的，将承担相应的法律责任。

（4）煤矿企业应当设立救护队。

煤矿生产风险高、危害大，极易发生生产安全事故，为此，煤矿企业必须有救护队为其服务。这样规定的目的是，一旦发生生产安全事故，救护队能够迅速、有效地投入抢救工作，防止事故进一步扩大，最大限度地减少人员伤亡和财产损失。当然，所有煤矿都设有专职救护队的是最好的，但实际上做不到。因为，各类煤矿企业的灾害程度不同，需要设立专职救护队的情况也就不同。例如，有的煤矿企业灾害很小，发生生产安全事故的可能性很小，基本不发生事故，设立一支专职救护队，其用处不大。还有，建立一支专职救护队的投入较大。专职救护队需要人员、装备、演练场地等。救护人员的素质要求较高，必须对其进行培训和日常的演练，使其了解有关安全生产方针、政策、法律、法规以及安全救护规程；熟悉救护队的任务和职责，掌握救援行动的方法、技能和注意事项；

掌握应急救援器材、设备的性能、使用方法、常见故障处理和维护保养的要求。还有救护人员的装备配备、日常损耗等费用也很大。有的煤矿企业供养一支专职救护队难以为继。因此，本条没有对所有煤矿企业设立专职救护队作出统一规定，只是规定，煤矿企业应当设立专职救护队；不具备设立专职救护队条件的，应当设立兼职救护队，并与邻近的专职救护队签订救护协议。原则上，兼职救护人员应该具有与专职救护人员相同的素质，在发生生产安全事故时能够有效担当起应急救援任务。兼职救护人员在平时参加生产经营活动，但也应当安排适当的应急救援培训和演练，并在发生生产安全事故时保证能够立即投入到应急救援工作中来。专职或兼职的救护人员应当进行专门的应急救援培训，具备相关的应急救援知识，适应应急救援工作的需要，熟练掌握应急救援器材和设备的使用并持证上岗。

（5）专职救护队应当及时提供服务。

煤矿企业一旦发生生产安全事故，不论是煤矿企业自己设立的专职救护队，还是与煤矿企业签订协议的邻近专职救护队，都应当在规定时间内到达事故煤矿开展救援工作。这里讲的规定时间，是指《矿山救援规程》规定的时间为30分钟。这是一条硬性规定，目的就是保证专职救护队能够快速投入抢救任务中，专职救护队必须严格执行。这也是煤矿企业与邻近专职救护队签订救护协议的前提，达不到条件的，煤矿企业必须自己设立专职救护队。

▶▶第三十条　煤矿企业应当在依法确定的开采范围内进行生产，不得超层、越界开采。

采矿作业不得擅自开采保安煤柱，不得采用可能危及相邻煤矿生产安全的决水、爆破、贯通巷道等危险方法。

>>>【条文解读】 本条是关于煤矿企业开采范围和开采方法的规定。

（1）煤矿企业生产必须在法定范围内开采。

根据《矿产资源法》《矿产资源法实施细则》《矿产资源开采登记管理办法》，开采矿产资源必须依法申请，经批准取得采矿权，并办理登记。开采矿产资源，必须采取合理的开采顺序、开采方法和选矿工艺。矿山企业的开采回采率、采矿贫化率和选矿回收率应当达到设计要求。采矿权，是指在依法取得采矿许可规定的范围内，开采矿产资源和获得所开采的矿产品的权利。取得采矿许可证的单位或者个人称为采矿权人。开采矿产资源，由县级以上人民政府地质矿产主管部门审批登记，颁发采矿许可证。煤矿企业必须在依法取得采矿许可证的范围内开采，不得超层、越界开采；否则，将追究相应的法律责任。《矿产资源法》第四十条规定，超越批准的矿区范围采矿的，责令退回本矿区范围内开采、赔偿损失，没收越界开采的矿产品和违法所得，可以并处罚款；拒不退回本矿区范围内开采，造成矿产资源破坏的，吊销采矿许可证，依照刑法有关规定对直接责任人员追究刑事责任。

（2）采矿作业不得擅自开采保安煤柱，不得采用可能危及相邻煤矿生产安全的决水、爆破、贯通巷道等危险方法。

这是禁止性规定，是保证本煤矿和相邻煤矿安全的需要。保安煤柱是为了保证采掘工作正常进行、保障矿井安全所预留的保护性隔离煤柱。矿井正在建设或者正在开采过程中，如果矿井的保安煤柱擅自开采或者破坏，将使矿井开采无法正常生产，安全无法保障，资源遭受破坏或者浪费。因此，任何煤矿的采矿作业不得擅自开采保安煤柱。在采矿作业中，煤矿企业必须按照作业规程，采用合理的、安全的方法进行开采。按照煤矿的采矿许可证，每个煤矿都有相应的许可范围，相邻煤矿之间都有相应的边界，煤矿开采不得超层越界。对那些采用决水、爆破、贯通巷道等可能危及相邻煤矿生产安全的危险方法进行作业的煤矿企业，必须依法制裁。

▶▶第三十一条　煤矿企业不得超能力、超强度或者超定员组织生产。正常生产煤矿因地质、生产技术条件、采煤方法或者工艺等发生变化导致生产能力发生较大变化的，应当依法重新核定其生产能力。

县级以上地方人民政府及其有关部门不得要求不具备安全生产条件的煤矿企业进行生产。

>>>【条文解读】本条是关于煤矿企业合理组织生产的规定。

（1）煤矿企业应当在核定生产能力范围内，合理制定生产计划并组织生产，不得超能力、超强度或者超定员组织生产。

煤矿企业从煤矿建设工程开始，根据采矿许可证划定的开采范围、矿产储量、服务年限等因素，合理确定设计生产能力，并按照这个生产能力进行设计、开拓、采区等部署。原则上，投入生产后，煤矿企业应当按照设计生产能力进行生产。实践中，有的煤矿企业达不到设计生产能力进行生产，有的煤矿企业能够按照设计生产能力进行生产，但是为了追求经济效益，煤矿企业无论是达不到设计生产能力，还是能够达到设计生产能力，都超越自身的生产能力进行生产，造成了大量事故隐患。为此，国家根据煤矿企业本身采、掘、机、运、通等系统能力，结合安全生产的情况以及整体宏观市场供需等因素，科学确定煤矿企业的核定生产能力。一定时期内，煤矿企业必须在该核定生产能力下进行生产。在此基础上，煤矿企业根据开拓、采掘等均衡生产的原则，结合市场供需，在不超过核定生产能力的前提下，合理制定月度、年度生产计划。月度、年度生产计划确定了，每日的生产计划和劳动定员也就相对确定了。煤矿企业不得超核定生产能力组织生产，不得超月度、年度计划组织生产，不得超劳动定员组织生产。

（2）因地质、生产技术条件等发生变化导致煤矿生产能力发生较大变化的，应当重新核定煤矿的生产能力。

煤矿井下生产复杂，地质等因素变化也多，例如，开采过程中出现断层，煤层突然变薄，势必带来采、掘、机、运、通等系统的变化，导致煤矿生产能力降低；反之，可能导致煤矿生产能力增大。因此，这种因地质、生产技术条件等发生变化，导致煤矿生产能力较大变化的，需重新核定煤矿的生产能力，以确保煤矿公平、合理、安全地组织生产。不然，因地质、生产技术条件等发生变化导致煤矿生产能力增大，而原核定生产能力不变，势必就可能导致超能力生产。

（3）县级以上地方人民政府及其有关部门不得要求不具备安全生产条件的煤矿企业进行生产。

这是一条禁止性规定，其目的是保障煤矿安全生产的需要。《安全生产法》明确规定："生产经营单位应当具备本法和有关法律、行政法规和国家标准或者行业标准规定的安全生产条件；不具备安全生产条件的，不得从事生产经营活动。"《矿山安全法》《煤炭法》《安全生产许可证条例》和《中共中央办公厅　国务院办公厅关于进一步加强矿山安全生产工作的意见》等规定都对煤矿安全生产条件作出了规定。此外，国家实施核定煤矿生产能力的措施，就是要严格限制超能力、超强度或者超定员组织生产。实践中，有的地方人民政府及其有关部门为了发展地方经济、增加税收收入的需要，对煤矿企业下达或者变相下达超能力生产计划，导致煤矿企业在不具备安全生产条件的情况下又不得不进行生产；还有借市场紧张，因保供的需要，强迫不具备安全生产条件的煤矿企业进行生产。例如：2023 年 2 月 22 日，内蒙古自治区阿拉善盟孪井滩生态移民示范区内蒙古新井煤业有限公司露天煤矿发生特别重大坍塌事故，造成 53 人死亡、6 人受伤，直接经济损失 20430.25 万元，给社会造成极大的影响。这个煤矿根本不具备安全生产条件，但作为保供煤矿长期进行违法生产。为此，本条作出了禁止性规定，县级以上地方人民政府及其有关部门违反本规定的，将依法追究政府及部门有关人员的法律责任。

▶▶第三十二条 煤矿企业应当按照煤矿灾害程度和类型实施灾害治理，编制年度灾害预防和处理计划，并根据具体情况及时修改。

>>>【条文解读】本条是关于煤矿企业灾害预防和处理计划编制及修改的规定。

因煤炭地层赋存的特殊性，煤矿企业存在瓦斯、水、火、煤尘、煤（岩）与瓦斯（二氧化碳）突出、冲击地压等多种灾害。当然，不是所有煤矿企业都有这些灾害，每个煤矿企业的灾害类型以及灾害严重程度也有差别。因此，煤矿企业应当对本企业存在的各种灾害类型实施分类治理，同时，对每种灾害委托技术服务机构进行鉴定或者评估，根据鉴定或者评估结果，按照灾害程度的不同实施分级治理。如根据瓦斯鉴定等级的不同，需要采取不同的治理措施。在此基础上，由煤矿企业总工程师牵头组织本企业通风、安检等业务部门及专业人员编制年度灾害预防和处理计划。在编制过程中，应当对灾害程度和类型等情况进行充分研究、讨论并广泛听取煤矿基层及现场从业人员的意见。煤矿企业年度灾害预防和处理计划应当具体明确，针对性、操作性要强，要列明本年度的工作重点、措施等内容。煤矿企业应当每年编制一次年度灾害预防和处理计划，它是煤矿企业在年度内进行灾害预防和处理的总方案。

当然，年度灾害预防和处理计划也不是固化的，一旦制定就不能修改调整。编制年度灾害预防和处理计划的目的，是指导灾害预防和治理，必须与时俱进，及时修改。因为，煤矿开采是变化的，随着开采深度的加大，瓦斯灾害程度可能就会发生变化；开采遇到断层等结构，灾害程度和类型也会发生变化；采用新工艺、新技术、新装备、新材料，灾害治理措施方法也会发生变化。因此，年度灾害预防和处理计划编制完成后，或者在计划实施过程中，出现重大变化的，煤矿企业应当根据具体情况及时修改年度灾害预防和处理计划。这里需要说明的是，切记不要出现小的变化，就修改年度灾害预防和处理计划，尽量保持不动或者不大动。

▶▶第三十三条　煤矿开采有下列情形之一的，应当编制专项设计：

（一）有煤（岩）与瓦斯（二氧化碳）突出的；

（二）有冲击地压危险的；

（三）开采需要保护的建筑物、水体、铁路下压煤或者主要井巷留设煤柱的；

（四）水文地质类型复杂、极复杂或者周边有老窑采空区的；

（五）开采容易自燃和自燃煤层的；

（六）其他需要编制专项设计的。

>>>【条文解读】本条是关于煤矿专项设计编制的规定。

煤矿开采遇有特殊灾害的，必须编制专项设计，这是灾害预防和处理的重要措施。

（1）煤矿有煤（岩）与瓦斯（二氧化碳）突出的，应当编制专项设计。

煤（岩）与瓦斯（二氧化碳）突出是煤矿非常严重的自然灾害，是因地应力、瓦斯（二氧化碳）压力等各种因素而引发的。如何有效预防和治理，也是目前世界的难题。我国也是经过多年总结摸索出两个"四位一体"预防和治理方法。两个，是指区域综合防突措施和局部综合防突措施。"四位一体"，是指突出危险性预测、防突措施、防突措施效果检验和安全防护措施。2019 年，国家煤矿安全监察局制定出台了《防治煤与瓦斯突出细则》，该细则对防治煤（岩）与瓦斯（二氧化碳）突出的要求作出了具体规定。煤矿必须根据法律、法规、《煤矿安全规程》、国家标准或者行业标准和《防治煤与瓦斯突出细则》，结合年度灾害预防和处理计划，制定专项设计。

（2）煤矿有冲击地压危险的，应当编制专项设计。

煤矿冲击地压危险是非常严重的灾害。冲击地压是指井巷或工作面周围岩体，由于弹性变形能的瞬时释放而产生突然剧烈破坏的动力现象，常伴有煤岩体抛出、巨响及气浪等现象。冲击地压具有突发性、类型多样、造成的破坏和损失巨大等特点。2018 年，国家煤矿安全监察局制定出台了《防治煤矿冲击地压细则》，该细则对防治煤矿冲击地压作出了具体规定。煤矿必须根据法律、法规、《煤矿安全规程》、国家标准或者行业标准和《防治煤矿冲击地压细则》，结合年度灾害预防和处理计划，制定专项设计。

（3）煤矿开采需要保护的建筑物、水体、铁路下压煤或者主要井巷留设煤柱的，应当编制专项设计。

煤矿开采需要保护的建筑物、水体、铁路下压煤或者主要井巷留设煤柱，具有极大技术性。关于建筑物下采煤，因地下开采引起岩层与地表移动，在其影响范围内建筑物会受到损害或破坏。关于铁路下采煤，因地下开采引起的岩层和地表移动，降低了区内铁路质量，如铁路纵断面标高、坡度和变坡点的变化，两轨面水平和弯道超高的变化，轨缝变化，轨距变化，线路方向和平面位置的变化，钢轨应力变化，导致胀轨或拉断鱼尾板等，影响正常运行。关于水体下采煤，因在地面水（江河湖海、水库、坑塘、水稻田、洪水和地面下沉盆地积水等）和地下水（松散砂层水、砂岩水、石灰岩溶洞暗河水和采空区积水等）下方开采，极易造成水砂窜入井巷或者增加矿井涌水量，导致劳动条件恶化或者发生事故。关于开采主要井巷留设煤柱，因地下开采引起岩层与地表移动，极易造成矿井生产系统破坏和影响范围内建筑物、构筑物受到损害或破坏。2017 年，国家安全生产监督管理总局、国家煤矿安全监察局、国家能源局、国家铁路局联合制定了《建筑物、水体、铁路及主要井巷煤柱留设与压煤开采规范》，对有关开采要求作出了明确规定。煤矿必须根据法律、法规、《煤矿安全规程》、国家标准或者行业标准和《建筑物、水体、铁路及主要井巷煤柱留设与压煤开采规范》，结合年度灾害预防和处理计划，制定专项设计。

（4）煤矿水文地质类型复杂、极复杂或者周边有老窑采空区的，应当编制专项设计。

根据矿井受采掘破坏或者影响的含水层及水体、矿井及周边老空水分布状况、矿井涌水量或者突水量分布规律、矿井开采受水害影响程度以及防治水工作难易程度，矿井水文地质类型划分为简单、中等、复杂、极复杂等 4 种。水文地质类型复杂的特征：受采掘破坏或影响的主要是岩溶含水层、厚层砂砾石含水层、老空水、地表水，其补给条件好，补给水源充沛，矿井时有突水，采掘工程、矿井安全受水害威胁；防治水工程量较大，难度较高。水文地质类型极复杂的特征：受采掘破坏或影响的是岩溶含水层、老空水、地表水，其补给条件很好，补给来源极其充沛，地表泄水条件差，矿井突水频繁，采掘工程、矿井安全受水害严重威胁，防治水工程量大，难度高。因此，对于水文地质类型复杂、极复杂的煤矿，应当编制专门的开采设计。另外，煤矿企业周边有老窑采空区的，由于历史等原因，往往存在大量老空积水，并且其位置、范围、积水量不清楚，故煤矿开采难度很大，也应当编制专门的开采设计。为此，《煤矿安全规程》《煤矿防治水细则》对水文地质类型复杂、极复杂或者周边有老窑采空区的煤矿开采作出了明确规定。煤矿必须根据法律、法规、《煤矿安全规程》、国家标准或者行业标准和《煤矿防治水细则》，结合年度灾害预防和处理计划，制定专项设计。

（5）煤矿开采容易自燃和自燃煤层的，应当编制专项设计。

煤矿开采容易自燃和自燃煤层，极易导致井下火灾，具有很大的技术性。煤的自燃倾向性是煤的一种自然属性，是煤层发生自燃的基本条件。按照容易导致自燃的程度，煤的自燃倾向性分为容易自燃、自燃、不易自燃等 3 种。2021 年，国家矿山安全监察局专门制定出台了《煤矿防灭火细则》，对井下防灭火作出了明确规定。煤矿必须根据法律、法规、《煤矿安全规程》、国家标准或者行业标准和《煤矿防灭火细则》，结合年度灾害预防和处理计划，制定专项设计。

（6）煤矿有其他特殊灾害的，也需要编制专项设计。

这是一条兜底性条款。例如，有些煤矿在地温异常或者有热水涌出的地区开采，可能也需要编制专项设计。煤矿在地温异常或者有热水涌出的地区开采，从业人员在高温（一般 38 ℃以上，有的甚至超过 40 ℃）下作业，具有极大的劳动强度，需要采取降温措施，具有很大技术性。2017 年，国家制定出台《煤矿井下热害防治设计规范》（GB 50418—2017），对井下热害防治设计作出要求，包括非制冷降温措施、制冷降温措施等。在这种情况下，煤矿也需要编制专项设计，加强灾害的预防和治理。

综上可以看出，煤（岩）与瓦斯（二氧化碳）突出、冲击地压都具有突发性的特点，需要从源头防范，编制专项设计。煤矿开采需要保护的建筑物、水体、铁路下压煤或者主要井巷留设煤柱的，或者水文地质类型复杂、极复杂或者周边有老窑采空区的，或者开采容易自燃和自燃煤层的，具有极大的技术性，也需要编制专项设计。除此之外，可能还有其他因素的原因，也需要编制专项设计。对于这些专项设计，由负责业务领域的副总工程师牵头，组织相关业务部门及相关专业技术人员，依据《煤矿安全规程》和国家标准、行业标准及相关规定进行编制，经煤矿总工程师审核后，报煤矿矿长批准。

▶▶第三十四条　在煤矿进行石门揭煤、探放水、巷道贯通、清理煤仓、强制放顶、火区密闭和启封、动火以及国家矿山安全监察机构规定的其他危险作业，应当采取专门安全技术措施，并安排专门人员进行现场安全管理。

>>>【条文解读】本条是关于煤矿从事危险作业安全管理的规定。

煤矿井下存在瓦斯、水、火、冲击地压等各种灾害，煤矿生产复杂，涉及采煤、掘进、机电、运输、通风等系统，面对各种灾害还需要采取相应的预防和治理措施。这些措施和方法，就涉及石门揭煤、探放水、巷道贯通、清理煤仓、强制放顶、火区密闭和启封、动火等危险作业，对其作业现场的安全要求很高，必须进行严格的安全管理。

一是从事石门揭煤、探放水、巷道贯通、清理煤仓、强制放顶、火区密闭和启封、动火以及国家矿山安全监察机构规定的其他危险作业，必须制定专门的安全技术措施。这些危险作业有非常强的特殊性、专业性，从事这类危险作业具有很大的不确定性，稍不注意，就可能发生事故，必须要有专门的安全技术措施。对于有些危险作业，国家标准、行业标准有专门的规定，如《爆破安全规程》《建筑安装工人安全技术操作规程》《建筑机械使用安全技术规程》等。石门揭煤、探放水、巷道贯通、清理煤仓、强制放顶、火区密闭和启封、动火等危险作业，《煤矿安全规程》《煤矿防治水细则》等有相应规定，煤矿企业安全生产规章制度和作业规程也有相应规定。因此，煤矿从事这类危险作业时，必须根据国家安全生产法律、法规、规章、国家标准、行业标准和规程等要求，制定专门的安全技术措施。原则上，专门的安全技术措施由相应领域的副总工程师把关，煤矿总工程师对技术管理负总责，最后报煤矿矿长。未制定专门的安全技术措施擅自进行危险作业的，追究相关人员法律责任。造成生产安全事故的，从重追究法律责任。

二是从事石门揭煤、探放水、巷道贯通、清理煤仓、强制放顶、火区密闭和启封、动火以及国家矿山安全监察机构规定的其他危险作业，必须安排专门人员负责现场安全管理。这里讲的专门人员，可以是专职安全生产管理人员，也可以是专门负责现场管理的其他人员。现场管理人员的作用，一方面可以检查作业现场的专门安全技术措施是否得到落实，另一方面可以监督从事危险作业的人员是否严格按照有关操作规程进行。同时，现场安全管理人员可以对作业现场的各种情况进行及时协调，发现事故隐患及时采取措施进行紧急排除。

此外，考虑到煤矿除石门揭煤、探放水、巷道贯通、清理煤仓、强制放顶、火区密闭和启封、动火等危险作业外，可能还有一些作业也很危险。《安全生产法》对焊接、爆破、吊装、动火、临时用电等危险作业予以明确，并授权由国务院应急管理部门会同国务院有关部门规定其他危险作业。针对煤矿安全生产的实际，本条通过授权的方式，明确由国家矿山安全监察机构规定。因此，《条例》与《安全生产法》进行了衔接，有利于加强煤矿危险作业的安全管理。

▶▶第三十五条　煤矿企业应当建立安全风险分级管控制度，开展安全风险辨识评估，按照安全风险分级采取相应的管控措施。

煤矿企业应当建立健全事故隐患排查治理制度，采取技术、管理措施，及时发现并消除事故隐患。事故隐患排查治理情况应当如实记录，并定期向从业人员通报。重大事故隐患排查治理情况的书面报告经煤矿企业负责人签字后，每季度报县级以上地方人民政府负有煤矿安全生产监督管理职责的部门和所在地矿山安全监察机构。

煤矿企业应当加强对所属煤矿的安全管理，定期对所属煤矿进行安全检查。

>>>【条文解读】本条是关于煤矿企业建立安全风险管理和隐患排查治理双重预防机制的规定。

（1）煤矿企业应当加强安全风险分级管控。

加强煤矿企业安全风险分级管控，是从源头防范化解安全风险的重要基础。风险辨识、评估和分级管控是国内外企业管理的先进经验和成功做法。实践中，一些煤矿企业忽视风险辨识和防控、忽视苗头性问题的及时处理，导致重特大生产安全事故，给人民生命财产安全造成了严重损失。例如，山西省王家岭煤矿"3·28"透水事故，就是由于周围存在诸多小煤窑，老空区积水情况未探明，掘进作业导致老空区积水透出，造成巷道被淹和人员伤亡。《中共中央　国务院关于推进安全生产领域改革发展的意见》明确规定，企业要定期开展风险评估和危害辨识。针对高危工艺、设备、物品、场所和岗位，建立分级管控制度，制定落实安全操作规程。为此，本条规定，煤矿企业应当建立安全风险分级管控制度，开展安全风险辨识评估，按照安全风险分级采取相应的管控措施。根据此规定，煤矿企业要建立安全风险辨识、评估制度，落实全员安全生产责任制，定期组织从业人员开展全过程、全方位的风险危害辨识、风险评估，针对高风险工艺、设备、物品、场所、岗位，按照风险等级大小，建立分级管控制度，并制定落实安全操作规程，防止风险演变引发事故。

（2）煤矿企业应当组织开展事故隐患排查治理。

隐患是造成事故的根源，隐患不除、事故不断。事故预防的关键就是及时排查治理隐患，将事故隐患消灭在萌芽状态。事故隐患，是指生产经营单位违反安全生产法律、法规、规章、标准、规程和安全生产管理制度的规定，或者因其他因素在生产经营活动中存在可能导致事故发生的物的危险状态、人的不安全行为和管理上的缺陷。事故隐患分为一般事故隐患和重大事故隐患。一般事故隐患，是指危害和整改难度较小，发现后能够立即整改排除的隐患。重大事故隐患，是指危害和整改难度较大，应当全部或者局部停产停业，并经过一定时间整改治理方能排除的隐患，或者因外部因素影响致使生产经营单位自身难以排除的隐患。2020年，应急管理部重新修订发布了《煤矿重大事故隐患判定标准》。煤矿企业应当按照下列要求认真做好事故隐患排查治理工作。

一是煤矿企业应当建立健全事故隐患排查治理制度，采取技术、管理措施，及时发现并消除事故隐患。煤矿企业应当建立健全事故隐患排查治理制度，落实事故隐患排查治理所需资金，定期组织职能部门、安全生产管理人员、注册安全工程师、工程技术人员和其他相关人员开展事故隐患排查工作。对排查出的生产安全事故隐患，应当按照事故隐患的等级进行登记，建立事故隐患信息档案。对于一般事故隐患，由煤矿企业的车间、分厂、区队、班组负责人或者有关人员立即组织整改排除。对于重大事故隐患，由煤矿企业主要负责人或者有关负责人组织制定并实施隐患治理方案，做到"措施落实、责任落实、时间落实、资金落实、应急预案落实"。重大事故隐患排查治理结束后，要建立评估制度，确保事故隐患的彻底根治。

二是事故隐患排查治理情况应当如实记录，并定期向从业人员通报。为了加强事故隐患排查治理工作，分析总结事故隐患存在的规律性，从源头防范化解重大安全风险，煤矿企业应当建立健全事故隐患治理情况的档案管理制度，如实记录事故隐患治理情况，并定期向从业人员通报。同时，以备矿山安全监察机构、地方人民政府承担煤矿安全生产监督管理职责的部门和其他有关部门查阅。通报可以采用在职工代表大会或者职工大会上通报的方式，也可以采用公示栏方式。从业人员对事故隐患排查治理的情况有知情权、监督权。

三是重大事故隐患排查治理情况的书面报告经煤矿企业负责人签字后，每季度报县级以上地方人民政府负有煤矿安全生产监督管理职责的部门和所在地矿山安全监察机构。事实证明，煤矿企业发生生产安全事故的重要原因之一，就是重大事故隐患久拖不治，或者治而不清。为了从根本上排查治理重大事故隐患，本条规定，煤矿企业的重大事故隐患排查治理情况的书面报告经煤矿企业负责人签字后，每季度向县级以上地方人民政府负有煤矿安全生产监督管理职责的部门和所在地矿山安全监察机构主要管理部门报告。此规定一方面有利于县级以上地方人民政府负有煤矿安全生产监督管理职责的部门和所在地矿山安全监察机构主要管理部门了解、掌握煤矿对重大事故隐患的排查治理情况，便于今后加强监督检查。另一方面便于生产安全事故的责任追究。重大事故隐患治理情况资料是矿山安全监察机构今后开展调查处理事故时，进行责任追究的依据。这里讲的煤矿企业负责人，包括煤矿企业的主要负责人和领导班子成员。

（3）煤矿企业应当加强所属煤矿的安全管理，定期对所属煤矿进行安全检查。

煤矿企业作为独立法人，承担安全生产主体责任。一旦发生生产安全事故，煤矿企业及相关人员将承担法律责任。所属煤矿安全生产工作的好坏直接与煤矿企业有关，因此，煤矿企业必须加强所属煤矿的安全管理，定期对所属煤矿进行安全检查，以预防和减少所属煤矿生产安全事故的发生。这里讲的定期，由煤矿企业根据所属煤矿的数量、灾害特点、安全生产工作的情况等确定，可以每月、每季度、每半年、每年等。这是煤矿企业的法定义务，煤矿企业必须执行。

▶▶第三十六条 煤矿企业有下列情形之一的，属于重大事故隐患，应当立即停止受影响区域生产、建设，并及时消除事故隐患：

（一）超能力、超强度或者超定员组织生产的；

（二）瓦斯超限作业的；

（三）煤（岩）与瓦斯（二氧化碳）突出矿井未按照规定实施防突措施的；

（四）煤（岩）与瓦斯（二氧化碳）突出矿井、高瓦斯矿井未按照规定建立瓦斯抽采系统，或者系统不能正常运行的；

（五）通风系统不完善、不可靠的；

（六）超层、越界开采的；

（七）有严重水患，未采取有效措施的；

（八）有冲击地压危险，未采取有效措施的；

（九）自然发火严重，未采取有效措施的；

（十）使用应当淘汰的危及生产安全的设备、工艺的；

（十一）未按照规定建立监控与通讯系统，或者系统不能正常运行的；

（十二）露天煤矿边坡角大于设计最大值或者边坡发生严重变形，未采取有效措施的；

（十三）未按照规定采用双回路供电系统的；

（十四）新建煤矿边建设边生产，煤矿改扩建期间，在改扩建的区域生产，或者在其他区域的生产超出设计规定的范围和规模的；

（十五）实行整体承包生产经营后，未重新取得或者及时变更安全生产许可证而从事生产，或者承包方再次转包，以及将井下采掘工作面和井巷维修作业外包的；

（十六）改制、合并、分立期间，未明确安全生产责任人和安全生产管理机构，或者在完成改制、合并、分立后，未重新取得或者及时变更安全生产许可证等的；

（十七）有其他重大事故隐患的。

>>>【条文解读】本条是关于煤矿企业重大事故隐患安全管理的规定。

为了加强重大事故隐患的安全管理，本条对煤矿企业存在常见的16种重大事故隐患通过列举方式予以明确，最后增加兜底条款。

同时，还明确规定，煤矿企业存在属于重大事故隐患的，应当立即停止受影响区域生产、建设，并及时消除事故隐患。2020 年，为了便于煤矿企业判定重大事故隐患，根据《安全生产法》，应急管理部重新修订发布了《煤矿重大事故隐患判定标准》，从 15 个方面列举了 81 种应当判定为重大事故隐患的情形。按照现行的规定，煤矿企业存在下列情形的，属于重大事故隐患。

（1）超能力、超强度或者超定员组织生产。超能力生产，主要指煤矿年、月原煤产量超过核定（设计）生产能力规定组织生产，包括煤矿超过核定生产能力下达计划组织生产，等等。超强度生产，主要指煤矿开拓、准备、回采煤量可采期小于国家规定的最短时间，或者水平数超过规定，或者采（盘）区内同时作业的采煤、煤（半煤岩）巷掘进工作面个数超过规定，或者瓦斯抽采不达标情况下组织生产，等等。超定员生产，主要指煤矿采掘作业地点单班作业人数超过规定情况下组织生产，等等。

（2）瓦斯超限作业。比较常见的情况有：煤矿为隐瞒瓦斯超限，故意或者过失漏检、假检瓦斯情况下进行作业；瓦斯超限后继续作业；瓦斯超限后处置措施不到位情况下继续进行作业；瓦斯积聚后排放措施不到位情况下进行作业；等等。

（3）煤（岩）与瓦斯（二氧化碳）突出矿井未按照规定实施防突出措施。比较常见的情况有：没有按照规定设立防突机构并配备相应专业人员；没有按照规定建立地面永久瓦斯抽采系统，或者系统不能正常运行；没有按照国家规定采用两个"四位一体"防突措施；违反规定使用架线式电机车；等等。

（4）煤（岩）与瓦斯（二氧化碳）突出矿井、高瓦斯矿井未按照规定建立瓦斯抽采系统，或者系统不能正常运行。比较常见的情况有：按照规定应当建立而没有建立瓦斯抽采系统，或者系统不能正常使用；没有按照国家规定安设、调校甲烷传感器，致使甲烷传感器不能正常使用；瓦斯超限后，系统不能报警、断电；等等。

（5）通风系统不完善、不可靠。比较常见的情况有：矿井的总风量、采掘工作面等主要用风地点风量不符合规定；矿井没有备用主要通风机；矿井两台主要通风机的能力不相同；违反规定采用串联通风；未按照设计形成通风系统；生产水平和采（盘）区没有实现分区通风；高瓦斯、煤与瓦斯突出矿井的任一采（盘）区没有设置专用回风巷；开采容易自燃煤层、低瓦斯矿井开采煤层群和分层开采采用联合布置的采（盘）区没有设置专用回风巷；突出煤层工作面没有独立的回风系统；进、回风井之间和主要进、回风巷之间联络巷中的风墙、风门不符合《煤矿安全规程》规定，造成风流短路；等等。

（6）超层、越界开采。比较常见的情况有：煤矿超出采矿许可证载明的开采煤层层位或者标高进行开采，煤矿超出采矿许可证载明的坐标控制范围进行开采，煤矿擅自开采（破坏）安全煤柱，等等。

（7）有严重水患，未采取有效措施。比较常见的情况有：没有查明矿井水文地质条件和井田范围内采空区、废弃老窑积水等情况下组织生产建设；水文地质类型复杂、极复杂的矿井，没有设置专门的防治水机构或者配备专门的探放水作业队伍和专用探放水设备；在需要探放水的区域，未按照国家规定采取探放水措施就进行采掘作业；没有按照国家规定留设或者擅自开采（破坏）各种防隔水煤（岩）柱；已有突（透、溃）水征兆，但没有按照规定撤出井下所有受水患威胁地点人员；等等。

（8）有冲击地压危险，未采取有效措施。比较常见的情况有：没有按照国家规定进行煤层（岩层）冲击倾向性鉴定；开采有冲击倾向性煤层，未进行冲击危险性评价；开采冲击地压煤层，未进行采区、采掘工作面冲击危险性评价；开采有冲击地压危险的矿井，未设置专门的防冲机构、未配备专业人员或者未编制专门设计；没有进行冲击地压危险性预测、防冲措施效果检验以及防冲措施效果检验不达标情况下仍组织生产建设；等等。

（9）自然发火严重，未采取有效措施。比较常见的情况有：开采容易自燃和自燃煤层的矿井，未编制防灭火专项设计或者未采取综合防灭火措施；高瓦斯矿井采用放顶煤采煤法，没有采取有效措施防治煤层自然发火；有自然发火征兆时，未采取相应的安全防范措施继续生产建设；违反《煤矿安全规程》规定启封火区；等等。

（10）使用应当淘汰的危及生产安全的设备、工艺。比较常见的情况有：使用被列入国家禁止井工煤矿使用的设备及工艺目录的产品或者工艺；井下电气设备、电缆未取得煤矿矿用产品安全标志；井下电气设备选型与矿井瓦斯等级不符；采（盘）区内防爆型电气设备存在失爆现象；井下使用非防爆无轨胶轮车；没有按照矿井瓦斯等级选用相应的煤矿许用炸药和雷管；没有使用专用发爆器，或者裸露爆破；等等。

（11）未按照规定建立监控与通讯系统，或者系统不能正常运行。比较常见的情况有：没有按照规定建立监控与通讯系统，监控与通讯系统的设备设施质量不符合规定，监控与通讯系统不能正常运行，等等。

（12）露天煤矿边坡角大于设计最大值或者边坡发生严重变形，未采取有效措施。比较常见的情况有：露天煤矿边坡角大于设计最大值，或者边坡发生严重变形未及时采取措施进行治理，等等。

（13）未按照规定采用双回路供电系统。比较常见的情况有：单回路供电；有两回路电源线路但取自一个区域变电所同一母线段；进入二期工程的高瓦斯、煤与瓦斯突出、水文地质类型为复杂和极复杂的建设矿井，未形成两回路供电；等等。

（14）新建煤矿边建设边生产，煤矿改扩建期间，在改扩建的区域生产，或者在其他区域的生产超出设计规定的范围和规模。比较常见的情况有：新建煤矿在建设期间组织采煤的（经批准的联合试运转除外）；改扩建矿井在改扩建区域生产；改扩建矿井在非改扩建区域超出设计规定范围和规模生产；新建、改建、扩建的建设项目的安全设施设计未经审查批准，或者审查批准后作出重大变更未经再次审查批准，擅自组织施工；等等。

（15）实行整体承包生产经营后，未重新取得或者及时变更安全生产许可证而从事生产，或者承包方再次转包，以及将井下采掘工作面和井巷维修作业外包。比较常见的情况有：煤矿未采取整体承包形式进行发包，或者将煤矿整体发包给不具有法人资格或者未取得合法有效营业执照的单位或者个人；实行整体承包的煤矿，未签订安全生产管理协议，或者未按照国家规定约定双方安全生产管理职责而进行生产；实行整体承包的煤矿，未重新取得或者变更安全生产许可证进行生产；实行整体承包的煤矿，承包方再次将煤矿转包给其他单位或者个人；井工煤矿将井下采掘作业或者井巷维修作业（井筒及井下新水平延深的井底车场、主运输、主通风、主排水、主要机电硐室开拓工程除外）作为独立工程发包给其他企业或者个人的，以及转包井下新水平延深开拓工程；等等。

（16）改制、合并、分立期间，未明确安全生产责任人和安全生产管理机构，或者在完成改制、合并、分立后，未重新取得或者及时变更安全生产许可证等。比较常见的情况有：改制期间，没有明确安全生产责任人进行生产建设；改制期间，没有健全安全生产管理机构和配备安全管理人员进行生产建设；完成改制后，没有重新取得或者变更采矿许可证、安全生产许可证、营业执照而进行生产建设；等等。

（17）有其他重大事故隐患。这是一个兜底条款。是指国家矿山安全监察机构认定的其他重大事故隐患。

此外，考虑到这是重大事故隐患的原则性规定，为便于煤矿企业及时判定重大事故隐患，《条例》授权，煤矿重大事故隐患判定标准由国家矿山安全监察机构负责制定。

▶▶**第三十七条** 煤矿企业及其有关人员对县级以上人民政府负有煤矿安全生产监督管理职责的部门、国家矿山安全监察机构及其设在地方的矿山安全监察机构依法履行职责，应当予以配合，按照要求如实提供有关情况，不得隐瞒或者拒绝、阻挠。

对县级以上人民政府负有煤矿安全生产监督管理职责的部门、国家矿山安全监察机构及其设在地方的矿山安全监察机构查处的事故隐患，煤矿企业应当立即进行整改，并按照要求报告整改结果。

>>>**【条文解读】** 本条是关于煤矿企业配合执法检查和进行隐患整改的规定。

（1）煤矿企业及其有关人员对政府部门依法履行职责应当予以配合。

县级以上人民政府负有煤矿安全生产监督管理职责的部门、国家矿山安全监察机构及其设在地方的矿山安全监察机构依法履行对煤矿企业的监督检查职责，是代表国家执行公务的行为，具有强制性。煤矿企业及其有关人员必须接受依法进行的监督检查，同时必须提供相应的便利条件，予以积极配合。只有这样，才能保证监督检查顺利进行，并取得良好的效果。实践中，有些煤矿企业拒绝接受依法进行的监督检查，不允许县级以上人民政府负有煤矿安全生产监督管理职责的部门、国家矿山安全监察机构及其设在地方的矿山安全监察机构的监督检查人员进入本企业进行检查；有些煤矿企业对安全生产监督检查人员依法履行监督检查职责不予配合，例如，不向监督检查人员提供有关资料或者有关情况，或者不及时、如实提供有关资料和情况，对县级以上人民政府负有煤矿安全生产监督管理职责的部门、国家矿山安全监察机构及其设在地方的矿山安全监察机构作出的一些决定不予执行等；还有些煤矿企业使用种种手段给县级以上人民政府负有煤矿安全生产监督管理职责的部门、国家矿山安全监察机构及其设在地方的矿山安全监察机构依法进行的监督检查设置各种障碍，甚至对监督检查人员使用暴力或者威胁使用暴力，妨碍监督检查的进行。凡此种种，严重影响煤矿安全生产监督检查工作的正常进行，使煤矿企业在安全生产方面存在的问题不能及时被发现和解决，给煤矿企业的安全生产埋下了隐患，也严重损害了法律的权威和尊严。针对这种情况，本条明确规定，煤矿企业及其有关人员对县级以上人民政府负有煤矿安全生产监督管理职责的部门、国家矿山安全监察机构及其设在地方的矿山安全监察机构依法履行职责，应当予以配合，按照要求如实提供有关情况，不得隐瞒或者拒绝、阻挠。这是煤矿企业及其有关人员的一项法定义务。违反这一义务，将依法承担相应的法律责任；使用暴力拒绝、阻挠监督检查，构成犯罪的，还要依法追究有关责任人员的刑事责任。

这里讲的配合，是指煤矿企业及其有关人员必须为监督检查提供必要的便利条件。煤矿企业及其有关人员应当允许县级以上人民政府负有煤矿安全生产监督管理职责的部门、国家矿山安全监察机构及其设在地方的矿山安全监察机构的安全生产监督检查人员进入本企业进行检查；安全生产监督检查人员需要调阅有关资料时，煤矿企业及其有关人员应当及时、如实提供；需要了解有关情况时，煤矿企业及其有关人员应当如实提供，不得隐瞒或者拒绝、阻挠。当然，也不能以任何借口和理由加以拒绝，或者以任何手段设置障碍，阻碍监督检查。

（2）对县级以上人民政府负有煤矿安全生产监督管理职责的部门、国家矿山安全监察机构及其设在地方的矿山安全监察机构查处的事故隐患，煤矿企业应当立即进行整改，并按照要求报告整改结果。

隐患是造成事故的根源，隐患不除，事故不断。对整改难度不大，或者能够立即整改的一般事故隐患，煤矿企业应当立即整改；对整改难度较大或者一时难以完成整改的重大事故隐患，煤矿企业应当制定整改方案，做到"措施落实、责任落实、时间落实、资金落实、应急预案落实"。事故隐患整改完成后，煤矿企业应当按照监督检查执法文书的要求向负责隐患查处的县级以上人民政府负有煤矿安全生产监督管理职责的部门、国家矿山安全监察机构及其设在地方的矿山安全监察机构报告事故隐患整改结果，形成隐患闭环管理，确保隐患消除。

▶▶第三十八条 煤矿企业应当及时足额安排安全生产费用等资金，确保符合安全生产要求。煤矿企业的决策机构、主要负责人对由于安全生产所必需的资金投入不足导致的后果承担责任。

>>>【条文解读】本条是关于煤矿企业资金投入的规定。

一、煤矿企业资金投入的标准

关于安全生产费用等资金投入，《安全生产法》从两个方面作出规定：一是普遍性规定。《安全生产法》规定："生产经营单位应当具备的安全生产条件所必需的资金投入，由生产经营单位的决策机构、主要负责人或者个人经营的投资人予以保证，并对由于安全生产所必需的资金投入不足导致的后果承担责任。"这是对生产经营单位必须进行安全投入以及安全投入的标准作出原则性规定。也就是说，法定的资金投入标准，以具备法定安全生产条件所必需的资金投入为准，具体应以安全生产法律、行政法规、国家标准或者行业标准规定生产经营单位应当具备的安全生产条件为基础进行计算。二是特殊性规定。《安全生产法》规定"有关生产经营单位应当按照规定提取和使用安全生产费用，专门用于改善安全生产条件。安全生产费用在成本中据实列支。安全生产费用提取、使用和监督管理的具体办法由国务院财政部门会同国务院应急管理部门征求国务院有关部门意见后制定。"按照法律规定，煤矿企业应当及时足额安排安全生产费用等资金，确保煤矿安全生产。

鉴于各行各业生产经营单位的安全生产条件千差万别，其资金投入的标准也不尽相同。为了使资金投入的标准更符合实际，更具有操作性，财政部等部门相继制定了《关于调整煤炭生产安全费用提取标准 加强煤炭生产安全费用使用管理与监督的通知》《烟花爆竹生产企业安全费用提取与使用管理办法》《高危行业企业安全生产费用财务管理暂行办法》和《企业安全生产费用提取和使用管理办法》（财企〔2012〕16号）。随着形势的变化，2022年，财政部、应急管理部出台了新的《企业安全生产费用提取和使用管理办法》（财资〔2022〕136号），同时废止《企业安全生产费用提取和使用管理办法》（财企〔2012〕16号）。《企业安全生产费用提取和使用管理办法》（财资〔2022〕136号）对在中华人民共和国境内直接从事煤炭生产、非煤矿山开采、石油天然气开采、建设工程施工、危险品生产与储存、交通运输、烟花爆竹生产、民用爆炸物品生产、冶金、机械制造、武器装备研制生产与试验（含民用航空及核燃料）的企业，以及其他经济组织的安全生产费用的提取标准和使用范围都作出了明确的规定。煤矿企业应当按照《企业安全生产费用提取和使用管理办法》（财资〔2022〕136号）的规定执行，不得低于规定，但可以根据本单位的实际高于规定，以满足法定安全生产条件的资金所需。

二、煤矿企业资金投入的保障责任

有了符合安全生产条件所需资金投入的标准，还要通过决策予以保障。根据煤矿企业的所有制性质的不同，资金投入的主体也不同，按照《公司法》成立的公司制煤矿企业，由其决策机构股东会、董事会决定安全生产投入的资金。非公司制的国有煤矿企业、集体煤矿企业，由其主要负责人决定安全生产投入资金。当然，如果安全生产投入的资金不能保障煤矿企业符合法定安全生产条件，因资金投入不足导致的后果由相关责任人负责。因此，本条规定，煤矿企业的决策机构、主要负责人对安全生产所必需的投入不足导致的后果承担责任。由于安全生产所需资金不足导致的后果主要是实施安全生产违法行为或者发生生产安全事故的，安全生产投入的决策责任主体将要承担相应的法律责任。

———————— 第三章

煤矿安全生产监督管理

▶▶第三十九条　煤矿安全生产实行地方党政领导干部安全生产责任制，强化煤矿安全生产属地管理。

>>>【条文解读】本条是关于地方党政领导干部煤矿安全生产责任制的规定。

一、煤矿安全生产实行地方党政领导干部安全生产责任制

这是地方党政干部责任制在煤矿安全生产领域的具体体现，强化了地方党政干部抓好煤矿安全生产工作的责任。

煤矿灾害严重，危险性高，极易造成群死群伤的生产安全事故，事关人民群众的生命安全健康，事关经济社会发展和稳定大局。事实证明，煤矿发生重特大生产安全事故，往往给社会经济发展造成极大损害。例如：2023 年 2 月 2 日内蒙古自治区阿拉善盟孛井滩生态移民示范区内蒙古新井煤业有限公司露天煤矿发生特别重大坍塌事故，造成 53 人死亡、6 人受伤，社会影响极大。2016年，《中共中央　国务院关于推进安全生产领域改革发展的意见》

明确"坚持党政同责、一岗双责、齐抓共管、失职追责，完善安全生产责任体系。地方各级党委和政府要始终把安全生产摆在重要位置，加强组织领导。党政主要负责人是本地区安全生产第一责任人，班子其他成员对分管范围内的安全生产工作负领导责任。"2018年，中共中央办公厅、国务院办公厅制定的《地方党政领导干部安全生产责任制规定》明确坚持党政同责、一岗双责、齐抓共管、失职追责，坚持管行业必须管安全、管业务必须管安全、管生产经营必须管安全。地方各级党委和政府主要负责人是本地区安全生产第一责任人，班子其他成员对分管范围内的安全生产工作负领导责任。同时，详细规定了地方各级党委主要负责人、政府主要负责人、党委常委会其他成员、政府分管安全生产工作的领导干部（原则上由本级党委常委担任）、政府其他领导干部等五类地方党政领导干部的安全生产职责。煤矿是高危险性行业，煤矿的安全生产工作尤其重要，是一个地方整体安全生产工作的重中之重。为此，本条规定，煤矿安全生产实行地方党政领导干部安全生产责任制，其目的就是要强化和落实地方党政领导干部抓好煤矿安全生产的责任，完善煤矿安全生产责任体系，实现煤矿安全生产。地方各级党委、政府应当按照《中共中央　国务院关于推进安全生产领域改革发展的意见》《地方党政领导干部安全生产责任制规定》和《安全生产法》的规定，制定和明确上述五类党政领导干部的煤矿安全生产工作职责清单，加强对领导干部履行煤矿安全生产工作情况进行巡查，领导干部履行煤矿安全生产工作情况作为履行整体安全生产工作情况的重要内容纳入年度考核内容，并实行"一票否决"，督促地方党政领导干部抓好煤矿安全生产工作。

二、强化煤矿安全生产属地管理

这里讲的属地管理，是指在一个行政区域内，不论是中央管理的煤矿企业，还是省、市属的煤矿企业或者外省、市在本地开办的煤矿企业，也不论所谓煤矿企业的级别高低，也不论煤矿企业的大小，都由所在地人民政府管理，实施安全生产地方监管。原则上，由基层人民政府管理，根据情况由省、市、县实施分级管理。强化地方属地领导责任，完善部门监管责任，加大"最后一公里"监管力度，督促煤矿企业落实安全生产主体责任，是保障煤矿安全生产的重要措施。县级以上地方各级人民政府及有关部门应当按照属地监管的原则，对本行政区域内的所有各类煤矿企业加强监督检查；对容易发生生产安全事故的煤矿企业，实施严格检查；对于检查中发现的问题，应当及时处理。属于本级政府及部门管辖的煤矿企业，应当依法依规予以处理；属于中央管理的煤矿企业或者其他不属于本级政府及部门管辖的煤矿企业，应当移送有职责的国务院有关部门、有关地方人民政府及部门、国家矿山安全监察机构及其设在地方的矿山安全监察机构予以处理。地方各级人民政府及有关部门应当依法依规履行煤矿安全生产职责，未按照规定履行职责的，造成煤矿生产安全事故发生的，将依法依规追究法律责任。

▶▶第四十条　省、自治区、直辖市人民政府应当按照分级分类监管的原则，明确煤矿企业的安全生产监管主体。

县级以上人民政府相关主管部门对未依法取得安全生产许可证等擅自进行煤矿生产的，应当依法查处。

乡镇人民政府在所辖区域内发现未依法取得安全生产许可证等擅自进行煤矿生产的，应当采取有效措施制止，并向县级人民政府相关主管部门报告。

>>>【条文解读】本条是关于煤矿企业分级分类监管和非法煤

矿采取措施制止的规定。

（1）煤矿企业必须有明确的安全监管主体。

实践中，有的地方煤矿企业多，但煤矿安全监管部门人员少，导致很多煤矿监管缺失；有的地方煤矿企业少，但煤矿安全监管部门人员又多，导致煤矿每年重复检查次数多，监管主体和煤矿企业存在不平衡的问题。部分煤矿企业反映，每年要接受省、市、县乃至乡镇不同层级监管部门的多次重复检查，甚至有的煤矿企业一周迎检好几拨。多层级重复检查，不仅容易导致"几家管几家又不管"的"三个和尚没水吃"现象，而且一旦出事故，追究层级多、追究人员多。《中共中央　国务院关于推进安全生产领域改革发展的意见》明确提出："完善安全生产监管执法制度，明确每个生产经营单位安全生产监督和管理主体，制定实施执法计划，完善执法程序规定，依法严格查处各类违法违规行为。"《优化营商环境条例》规定："对直接涉及公共安全和人民群众生命健康等特殊行业、重点领域，依法依规实行全覆盖的重点监管，并严格规范重点监管的程序。"因此，省、自治区、直辖市人民政府应当按照分级分类监管原则，制定煤矿企业分级分类办法，明确煤矿企业的安全监管主体。这里讲的分级，是指分省、市、县三级，乡镇协助上级部门监管。这里讲的分类，是指按灾害种类将煤矿分为低瓦斯、高瓦斯、煤（岩）和瓦斯（二氧化碳）突出、冲击地压等。通过分级分类办法，在数量上、类别上把煤矿企业逐一落实到省、市、县三级人民政府负有煤矿安全生产监督管理职责的部门。原则上，一家煤矿企业对应一个层级的监管主体，上级负有煤矿安全生产监督管理职责的部门不能将监管责任完全压给下级负有煤矿安全生产监督管理职责的部门。确定省、市、县各层级负有煤矿安全生产监督管理职责的部门所管辖煤矿企业名单后，下级负有煤矿安全生产监督管理职责的部门不对上级负有煤矿安全生产监督管理职责的部门负责的煤矿企业开展监督检查活动，但上级负有煤矿安全生产监督管理职责的部门要对下级负有煤矿安全生产监督管理职责的部门的监督检查工作进行监督指导和抽查检查。下级负有煤矿安全生产监督管理职责的部门遇有重大和复杂案件要及时报告上级负有煤矿安全生产监督管理职责的部门立案查处。

（2）县级以上人民政府相关主管部门对未依法取得安全生产许可证等擅自进行煤矿生产的，应当依法查处。

《中华人民共和国市场主体登记管理条例》第五条规定，县级以上地方人民政府市场监督管理部门主管本辖区市场主体登记管理工作，加强统筹指导和监督管理。第四十三条规定，未经设立登记从事经营活动的，由登记机关责令改正，没收违法所得；拒不改正的，处1万元以上10万元以下的罚款；情节严重的，依法责令关闭停业，并处10万元以上50万元以下的罚款。第四十四条规定，提交虚假材料或者采取其他欺诈手段隐瞒重要事实取得市场主体登记的，由登记机关责令改正，没收违法所得，并处5万元以上20万元以下的罚款；情节严重的，处20万元以上100万元以下的罚款，吊销营业执照。《矿产资源开采登记管理办法》第三条规定，开采下列矿产资源，由国务院地质矿产主管部门审批登记，颁发采矿许可证：（一）国家规划矿区和对国民经济具有重要价值的矿区内的矿产资源；（二）领海及中国管辖的其他海域的矿产资源；（三）外商投资开采的矿产资源；（四）本办法附录所列的矿产资源。开采石油、天然气矿产的，经国务院指定的机关审查同意后，由国务院地质矿产主管部门登记，颁发采矿许可证。开采下列矿产资源，由省、自治区、直辖市人民政府地质矿产主管部门审批登记，颁发采矿许可证；（一）本条第一款、第二款规定以外的矿产储量规模中型以上的矿产资源；（二）国务院地质矿产主管部门授权省、自治区、直辖市人民政府地质矿产主管部门审批登记的矿产资源。开采本条第一款、第二款、第三款规定以外的矿产资源，由县级以上地方人民政府负责地质矿产管理工作的部门，按照省、自治区、直辖市人民代表大会常务委员会制定的管理办法审批登记，颁发采矿许可证。矿区范围跨县级以上行政区域的，由所涉及行政区域的共同上一级登记管理机关审批登记，颁发采矿许可证。《安全生产许可证条例》第三条规定，国务院安全生产监督管理部门负责中央管理的非煤矿矿山企业和危险化学品、烟花爆竹生产企业安全生产许可证的颁发和管理。省、自治区、直辖市人民政府安全生产监督管理部门负责前款规定以外的非煤矿矿山企业和危险化学品、烟花爆竹生产企业安全生产许可证的颁发和管理，并接受国务院安全生产监督管理部门的指导和监督。国家煤矿安全监察机构负责中央管理的煤矿企业安全生产许可证的颁发和管理。在省、自治区、直辖市设立的煤矿安全监察机构负责前款规定以外的其他煤矿企业安全生产许可证的颁发和管理，并接受国家煤矿安全监察机构的指导和监督。根据2020年国家矿山安全监察机构改革规定，由省、自治区、直辖市人民政府负有煤矿安全生产监督管理职责的部门负责煤矿安全生产许可证的颁发和管理。因此，对未依法取得安全生产许可证等擅自进行煤矿生产的，县级以上人民政府市场监管部门、自然资源部门和负有煤矿安全生产监督管理职责的部门应当依法查处。

（3）乡镇人民政府在所辖区域内发现未依法取得安全生产许可证等擅自进行煤矿生产的，应当采取有效措施制止，并向县级人民政府相关主管部门报告。

未依法取得采矿许可证、安全生产许可证、营业执照的煤矿，属于非法煤矿，必须依法取缔。实践中，造成非法煤矿长期存在、久清不除的重要原因之一，就是有的非法煤矿与地方官员进行权钱交易，让官员们从煤矿中获利，而这些官员就充当这些非法煤矿的保护伞。从清理非法煤矿的实践看，县级人民政府和乡镇人民政府、开发区是清理关闭非法煤矿的关键，他们是最基层的政府管理单位，直接与这类非法煤矿打交道，也最了解、熟悉这类非法煤矿的地点及生产经营状况。他们要不想打击、制止这类非法煤矿的生产，甚至隐瞒这类非法煤矿，市级以上人民政府及有关部门是很难查处的。2010年，《国务院关于进一步加强企业安全生产工作的通知》对打击非法生产作出了明确规定。据此，本条将关闭取缔非法煤矿的主要职责直接落在乡镇人民政府头上，明确乡镇人民政府在所辖区域内发现未依法取得安全生产许可证等擅自进行煤矿生产的，应当采取有效措施制止，并向县级人民政府相关主管部门报告。这是乡镇人民政府的法定义务，未依法履行职责的，对乡镇人民政府主要负责人和负有责任的相关责任人给予处分；构成犯罪的，依法追究刑事责任。

▶▶第四十一条　省、自治区、直辖市人民政府负有煤矿安全生产监督管理职责的部门审查煤矿建设项目安全设施设计，应当自受理之日起30日内审查完毕，签署同意或者不同意的意见，并书面答复。

省、自治区、直辖市人民政府负有煤矿安全生产监督管理职责的部门应当加强对建设单位安全设施验收活动和验收结果的监督核查。

>>>【条文解读】本条是关于建设项目安全设施设计审查和验收监督核查的规定。

（1）煤矿建设项目安全设施设计须经主管部门审查同意。

煤矿建设项目不同于一般的建设项目，对其建设项目的安全设施的要求更高。为此，本条规定，煤矿建设项目安全设施设计应当经省级人民政府负有煤矿安全生产监督管理职责的部门审查同意。这样规定，主要考虑煤矿建设项目具有很大的危险性，需要由有关主管部门对其安全设施设计进行审查。这里讲的审查，是一项行政许可，主要审查安全评价报告对建设项目提出的安全措施和要求，是否贯彻落实到建设项目安全设施设计中，安全设施的设计是否符合有关法律、法规、规章、国家标准或者行业标准的规定等。只有符合这些规定的，经审查同意的，方可施工建设。煤矿建设项目安全设施设计完成后，应当报送省级人民政府负有煤矿安全生产监督管理职责的部门审查；省级人民政府负有煤矿安全生产监督管理职责的部门应当自收到申请审查的设计资料之日起30日审查完毕，经审查符合规定要求的，签署同意的意见，并书面答复；否则，签署不同意的意见，并书面答复。

根据《行政许可法》《安全生产法》，负责审查的省级人民政府负有煤矿安全生产监督管理职责的部门及其负责审查的人员对煤矿建设项目安全设施设计审查时，应当坚持原则，认真履行各自审查职责。审查部门及其负责审查的人员对审查结果负责。滥用职权、玩忽职守，对不符合要求的安全设施设计予以通过，造成生产安全事故的，依法追究审查部门有关负责人及其负有直接责任的人员的责任；构成犯罪的，依法追究刑事责任。

（2）省级人民政府负有煤矿安全生产监督管理职责的部门应当加强对煤矿建设单位安全设施验收活动和验收结果的监督核查。

《条例》第十六条规定，煤矿建设项目竣工投入生产或者使用前，应当由建设单位负责组织对安全设施进行验收，并对验收结果负责；经验收合格后，方可投入生产和使用。为了促进建设单位按照标准认真做好验收工作，保证建设项目安全设施的质量，本条规定，省级人民政府负有煤矿安全生产监督管理职责的部门应当加强对建设单位安全设施验收活动和验收结果的监督核查。这里讲的监督，是指监督煤矿建设单位组织的安全设施验收活动是否符合程序要求，重要项目或者重要环节是否存在漏项。这里讲的核查，是指核查煤矿建设单位组织的安全设施验收结果有关资料是否符合齐全，安全设施是否与主体工程同时建成，安全设施是否符合设计要求。

▶▶第四十二条 省、自治区、直辖市人民政府负有煤矿安全生产监督管理职责的部门负责煤矿企业安全生产许可证的颁发和管理，并接受国家矿山安全监察机构及其设在地方的矿山安全监察机构的监督。

>>>【条文解读】本条是关于煤矿企业安全生产许可证颁发和管理的规定。

本条是与《条例》第十七条和《安全生产许可证条例》的衔接性规定。

《条例》第十七条明确，煤矿企业进行生产，应当依法取得安全生产许可证。未取安全生产许可证的，不得生产。《安全生产许可证条例》规定：国家对矿山企业、建筑施工企业和危险化学品、烟花爆竹、民用爆炸物品生产企业（以下统称企业）实行安全生产许可制度。企业未取得安全生产许可证的，不得从事生产活动。国家煤矿安全监察机构负责中央管理的煤矿企业安全生产许可证的颁发和管理。在省、自治区、直辖市设立的煤矿安全监察机构负责前款规定以外的其他煤矿企业安全生产许可证的颁发和管理，并接受国家煤矿安全监察机构的指导和监督。本条明确，省、自治区、直辖市人民政府负有煤矿安全生产监督管理职责的部门负责煤矿企业安全生产许可证的颁发和管理，并接受国家矿山安全监察机构及其设在地方的矿山安全监察机构的监督。按照后法优于前法的法律适用原则，结合国家矿山安全监察机构"三定"规定，煤矿企业安全生产许可证的颁发和管理由省、自治区、直辖市人民政府负有煤矿安全生产监督管理职责的部门负责，适用《安全生产许可证条例》的相关规定，并接受国家矿山安全监察机构及其设在地方的矿山安全监察机构的监督。

省、自治区、直辖市人民政府负有煤矿安全生产监督管理职责的部门按照《安全生产许可证条例》规定的许可条件、程序，依法颁发煤矿企业安全生产许可证，建立健全安全生产许可证档案管理制度，并定期向社会公布企业取得安全生产许可证的情况；加强对取得安全生产许可证的企业的监督检查，发现其不再具备规定的安全生产条件的，暂扣或者吊销安全生产许可证；企业有违法行为的，依法实施处罚；等等。同时，省、自治区、直辖市人民政府负有煤矿安全生产监督管理职责的部门，应当接受国家矿山安全监察机构及其设在地方的矿山安全监察机构的监督。

▶▶第四十三条 县级以上地方人民政府负有煤矿安全生产监督管理职责的部门应当编制煤矿安全生产年度监督检查计划，并按照计划进行监督检查。

煤矿安全生产年度监督检查计划应当抄送所在地矿山安全监察机构。

>>>【条文解读】本条是关于煤矿安全生产年度监督检查计划编制和实施的规定。

（1）按照年度监督检查计划进行监督检查。

煤矿企业各种灾害不同，严重程度不同，安全风险情况也千差万别，为了实施监督检查的针对性和有效性，县级以上地方人民政府负有煤矿安全生产监督管理职责的部门应当对煤矿企业实施分类分级监管。所谓分类，是指煤矿企业存在瓦斯、煤与瓦斯突出、自燃倾向、冲击地压等灾害，实行风险分类。所谓分级，是指根据煤矿企业存在的可能发生安全事故的风险程度，对其进行等级评估，根据评估结果，划分若干风险等级。在此基础上，县级以上地方人民政府负有煤矿安全生产监督管理职责的部门根据自身执法人员数量、煤矿企业的数量和分布，编制煤矿安全生产年度监督检查计划。在编制计划中，一是应当科学确定重点检查企业。辖区内各类企业众多，如果都同等对待，在实际执法过程中就容易精力分散，找不着重点，也容易浪费行政资源。原则上，所有煤矿每年至少进行一次"全覆盖"检查。在此基础上，对于有事故"前科"和失信、重大违规行为的企业，还要增加检查次数。对于安全生产标准化一级企业或三年以上未发生事故等守法守信的重点检查企业，可纳入执法抽查。对于典型事故暴露出的严重违法行为或落实临时性重点任务以及通过投诉举报、转办交办、动态监测等发现的问题，要及时开展执法检查，不受计划限制。二是聚焦执法检查重点事项。要依据重大事故隐患判定标准，建立执法检查重点事项清单，也就是要聚焦安全风险突出、易发生事故的关键环节、要害岗位和重点设施进行检查，不能只查"老四样"管理类问题（安全培训、应急预案、特种作业和隐患排查）。要深入贯彻落实习近平总书记指出的"着力抓重点、抓关键、抓薄弱环节"重要指示精神，瞄着重大事故隐患去检查，致力于发现问题、研究问题、解决问题。

县级以上地方人民政府负有煤矿安全生产监督管理职责的部门编制煤矿安全生产年度监督检查计划完成后，应当按照计划进行监督检查。

（2）煤矿安全生产年度监督检查计划应当抄送所在地矿山安全监察机构。

这是保证监督检查计划有效执行的基础，县级以上地方人民政府负有煤矿安全生产监督管理职责的部门编制监督检查计划后，抄送所在地矿山安全监察机构。抄送的目的是，形成国家监察、地方监管的有效合力，也可以避免对煤矿企业进行重复检查。

▶️第四十四条 县级以上地方人民政府负有煤矿安全生产监督管理职责的部门依法对煤矿企业进行监督检查，并将煤矿现场安全生产状况作为监督检查重点内容。监督检查可以采取以下措施：

（一）进入煤矿企业进行检查，重点检查一线生产作业场所，调阅有关资料，向有关单位和人员了解情况；

（二）对检查中发现的安全生产违法行为，当场予以纠正或者要求限期改正；

（三）对检查中发现的事故隐患，应当责令立即排除；重大事故隐患排除前或者排除过程中无法保证安全的，应当责令从危险区域内撤出作业人员，责令暂时停产或者停止使用相关设施、设备；

（四）对有根据认为不符合保障安全生产的国家标准或者行业标准的设施、设备、器材予以查封或者扣押。

监督检查不得影响煤矿企业的正常生产经营活动。

>>>【条文解读】本条是关于负有煤矿安全生产监督管理职责的部门履行监督检查的规定。

（1）为了加强和规范负有煤矿安全生产监督管理职责的部门对煤矿企业的监督检查，《条例》赋予负有煤矿安全生产监督管理职责的部门在履行监督检查职责时，有下列职权：

调查取证权。这是负有煤矿安全生产监督管理职责的部门最基本的职权，也是其依法履行监督检查职责的基础。负有煤矿安全生产监督管理职责的部门：一是进入煤矿企业作业场所进行检查。包括进入其行政办公地点和相应的生产、作业场所等。二是调阅有关资料。包括可能涉及本企业安全生产情况的有关资料，如生产作业台账、安全培训考核记录、安全投入记录、瓦斯检查记录、安全检查记录、瓦斯抽采记录等。三是向有关单位和人员了解情况。包括被检查煤矿及其有关负责人和其他有关人员，也包括可能了解情况的其他有关单位和人员，如安全生产技术服务机构和有关人员。

违法行为处理权。对于检查中发现的煤矿企业及其有关人员的安全生产违法行为，一是能够立即纠正的，如违章指挥或者违章操作，未按照要求佩戴、使用劳动防护用品等，煤矿安全监管部门当场予以纠正；难以立即纠正的，如未建立安全生产责任制、未按要求建立安全生产管理机构、安全生产资金投入不到位等，要求煤矿企业在一定的限期内改正。二是依法应当给予行政处罚的，依照《条例》和其他有关法律、行政法规的规定作出行政处罚决定。其他有关法律、行政法规，既包括其他有关安全生产的法律、行政法规，如《安全生产法》《矿山安全法》《煤炭法》《安全生产许可证条例》等，也包括《行政处罚法》等专门规定行政处罚程序的法律、行政法规。对安全生产违法行为应当给予的行政处罚的种类、幅度等实体性内容，根据《安全生产法》和其他有关安全生产的法律、行政法规的规定确定；实施行政处罚的具体程序，还要依据《行政处罚法》等法律、行政法规的规定。

事故隐患处理权。对于检查中发现的事故隐患，应当责令煤矿企业采取措施，立即予以排除。通常情况下，一般事故隐患能够做好立即排除。但是，对于重大事故隐患，需要制定相应的措施，排除可能有个过程，这种情况下，重大事故隐患排除前或者排除过程中无法保证安全的，一是应当责令从危险区域内撤出作业人员，二是责令暂停产或者停止使用相关设施、设备。这里讲的责令暂时停产停业或者停止使用相关设施、设备，不是行政处罚，只是一种临时性的处理措施。因此，不需要经过《行政处罚法》规定的有关程序。依照《安全生产法》规定，煤矿企业因重大事故隐患被责令从危险区域撤出作业人员，或者责令暂时停产停业或者停止使用相关设施、设备的，在重大事故隐患排除后，不得擅自恢复生产，必须经负有煤矿安全生产监督管理职责的部门对其隐患排除情况和安全生产条件依法进行审查同意后，方可恢复生产或者使用相关的设施、设备。

行政强制措施权。对有根据认为不符合保障安全生产的国家标准或者行业标准的设施、设备、器材予以查封或者扣押，并依法作出处理决定。这里讲的查封，是指负有煤矿安全生产监督管理职责的部门对不符合保障安全生产的国家标准或者行业标准的设施、设备张贴封条或者采取其他必要措施封存起来，未经查封部门许可，任何单位或者个人不得启用。这里讲的扣押，是指负有煤矿安全生产监督管理职责的部门将不符合保障安全生产的国家标准或者行业标准的设施、设备运到另外的场所予以扣留。什么是"有根据"，实践中应当视具体情况而定。例如，对属于"三无"产品的设施、设备以及其他不需要检验、检测就可以发现其不符合有关保障安全生产的国家标准或者行业标准的设施、设备等，当然属于"有根据"；对于需要检验、检测后才能判断其是否符合要求的设施、设备等，应当以检验、检测的结果来确定是否属于"有根据"。《条例》赋予负有煤矿安全生产监督管理职责的部门查封、扣押的权力，一是为了防止这些不符合保障安全生产的国家标准或者行业标准的设施、设备继续使用造成安全事故，二是可以为进一步查处该违法行为保留必要的证据。

（2）监督检查不得影响煤矿企业的正常生产经营活动。

为了保证煤矿企业的正常生产经营活动不受影响，本条规定，监督检查不得影响煤矿企业正常的生产经营活动。这是负有安全生产监督管理职责的部门的一项义务，必须严格执行。监督检查时，不得向被检查的煤矿企业提出与检查无关的其他要求；需要作出有关行政处罚的，要严格依照有关规定；特别是不能在没有根据的情况下随意作出对被检查的煤矿企业的生产经营活动有重大影响的查封、扣押有关设施、设备、器材或者责令暂时停产停业的决定。

▶▶第四十五条　县级以上地方人民政府负有煤矿安全生产监督管理职责的部门应当将重大事故隐患纳入相关信息系统，建立健全重大事故隐患治理督办制度，督促煤矿企业消除重大事故隐患。

>>>【条文解读】　本条是关于重大事故隐患信息管理和督促消除的规定。

（1）重大事故隐患应当纳入相关信息系统进行管理。

搞好安全生产工作，必须从根本上消除隐患、从根本上解决问题。煤矿重大事故隐患必须严格管理，彻底根治。根据《安全生产法》等法律法规，应急管理部制定了《煤矿重大事故隐患判定标准》。《煤矿重大事故隐患判定标准》第三条规定，煤矿重大事故隐患包括下列15个方面：（一）超能力、超强度或者超定员组织生产；（二）瓦斯超限作业；（三）煤与瓦斯突出矿井，未依照规定实施防突出措施；（四）高瓦斯矿井未建立瓦斯抽采系统和监控系统，或者系统不能正常运行；（五）通风系统不完善、不可靠；（六）有严重水患，未采取有效措施；（七）超层越界开采；（八）有冲击地压危险，未采取有效措施；（九）自然发火严重，未采取有效措施；（十）使用明令禁止使用或者淘汰的设备、工艺；（十一）煤矿没有双回路供电系统；（十二）新建煤矿边建设边生产，煤矿改扩建期间，在改扩建的区域生产，或者在其他区域的生产超出安全设施设计规定的范围和规模；（十三）煤矿实行整体承包生产经营后，未重新取得或者及时变更安全生产许可证而从事生产，或者承包方再次转包，以及将井下采掘工作面和井巷维修作业进行劳务承包；（十四）煤矿改制期间，未明确安全生产责任人和安全管理机构，或者在完成改制后，未重新取得或者变更采矿许可证、安全生产许可证和营业执照；（十五）其他重大事故隐患。此外，根据《煤矿重大事故隐患判定标准》相关规定，国家矿山安全监察局在《煤矿重大事故隐患判定标准》基础上发布了《国家矿山安全监察局关于认定露天煤矿重大事故隐患情形的通知》，对露天煤矿重大事故隐患的认定情形作出了明确规定。因此，对于上述煤矿重大事故隐患，县级以上地方人民政府负有煤矿安全生产监督管理职责的部门应当按照各自职责，将重大事故隐患纳入相关信息系统，进行信息化管理。要健全重大事故隐患数据库，完善数据库运行机制，实现企业自查上报、督导检查发现、群众举报查实等各渠道排查的重大事故隐患全量汇总。推动重大事故隐患信息实现负有煤矿安全生产监督管理职责的部门与其他相关部门实行共享集中。

（2）县级以上地方人民政府负有煤矿安全生产监督管理职责的部门应当建立健全重大事故隐患治理督办制度，督促煤矿企业消除重大事故隐患。

这是一项法定义务，县级以上地方人民政府负有煤矿安全生产监督管理职责的部门及其工作人员未履行职责的，将承担相应法律责任。县级以上地方人民政府负有煤矿安全生产监督管理职责的部门应当在建立健全重大事故隐患督办制度的基础上，建立重大事故隐患审核把关销号机制，督促煤矿企业消除重大事故隐患。在督办过程中，应当加大对生产经营单位专业指导力度，实行重大事故隐患清单制管理并动态更新整改落实情况，推动重大事故隐患照单逐条整改销号，确保重大事故隐患闭环整改到位。

▶▶第四十六条　县级以上地方人民政府负有煤矿安全生产监督管理职责的部门应当加强对煤矿安全生产技术服务机构的监管。

　　承担安全评价、认证、检测、检验等职责的煤矿安全生产技术服务机构应当依照有关法律法规和国家标准或者行业标准的规定开展安全生产技术服务活动，并对出具的报告负责，不得租借资质、挂靠、出具虚假报告。

>>>【条文解读】本条是关于煤矿安全生产技术服务机构的规定。

承担安全评价、认证、检测、检验等职责的煤矿安全生产技术服务机构对于煤矿的安全生产，对于负有煤矿安全生产监督管理职责的部门的监管，都具有重要的辅助作用。为了加强煤矿安全生产技术服务机构的监管，督促机构自律，以便提供客观、公正、专业的服务，本条对煤矿安全生产技术服务机构的监管及服务要求作出了规定。

（1）县级以上地方人民政府负有煤矿安全生产监督管理职责

的部门应当加强对煤矿安全生产技术服务机构的监管。

为了保证承担煤矿安全评价、认证、检测、检验等职责的煤矿安全生产技术服务机构给煤矿企业、政府部门或者其他组织提供客观、公正的服务，有序开展技术服务活动，避免机构之间竞相压价、恶性竞争，相关人员不到现场，报告相互抄袭，甚至出具虚假报告或者失实报告，对机构进行监管是必要的。县级以上地方人民政府负有煤矿安全生产监督管理职责的部门应当对所辖区域内的煤矿安全生产技术服务机构建立档案管理，并定期组织检查，督促其按照规定开展煤矿安全生产技术服务活动。发现违法行为的，应当依法给予行政处罚；涉及吊销、撤销相应资质的，提请资质认可机关予以处理。接到煤矿安全生产技术服务机构违规活动的举报，应当依法查处。对在煤矿生产安全事故负有责任、存在严重违规或者一定期间内多次违规等情形的煤矿安全生产技术服务机构，应当按照《条例》第四十七条的规定实施失信惩戒。

（2）煤矿安全生产技术服务机构应当依照规定开展安全生产技术服务活动。

这里讲的承担安全评价、认证、检测、检验等职责的煤矿安全生产服务机构，是指向社会开放，接受煤矿企业或者负有煤矿安全生产监督管理职责的部门等的委托，对有关安全生产条件、安全产品、安全设备、危害特性等进行技术性评价、检测、检验、鉴定和产品认证等，并出具相应报告的机构，既包括承担安全评价、论证、检测、检验的机构，也包括承担瓦斯等级、冲击地压、煤层自燃倾向性和煤尘爆炸性鉴定工作的机构。实践中，对瓦斯等级、冲击地压、煤层自燃倾向性和煤尘爆炸性进行鉴定，也是一种技术性检测活动。为保证安全评价、认证、检测、检验、鉴定结果客观、公正、准确，这类机构应当具有相应的资质条件。《安全生产法》明确承担安全评价、论证、检测、检验的机构应当具备国家规定的资质条件。2019 年，应急管理部出台的《安全评价检测检验机构管理办法》，就对申请安全评价机构、安全生产检测检验机构资质应当具备的条件作出了明确规定。承担安全评价、论证、检测、检验等职责的煤矿安全生产服务机构，应当具备规定的资质条件，取得相应的资质，并在资质的有效期内、在资质认可的业务范围内，依照有关法律法规和国家标准或者行业标准的规定开展安全生产技术服务活动。具有安全评价、论证、检测、检验资质的煤矿安全生产服务机构不得将其资质租借给其他机构，不具有安全评价、论证、检测、检验资质的煤矿安全生产服务机构不得向具有安全评价、论证、检测、检验资质的煤矿安全生产服务机构租借资质或者挂靠具备资质的机构。

（3）煤矿安全生产技术服务机构应当对其出具的报告负责。

承担煤矿安全评价、认证、检测、检验等职责的煤矿安全生产技术服务机构应当依法与委托单位签订合同后，方可从事技术服务活动。一方面，承担煤矿安全评价、认证、检测、检验等职责的煤矿安全生产技术服务机构应当客观、公正、规范、专业地完成受委托事项。承担煤矿安全评价、认证、检测、检验等职责的煤矿安全生产技术服务机构接受委托进行安全评价、认证、检测、检验等工作，应当客观、公正，不得与委托方存在利益交换或者其他影响其客观、公正出具报告的情形；在进行评价、认证、检测、检验等工作的过程中，必须严格按照法律、法规、规章和国家标准或者行业标准规定的程序和操作规则进行，如实记录相关信息并归档。另一方面，承担煤矿安全评价、认证、检测、检验等职责的煤矿安全生产技术服务机构应当出具与实际情况相符、结论定性符合客观实际的报告。评价、认证、检测、检验、鉴定的结果应当有明确依据，符合相关规则和国家标准或者行业标准，保证结果的合法性、真实性、准确性。如果报告存在失实情况，或者出具虚假报告，承担煤矿安全评价、认证、检测、检验等职责的煤矿安全生产技术服务机构将承担相应的法律责任。

▶▶第四十七条　县级以上人民政府及其有关部门对存在安全生产失信行为的煤矿企业、煤矿安全生产技术服务机构及有关从业人员，依法依规实施失信惩戒。

>>>【条文解读】本条是关于对失信煤矿企业、煤矿安全生产技术服务机构及有关从业人员实施失信惩戒的规定。

为了加强诚信建设，2016 年，国务院发布《国务院关于建立完善守信联合激励和失信联合惩戒制度加快推进社会诚信建设的指导意见》，国家发展改革委等 18 部门联合印发《关于对安全生产领域失信生产经营单位及其有关人员开展联合惩戒的合作备忘录》；2017 年，国家安全生产监督管理总局制定《对安全生产领域失信行为开展联合惩戒的实施办法》；2023 年，应急管理部重新制定印发《安全生产严重失信主体名单管理办法》。《安全生产严重失信主体名单管理办法》第二条规定，矿山（含尾矿库）、化工（含石油化工）、医药、危险化学品、烟花爆竹、石油开采、冶金、有色、建材、机械、轻工、纺织、烟草、商贸等行业领域生产经营单位和承担安全评价、认证、检测、检验职责的机构及其人员的安全生产严重失信名单管理适用本办法。第三条规定，本办法所称安全生产严重失信（以下简称严重失信）是指有关生产经营单位和承担安全评价、认证、检测、检验职责的机构及其人员因生产安全事故或者违反安全生产法律法规，受到行政处罚，并且性质恶劣、情节严重的行为。严重失信主体名单管理是指应急管理部门依法将严重失信的生产经营单位或者机构及其有关人员列入、移出严重失信主体名单，实施惩戒或者信用修复，并记录、共享、公示相关信息等管理活动。第六条规定，下列发生生产安全事故的生产经营单位及其有关人员应当列入严重失信主体名单：（一）发生特别重大、重大生产安全事故的生产经营单位及其主要负责人，以及经调查认定对该事故发生负有责任，应当列入名单的其他单位和人员；（二）12个月内累计发生2起以上较大生产安全事故的生产经营单位及其主要负责人；（三）发生生产安全事故，情节特别严重、影响特别恶劣，依照《中华人民共和国安全生产法》第一百一十四条的规定被处以罚款数额2倍以上5倍以下罚款的生产经营单位及其主要负责人；（四）瞒报、谎报生产安全事故的生产经营单位及其有关责任人员；（五）发生生产安全事故后，不立即组织抢救或者在事故调查处理期间擅离职守或者逃匿的生产经营单位主要负责人。第七条规定，下列未发生生产安全事故，但因安全生产违法行为，受到行政处罚的生产经营单位或者机构及其有关人员，应当列入严重失信主体名单：（一）未依法取得安全生产相关许可或者许可被暂扣、吊销期间从事相关生产经营活动的生产经营单位及其主要负责人；（二）承担安全评价、认证、检测、检验职责的机构及其直接责任人员租借资质、挂靠、出具虚假报告或者证书的；（三）在应急管理部门作出行政处罚后，有执行能力拒不执行或者逃避执行的生产经营单位及其主要负责人；（四）其他违反安全生产法律法规受到行政处罚，且性质恶劣、情节严重的。

在现代经济中，诚信是市场经济的基本原则，是企业发展的基石。从企业自身的战略出发，诚信才是企业的生存之道、生存之本。煤矿企业安全生产也要诚信，遵守法律、法规、标准、规范，遵守企业安全生产规章制度和操作规程，加强安全生产教育和培训，保证安全生产投入等。煤矿安全生产技术服务机构应当诚信从事经营活动。一旦发现煤矿企业、煤矿安全生产技术服务机构及有关从业人员存在安全生产失信行为的，县级以上人民政府及其有关部门将依照国家有关规定实施失信惩戒。

▶▶ 第四十八条 对被责令停产整顿的煤矿企业，在停产整顿期间，有关地方人民政府应当采取有效措施进行监督检查。

煤矿企业有安全生产违法行为或者重大事故隐患依法被责令停产整顿的，应当制定整改方案并进行整改。整改结束后要求恢复生产的，县级以上地方人民政府负有煤矿安全生产监督管理职责的部门应当组织验收，并在收到恢复生产申请之日起20日内组织验收完毕。验收合格的，经本部门主要负责人签字，并经所在地矿山安全监察机构审核同意，报本级人民政府主要负责人批准后，方可恢复生产。

>>>【条文解读】本条是关于煤矿企业被责令停产整顿后监督检查和组织验收的规定。

（1）煤矿企业在停产整顿期间，有关地方人民政府应当采取有效措施进行监督检查。

煤矿在停产整顿期间，生产、经济效益肯定受影响，一定程度上还给个人带来收入的减少，致使煤矿的负责人、安全生产管理人员和从业人员心理容易抵触和麻痹，极易导致生产安全事故的发生。为了防止煤矿在停产整顿期间，违章指挥、违规作业、违规施工、强令从业人员冒险作业等行为，有关地方人民政府应当采取有效措施进行监督检查，确保停产整顿落到实处。这些措施包括增加检查频次，采取夜间暗查，采取突击抽查，采取领导干部对煤矿企业包保制等。

（2）被责令停产整顿的煤矿企业恢复生产，须由县级以上地方人民政府负有煤矿安全生产监督管理职责的部门组织验收合格，经矿山安全监察机构审核同意，本级人民政府主要负责人批准。

为了保证煤矿企业停产整顿到位，实现安全生产，本条从 4 个方面作出了严格规定。一是煤矿企业因安全生产违法行为或者重大事故隐患被责令停产整顿后，应当针对存在的违法行为或者重大事故隐患，制定相应的整改方案，进行认真整改。整改方案应当明确整改措施、整改所需资金、责任人、应急预案、整改时间。二是整改结束后要求恢复生产的，被责令停产整顿的煤矿企业应当向县级以上地方人民政府负有煤矿安全生产监督管理职责的部门申请组织验收。县级以上地方人民政府负有煤矿安全生产监督管理职责的部门应当在收到恢复生产申请之日起 20 日内组织验收完毕。验收合格的，由本部门主要负责人签字。三是整改完成情况经县级以上地方人民政府负有煤矿安全生产监督管理职责的部门主要负责人签字后，应当经所在地矿山安全监察机构审核同意。这里讲的所在地矿山安全监察机构，主要是指负责煤矿所辖区域的矿山安全监察机构。这是国家矿山安全监察机构及其所在地矿山安全监察机构从履行国家监察角度，对煤矿整改情况进行监察审核，其目的是确保整改到位。审核内容是否按照整改方案进行整改，整改后是否达到法律法规、国家标准或者行业标准规定的安全生产条件。四是整改结论由本级人民政府主要负责人批准。经人民政府主要负责人批准后，整改工作才算最终完成，暂扣证照的有关部门发还证照，煤矿企业方可恢复生产。

对于被责令停产整顿的煤矿企业，整改结束后，申请县级以上地方人民政府负有煤矿安全生产监督管理职责的部门组织验收。经验收不合格的，根据《条例》和《安全生产法》的规定，由县级以上地方人民政府负有煤矿安全生产监督管理职责的部门提请本级人民政府予以关闭。

▶▶第四十九条　县级以上地方人民政府负有煤矿安全生产监督管理职责的部门对被责令停产整顿或者关闭的煤矿企业，应当在5个工作日内向社会公告；对被责令停产整顿的煤矿企业经验收合格恢复生产的，应当自恢复生产之日起5个工作日内向社会公告。

>>>【条文解读】本条是关于被责令停产整顿或者关闭的煤矿企业公告的规定。

（1）被责令停产整顿或者关闭的煤矿企业应当向社会公告。

实践中，有的被责令停产整顿的煤矿企业，停而不改，甚至还在停产整顿期间继续生产，更有甚者，借停产整顿的名义，以探代采、乱采滥挖，扩大煤矿生产能力。有的关闭的煤矿，死灰复燃，有人私自挖开井口，盗采煤炭资源。这种情况，由于井下有瓦斯，因私自盗窃，没有任何安全措施，还发生多起死亡事故。为此，发挥广大社会公众的监督，让被责令停产整顿或者关闭的煤矿企业向社会公告，公开曝光，这是比较有效的办法。县级以上地方人民政府负有煤矿安全生产监督管理职责的部门对被责令停产整顿或者关闭的煤矿企业，应当在5个工作日内向社会公告。

（2）被责令停产整顿的煤矿企业恢复生产，应当向社会公告。

为了保证煤矿企业正常的生产，对于被责令停产整顿的煤矿企业经验收合格恢复生产的，应当向社会恢复名誉。同时，也是发挥社会监督作用。县级以上地方人民政府负有煤矿安全生产监督管理职责的部门应当自恢复生产之日起5个工作日内向社会公告。

这里讲的社会公告，是指在县级以上地方人民政府负有煤矿安全生产监督管理职责的部门的政府网站或者当地主要媒体公告等，包括互联网、微信公众号等新媒体公告，但应当遵守国家有关信息和保密的法律法规的规定。

第四章

煤 矿 安 全 监 察

▶▶第五十条　国家矿山安全监察机构及其设在地方的矿山安全监察机构应当依法履行煤矿安全监察职责，对县级以上地方人民政府煤矿安全生产监督管理工作加强监督检查，并及时向有关地方人民政府通报监督检查的情况，提出改善和加强煤矿安全生产工作的监察意见和建议，督促开展重大事故隐患整改和复查。

县级以上地方人民政府应当配合和接受国家矿山安全监察机构及其设在地方的矿山安全监察机构的监督检查，及时落实监察意见和建议。

>>>【条文解读】本条是关于国家矿山安全监察机构对地方政府履行国家监察的规定。

（1）国家矿山安全监察机构及其设在地方的矿山安全监察机构应当依法履行职责。

根据"国家监察、地方监察、企业负责"的煤矿安全生产监管监察体制，国家矿山安全监察机构及其设在地方的矿山安全监察机构代表国家履行监察职责：

一是对县级以上地方人民政府煤矿安全生产监督管理工作加强监督检查。《条例》第五条明确，县级以上人民政府应当加强对煤矿安全生产工作的领导，建立健全工作协调机制，支持、督促各有关部门依法履行煤矿安全生产工作职责，及时协调、解决煤矿安全生产工作中的重大问题。《安全生产法》对县级以上地方各级人民政府也有相应的规定。煤矿安全生产工作是关系国家和人民群众生命财产安全、关系经济发展和社会稳定的大事，加强对煤矿安全生产的监督管理，是政府应尽的职责。地方各级人民政府也应当充分认识加强对煤矿安全生产工作领导的重要性和必要性，统筹发展与安全，依法履行对本地区煤矿安全生产工作的领导责任。

二是及时向有关地方人民政府通报监督检查的有关情况。矿山安全监察机构不是按照省、市、县行政区域设立的，而是按照矿山资源分布区域设立的。国家矿山安全监察机构在全国共设立 25 个矿山安全监察机构分支机构，国家矿山安全监察机构设在地方的矿山安全监察机构可能负责一个省或者几个省，如国家矿山安全监察江苏局就负责江苏和浙江两省的矿山安全监察工作，同样，国家矿山安全监察机构设在地方的矿山安全监察机构内设监察处可能负责几个设区的市的矿山安全监察工作。国家矿山安全监察机构及其设在地方的矿山安全监察机构对某一县级人民政府煤矿安全生产监督管理工作的监督检查，应当向上级人民政府通报监督检查的有关情况。

三是提出改善和加强煤矿安全生产工作的监察意见和建议，督促开展重大事故隐患整改和复查。针对监督检查中发现的问题，特别是针对重大事故隐患的整改和消除难点，矿山安全监察机构应当向有关人民政府提出加强和改善煤矿安全生产工作的监察意见和建议。同时，严格督促有关人民政府开展重大事故隐患的整改和复查工作，确保重大事故隐患根治。

（2）县级以上地方人民政府应当配合和接受国家矿山安全监察机构及其设在地方的矿山安全监察机构的监督检查，及时落实监察意见和建议。

国家矿山安全监察机构及其设在地方的矿山安全监察机构对县级以上地方人民政府煤矿安全生产监督管理工作情况实施监察是履行国家监察的法定职责，县级以上地方人民政府应当配合和接受。这里讲的配合，是指提供有关资料和便利条件，以保证国家监察工作的顺利进行。这里讲的接受，是指按照国家监察要求开展工作，不得以任何理由拒绝、妨碍国家监察，更不能阻碍国家监察，包括不提供有关资料、拒绝进入工作场所等。同时，县级以上地方人民政府对国家矿山安全监察机构及其设在地方的矿山安全监察机构提出的监察意见和建议，应当及时落实。因不认真落实意见和建议发生生产安全事故的，依法追究县级以上地方人民政府有关人员的法律责任。

▶▶第五十一条 设在地方的矿山安全监察机构应当对所辖区域内煤矿安全生产实施监察；对事故多发地区，应当实施重点监察。国家矿山安全监察机构根据实际情况，组织对全国煤矿安全生产的全面监察或者重点监察。

>>>【条文解读】本条是关于矿山安全监察机构监察工作的规定。

一、设在地方的矿山安全监察机构的职责

（1）应当对煤矿安全生产实施经常性安全监察。矿山安全监察机构是国家强化煤矿安全生产监督检查的专门机构，履行国家监察职责，除了对地方人民政府及其负有煤矿安全生产监督管理职责的部门依法进行监督检查外，另一项职责就是对职责范围内煤矿安全生产实施经常性的安全监察，发现问题及时处理，对应当依法进行行政处罚的，依法实施行政处罚。同时，这也是为了防止负有煤矿安全生产监督管理职责的部门对煤矿企业安全生产监管出现失之于宽、失之于软和灯下黑的问题，由矿山安全监察机构实施强力监察，最终形成国家监察、地方监管双重发力，强化对煤矿企业的监管监察工作。

（2）对事故多发地区，应当实施重点安全检查。某一地区事故多发，肯定是有原因的，矿山安全监察机构应当对事故多发地区进行深入分析并实施重点安全监察，通过监察以查出事故多发原因，包括煤矿企业主要责任是否未落实，煤矿安全监和部门履行职责是否不到位，以及其他有关部门配合是否不够等。对煤矿企业的问题，依法严厉处罚；对政府及有关部门的问题，及时向有关人民政府通报检查情况，提出加强和改善煤矿安全生产工作的意见和建议。

二、国家矿山安全监察机构的职责

（1）根据实际情况，组织对全国煤矿安全生产的全面监察。国家矿山安全监察机构应当根据全国煤矿安全生产情况和重点突出的安全生产问题，结合全国安全生产工作的总体部署，有针对性地组织开展全国煤矿安全生产的全面监察。

（2）组织重点监察。重点监察的目的，就是在全面监察的基础上，通过重点监察来检验全面安全监察的开展情况，查看是否存在监察薄弱环节，并查找监察中存在的问题，以便在今后监察工作中加以改进。另外，通过组织重点监察，可以监察地方人民政府及其负有煤矿安全生产监督管理职责的部门履行对煤矿安全生产监督管理工作的情况，及时发现相关问题。

▶▶第五十二条　国家矿山安全监察机构及其设在地方的矿山安全监察机构对县级以上地方人民政府煤矿安全生产监督管理工作进行监督检查，可以采取以下方式：

（一）听取有关地方人民政府及其负有煤矿安全生产监督管理职责的部门工作汇报；

（二）调阅、复制与煤矿安全生产有关的文件、档案、工作记录等资料；

（三）要求有关地方人民政府及其负有煤矿安全生产监督管理职责的部门和有关人员就煤矿安全生产工作有关问题作出说明；

（四）有必要采取的其他方式。

>>>【条文解读】本条是关于国家矿山安全监察机构对地方政府履行国家监察方式的规定。

根据我国煤矿安全生产工作体制，《条例》第三条规定，煤矿安全生产工作实行管行业必须管安全、管业务必须管安全、管生产经营必须管安全，按照国家监察、地方监管、企业负责，强化和落实安全生产责任。本条对如何落实国家监察作出了规定，明确国家矿山安全监察机构及其设在地方的矿山安全监察机构代表国家对地方履行煤矿安全生产监督管理工作的情况履行监察职责时可以采取的监督检查方式。其目的是通过监督检查及时了解、掌握县级以上有关地方人民政府及其有关部门履行煤矿安全生产监督管理工作的工作情况，指导、督促其抓好煤矿安全生产工作，另外，对于发现的问题，及时向党中央、国务院或者省、自治区、直辖市党委政府进行汇报。需要说明的是，对县级以上地方人民政府煤矿安全生产监督管理工作进行监督检查，这也是国家矿山安全监察机构及其设在地方的矿山安全监察机构的一项权利，任何单位和个人不得阻碍、拒绝、干扰该权利的行使。

（1）国家矿山安全监察机构及其设在地方的矿山安全监察机构可以听取有关地方人民政府及其负有煤矿安全生产监督管理职责的部门工作汇报。这是国家矿山安全监察机构及其设在地方的矿山安全监察机构履行国家监察职责的必要方式。根据《条例》第三章的规定，有关地方人民政府及其负有煤矿安全生产监督管理职责的部门对煤矿安全生产工作负有地方监管的职责。煤矿安全生产实行地方党政领导干部安全生产责任制，强化煤矿安全生产属地监管。省、自治区、直辖市人民政府负有煤矿安全生产监督职责的部门负责煤矿建设项目安全设施设计的审查，对煤矿建设单位安全设施验收活动和验收结果的监督核查，以及煤矿企业安全生产许可证的颁发和管理。县级以上地方人民政府负有煤矿安全生产监督管理职责的部门依法对煤矿安全生产进行监督检查，将重大事故隐患纳入相关信息系统，建立健全重大事故隐患治理督办制度，督促煤矿企业消除重大事故隐患。对被责令停产整顿的煤矿企业，在停产整顿期间，有关地方人民政府应当采取有效措施进行监督检查。

对于上述履职情况，国家矿山安全监察机构及其设在地方的矿山安全监察机构可以听取有关地方人民政府及其负有煤矿安全生产监督管理职责的部门的工作汇报。这里讲的听取方式可以多样，发生重特大事故后，或者对于事故多发地区，国家矿山安全监察局或者其省级局可以专题听取有关地方人民政府及其负有煤矿安全生产监督管理职责的部门的工作汇报；日常工作中，也可以通过参加地方人民政府或者负有煤矿安全生产监督管理职责的部门召开的有关煤矿安全生产会议，听取有关地方人民政府及其负有煤矿安全生产监督管理职责的部门的工作汇报。

（2）国家矿山安全监察机构及其设在地方的矿山安全监察机

构可以调阅、复制与煤矿安全生产有关的文件、档案、工作记录等资料。这里讲的煤矿安全生产有关的文件、档案、工作记录等资料，涉及县级以上地方人民政府煤矿安全生产监督管理工作，包括有关地方人民政府及其负有煤矿安全生产监督管理职责的部门和其他有关部门。这是了解、掌握县级以上地方人民政府煤矿安全生产监督管理工作最直接的方式。调阅、复制资料的方式包括：①进入有关地方人民政府及其负有煤矿安全生产监督管理职责的部门和其他有关部门的工作场所，直接调阅、复制与煤矿安全生产有关的文件、整治方案、工作部署、检查计划、煤矿安全许可证档案、执法检查档案、煤矿主要负责人等人员培训档案、工作记录等资料；②在对煤矿企业进行监督检查时，因检查企业安全生产情况的有关资料时，如生产作业台账、安全培训考核记录等，需要对资料的真实性核实，可以调阅、复制与煤矿安全生产有关的文件、档案、工作记录等资料；③向有关单位和人员了解情况时，包括被检查煤矿及其有关负责人和其他有关人员，也包括可能了解情况的其他有关单位和人员，如安全生产技术服务机构和有关人员，需要对有关情况的真实性核实，可以调阅、复制与煤矿安全生产有关的文件、档案、工作记录等资料。

（3）国家矿山安全监察机构及其设在地方的矿山安全监察机构可以要求有关地方人民政府及其负有煤矿安全生产监督管理职责的部门和有关人员就煤矿安全生产有关问题作出说明。这里讲的煤矿安全生产有关问题是一个广义的概念，涉及人防、技防、工程防、管理防等各个方面，有机构、人员、培训、投入等。例如，国家矿山安全监察机构及其设在地方的矿山安全监察机构在听取有关地方人民政府及其负有煤矿安全生产监督管理职责的部门工作情况后，发现有关煤矿安全生产工作部署、整治方案等存在问题；在调阅、复制与煤矿安全生产有关的文件、档案、工作记录等资料后，发现存在资料缺失、弄虚作假等问题；在对煤矿企业进行监督检查时，发现有关地方人民政府及其负有煤矿安全生产监督管理职责的部门存在煤矿安全生产履职不到位的问题等。再如，任何单位或者个人向国家矿山安全监察机构及其设在地方的矿山安全监察机构举报有关地方人民政府及其负有煤矿安全生产监督管理职责的部门存在涉及煤矿安全生产的问题；任何单位或者个人向国家矿山安全监察机构及其设在地方的矿山安全监察机构举报的重大事故隐患或者违法行为涉及有关地方人民政府及其负有煤矿安全生产监督管理职责的部门等。对于上述问题，国家矿山安全监察机构及其设在地方的矿山安全监察机构可以要求有关地方人民政府及其负有煤矿安全生产监督管理职责的部门作出书面说明，或者要求有关人员作出口头解释或者书面说明，任何单位和个人不得拒绝。

（4）因履行监督检查工作，有必要时，国家矿山安全监察机构及其设在地方的矿山安全监察机构可以采取其他方式对县级以上地方人民政府煤矿安全生产监督管理工作进行监督检查。这是一条兜底性条款规定。例如，履行煤矿安全生产监督管理工作的单位可以通过约谈有关地方人民政府及有关部门，对其履行的煤矿安全生产工作职责进行监督检查。2024年国务院安全生产委员会印发的《关于防范遏制矿山领域重特大生产安全事故的硬措施》明确规定，国家矿山安全监察机构必须坚持严的基调，坚持多约谈、多通报、多发督促函、多暗访、多曝光，将责任、压力层层传递到基层末梢。国家矿山安全监察局各省级局要当好地方党委和政府矿山安全"吹哨人"，对矿山安全重大问题和重大事故隐患，及时向当地主要负责同志通报移办，对辖区矿山安全生产突出问题和对策建议，及时向省级党委和政府主要负责同志专报，切实让地方主要负责同志掌握矿山安全真实状况。要对地方和煤矿保供指标开展安全评估，对放任违规超能力超强度生产的，要及时介入"督政"。对矿山安全问题久拖不决或者对整改函、建议函不落实不反馈的地方政府，严肃约谈政府主要负责同志并通报上一级党委和政府。

▶▶第五十三条 国家矿山安全监察机构及其设在地方的矿山安全监察机构履行煤矿安全监察职责，有权进入煤矿作业场所进行检查，参加煤矿企业安全生产会议，向有关煤矿企业及人员了解情况。

国家矿山安全监察机构及其设在地方的矿山安全监察机构发现煤矿现场存在事故隐患的，有权要求立即排除或者限期排除；发现有违章指挥、强令冒险作业、违章作业以及其他安全生产违法行为的，有权立即纠正或者要求立即停止作业；发现威胁安全的紧急情况时，有权要求立即停止危险区域内的作业并撤出作业人员。

矿山安全监察人员履行煤矿安全监察职责，应当出示执法证件。

>>>【条文解读】本条是关于矿山安全监察机构履行现场监察的规定。

为了保证国家矿山安全监察机构及其设在地方的矿山安全监察机构依法履行国家监察职责，强化对煤矿企业的安全监察，本条对国家矿山安全监察机构及其设在地方的矿山安全监察机构的现场监察职权及执法证件作出了规定。

一、国家矿山安全监察机构及其设在地方的矿山安全监察机构在履行监察职责时的职权

1. 调查取证权

为了保证监察工作的顺利进行，及时掌握煤矿企业安全生产情况，国家矿山安全监察机构及其设在地方的矿山安全监察机构在履行监察职责时，有权进入煤矿企业作业场所进行检查，包括进入其行政办公地点和相应的生产、作业场所等，其目的是直接掌握现场安全生产证据；有权参加煤矿企业安全生产会议，包括班前调度会议、年度安全生产工作会议等，通过参加会议，了解煤矿企业的安全生产情况；有权向有关单位或者人员了解情况，包括被监察的煤矿企业及其有关负责人和其他有关人员，也包括与煤矿企业安全生产有关系的其他关单位和人员，如安全生产技术服务机构和有关人员，为了了解详细情况的需要，也可以查调有关资料，包括可能涉及煤矿企业安全生产情况的有关资料，如生产作业台账、安全培训考核记录、安全投入记录、瓦斯检查记录、安全检查记录、瓦斯抽采记录等。国家矿山安全监察机构及其设在地方的矿山安全监察机构和矿山安全监察人员行使上述职权时，煤矿企业及有关人员应当配合、接受，不得拒绝、阻碍。

2. 事故隐患处理权

国家矿山安全监察机构及其设在地方的矿山安全监察机构在煤矿企业现场监察时，发现煤矿现场存在事故隐患的，有权要求立即排除或者限期排除。事故隐患是造成事故的根源，事故隐患不除，事故难绝。在现场监察时，矿山安全监察机构发现煤矿现场存在事故隐患的，应当作出监察指令，要求煤矿企业立即排除或者限期排除隐患。煤矿企业及有关人员接到指令后，对于一般事故隐患能够做到立即排除的，应当立即采取措施予以排除；对于重大事故隐患，一时难以排除的，需要制定相应的措施，并在指令规定的限期内予以排除。

3. 违法行为处理权

国家矿山安全监察机构及其设在地方的矿山安全监察机构在煤矿企业现场监察时，发现有违章指挥、强令冒险作业、违章作业以及其他安全生产违法行为的，有权立即纠正或者要求立即停止作业。按照事故致因理论，事故发生原因主要是人的不安全行为、物的不安全状态和管理制度的缺失。据已有事故发生的原因看，人的不安全行为为首要因素，占到事故总数的百分之九十以上。人的不安全行为中尤其表现为违章指挥或者强令冒险作业、违章作业。据统计分析，煤矿企业发生的生产安全事故中，很大部分原因是煤矿企业及有关人员违章指挥、强令冒险作业、违章作业所致。违章指挥、强令冒险作业、违章作业这类违法行为在煤矿企业比较多，这既有侥幸心理的原因，企业认为这类作业不会出事，也有利益的原因，企业为了多出煤，还有更深的原因，就是法律法规和安全生产知识宣传教育不到位的问题，企业认为不是违法，不会出事。为了制止违章指挥、强令冒险作业、违章作业以及其他安全生产违法行为的继续，国家矿山安全监察机构及其设在地方的矿山安全监察机构在煤矿企业现场监察时，一旦发现，应当作出监察指令，有权要求煤矿企业立即纠正或者立即停止作业。煤矿企业及有关人员接到监察令后，对违章作业立即纠正，对强令冒险作业、违章作业立即停止。

4. 紧急处置权

国家矿山安全监察机构及其设在地方的矿山安全监察机构在煤矿企业现场监察时，发现威胁安全的紧急情况时，有权要求立即停止危险区域内的作业并撤出作业人员。这是一种紧急处置权，是以人为本、人民至上、生命至上理念的具体体现。这里讲的紧急情况，是指有危险征兆或者根据以往经验判断随时有可能发生事故危及作业场所从业人员生命安全的情况。实践工作中，由矿山安全监察机构及矿山安全监察人员根据具体实际确定。《条例》赋予矿山安全监察机构这项职权的目的，就是要提前采取措施，防止造成人员伤亡，也许可能采取措施后并没有发生事故，但总比发生事故后再撤出人员要好，宁可十防九空，不可万一失防。因此，国家矿山安全监察机构及其设在地方的矿山安全监察机构在煤矿企业现场监察时，发现威胁安全的紧急情况时，应当立即发布命令，有权要求立即停止危险区域内的作业并撤出作业人员。煤矿企业及有关人员必须按照命令的要求，立即停止危险区域内的作业并撤出作业人员。

需要说明的是，上述事故隐患处理权、违法行为处理权、紧急处置权，既是国家矿山安全监察机构及其设在地方的矿山安全监察机构的一项法定职权，同时也是一项法定义务。矿山安全监察机构应当将有关处理措施的资料存档，以备查。

二、矿山安全监察人员履行监察职责时应当出示执法证件

出示行政执法证件，是矿山安全监察人员行使监察职责时不可缺少的程序，也是证明其矿山安全监察主体资格的唯一合法、有效的方式。要求矿山安全监察人员出示有效行政执法证件，也体现了执法活动的严肃性、规范性，并可以防止不法分子招摇撞骗，扰乱煤矿企业的正常生产经营活动。出示有效行政执法证件，是矿山安全监察人员的一项法定义务，必须予以遵守。煤矿企业也有权要求矿山安全监察人员出示有效行政执法证件，对不出示证件，或者出示的证件不符合要求的人员，煤矿企业有权拒绝接受其所谓的"监察"。

▶▶第五十四条　国家矿山安全监察机构及其设在地方的矿山安全监察机构发现煤矿企业存在重大事故隐患责令停产整顿的，应当及时移送县级以上地方人民政府负有煤矿安全生产监督管理职责的部门处理并进行督办。

>>>【条文解读】　本条是关于存在重大事故隐患被责令整顿的煤矿企业安全管理的规定。

《条例》第三十六条明确了煤矿企业中属于重大事故隐患的 17 种情形，并要求立即停止受影响区域生产或者建设，及时消除事故。隐患是导致事故的根源，重大事故隐患必须予以消除。为了及时掌握煤矿企业重大事故隐患消除的情况，《条例》第四十五条规定："县级以上地方人民政府负有煤矿安全生产监督管理职责的部门应当将重大事故隐患纳入相关信息系统，建立健全重大事故隐患治理督办制度，督促煤矿企业消除重大事故隐患。"因此，国家矿山安全监察机构及其设在地方的矿山安全监察机构在监察时，发现煤矿企业存在重大事故隐患，必须依法责令停产整顿，下达执法文书，送达煤矿企业主要负责人及相关人员。同时，将执法文书及时移送县级以上地方人民政府负有煤矿安全生产监督管理职责的部门。负有煤矿安全生产监督管理职责的部门接到矿山安全监察机构移送的执法文文书后，应当立即按照规定进行处理并督办。另外，国家矿山安全监察机构及其设在地方的矿山安全监察机构接到群众举报，经核实发现煤矿企业存在重大事故隐患责令停产整顿的，也应当及时移送县级以上地方人民政府负有煤矿安全生产监督管理职责的部门处理并进行督办。

▶▶第五十五条　国家矿山安全监察机构及其设在地方的矿山安全监察机构发现煤矿企业存在应当由其他部门处理的违法行为的，应当及时移送有关部门处理。

>>>【条文解读】　本条是关于煤矿安全生产违法行为移送有关部门处理的规定。

　　煤矿安全生产工作涉及多个部门，每个部门有相应的监管职责，发现不属于本部门职责范围内的事项，应当及时移送相关部门处理，各司其职，各负其责。因此，国家矿山安全监察机构及其设在地方的矿山安全监察机构发现煤矿企业存在应当由其他部门处理的违法行为的，应当及时移送有关部门处理。例如，发现煤矿企业存在超层越界的违法行为，应当及时移送自然资源部门处理；发现煤矿企业存在违法存储爆炸物品、爆破作业单位无资质证书和爆破作业人员无证放炮等违法行为，及时移送公安机关处理；发现有关设备设施存在质量不符合标准规定或者属于三无产品的违法行为，应当及时移送市场监管部门处理；发现煤矿建设项目没有核准审批的，应当及时移送发展改革部门处理等。特别要注意的是，国家矿山安全监察机构及其设在地方的矿山安全监察机构发现煤矿企业存在违法行为涉嫌犯罪的，应当及时移送公安机关处理。关于案件移送和行刑衔接，国务院发布的行政法规《行政执法机关移送涉嫌犯罪案件的规定》和应急管理部、公安部、最高人民法院、最高人民检察院印发的《安全生产行政执法与刑事司法衔接工作办法》作出了明确要求，国家矿山安全监察机构及其设在地方的矿山安全监察机构应当严格执行，不得以罚代刑，一罚了之。另外，国家矿山安全监察机构及其设在地方的矿山安全监察机构移送案件时，必须使用相关文书，履行相关签字手续。

　　▶▶第五十六条　国家矿山安全监察机构及其设在地方的矿山安全监察机构和县级以上人民政府有关部门应当建立信息共享、案件移送机制，加强协作配合。

　　>>>【条文解读】本条是关于矿山安全监察机构和政府有关部

门信息共享、案件移送机制的规定。

国家实行国家监察、地方监管的煤矿安全生产监管监察工作机制。国家矿山安全监察机构及其设在地方的矿山安全监察机构代表国家对煤矿企业的安全生产工作履行国家监察职责，县级以上地方人民政府有关部门对煤矿企业安全生产工作履行地方监管职责。从某种意义上讲，国家监察和地方监管都是代表政府履行公共行政管理职责，保障公共安全。县级以上地方人民政府有关部门对煤矿企业进行监管，这是搞好煤矿安全生产工作的关键，要强化对煤矿企业的执法力度，督促煤矿企业搞好安全生产，保障人民群众生命财产安全。国家矿山安全监察机构及其设在地方的矿山安全监察机构对煤矿企业进行监察，这是搞好煤矿安全生产工作的保证，要发挥矿山安全监察机构专业性的优势，强化国家监察作用，依法对煤矿企业安全生产工作实施监察，同时，加强对县级以上地方人民政府煤矿安全生产监督管理工作的监督检查，指导和监督有关部门开展煤矿安全生产执法工作。县级以上地方人民政府有关部门离煤矿企业最近，也最了解、最熟悉煤矿企业的生产经营情况。煤矿企业是安全生产责任主体，但离不开政府有关部门的强有力监管，必须充分发挥地方政府有关部门的监管作用，规范监管执法行为。按照职责分工，县级以上地方人民政府负有煤矿安全生产监督管理职责的部门履行煤矿安全生产工作的日常监管工作，县级以上地方人民政府自然资源部门负责对煤矿企业超层越界违法行为依法打击，县级以上地方人民政府市场监管部门负责煤矿企业市场准入，县级以上地方人民政府公安机关负责煤矿企业民用爆炸物品和爆破作业的监管，县级以上地方人民政府能源部门负责煤矿产业政策的制定，等等。

为了充分发挥国家矿山安全监察机构及其设在地方的矿山安全监察机构和县级以上地方人民政府有关部门的作用，形成国家监察、地方监管双重大发力的优势，国家矿山安全监察机构及其设在地方的矿山安全监察机构和县级以上人民政府有关部门应当建立信息共享、案件移送机制，加强协作配合，这是十分必要的，以便能够及时通报工作情况，协商解决煤矿安全生产工作中的重大问题。

▶▶第五十七条　国家矿山安全监察机构及其设在地方的矿山安全监察机构应当加强煤矿安全生产信息化建设，运用信息化手段提升执法水平。

煤矿企业应当按照国家矿山安全监察机构制定的安全生产电子数据规范联网并实时上传电子数据，对上传电子数据的真实性、准确性和完整性负责。

>>>【条文解读】本条是关于矿山安全监察机构信息化建设的规定。

（1）矿山安全监察机构应当加强煤矿安全生产信息化建设，运用信息化手段提升执法水平。随着煤矿生产活动的持续推进，面临的风险也是变化的，随时掌控煤矿安全生产的动态变化，一方面，要依靠煤矿建立完善的监测监控系统，另一方面，要依靠政府部门对其持续的监管。县级以上地方人民政府煤矿安全监管部门履行地方监管职责，理应对煤矿安全生产实施日常监管工作，及时掌握煤矿安全生产情况。国家矿山安全监察机构及其设在地方的矿山安全监察机构履行国家监察职责，负责煤矿安全生产的全面监察和重点监察，理应全面了解掌握煤矿安全生产状态。但是，国家矿山安全监察机构及其设在地方的矿山安全监察在区域分布、人员数量上都有局限性。因此，国家矿山安全监察机构及其设在地方的矿山安全监察机构应当加强煤矿安全生产信息化建设，推进信息化远程执法和监察，这是十分必要的，其目的就是通过信息化手段实现线上及时了解煤矿安全生产情况，特别是安全风险和事故隐患的情况，用网络鼠标代替日常巡查，对发现的违法行为实施远程执法，指导和监督地方煤矿安全监管部门执法工作等。国家矿山安全监察机构必须加强信息化建设，建立完善网络系统，实现"互联网＋安全生产"。

（2）煤矿企业应当与国家矿山安全监察机构建立的网络系统衔接。为了发挥网络的优势，政府系统和煤矿企业系统必须衔接，接口相连、数据传输必须统一标准。这个标准就是国家矿山安全监察机构制定的安全生产电子数据规范，要实现全国一盘棋，体现国家监察的权威。一是煤矿企业建立的安全监控系统，应当按照国家矿山安全监察机构制定的安全生产电子数据规范与矿山安全监察机构建立的网络系统衔接，实现互联互通。二是煤矿企业应当按照国家矿山安全监察机构制定的安全生产电子数据规范，上传电子数据。三是电子数据不能弄虚作假。从源头把关，明确煤矿企业对上传电子数据的真实性、准确性和完整性负责。一旦发现弄虚作假，将追究煤矿企业及相关人员的法律责任。

▶▶第五十八条 国家矿山安全监察机构及其设在地方的矿山安全监察机构依法对煤矿企业贯彻执行安全生产法律法规、煤矿安全规程以及保障安全生产的国家标准或者行业标准的情况进行监督检查，行使本条例第四十四条规定的职权。

>>>【条文解读】本条是关于矿山安全监察机构对煤矿企业进行监督检查的规定。

按照煤矿安全生产"国家监察、地方监管、企业负责"的工作机制，煤矿安全生产工作主要由县级以上地方人民政府及负有煤矿安全生产监督管理职责的部门实行监督管理，国家矿山安全监察机构及其设在地方的矿山安全监察机构履行煤矿安全生产国家监察职责，主要是对县级以上地方人民政府煤矿安全生产监督管理工作情况进行监督检查，向有关人民政府通报监督检查情况，提出改进和完善煤矿安全生产的意见和建议，组织全国的煤矿安全生产监察和重点监察等。为了强化对煤矿安全生产的执法工作，《条例》明确，国家矿山安全监察机构及其设在地方的矿山安全监察机构依法对煤矿企业贯彻执行安全生产法律法规、煤矿安全规程以及保障安全生产的国家标准或者行业标准的情况进行监督检查，行使本条例第四十四条规定的职权。这是在地方监管的基础上，强化国家监察作为重要的补充，形成对煤矿安全生产的监管监察的双重发力。《条例》第四十条规定，国家矿山安全监察机构及其设在地方的矿山安全监察机构履行煤矿安全生产国家监察职责时，可以行使调查取证权、违法行为处理权、事故隐患处理权、行政强制措施权等。同时，不得影响煤矿企业正常的生产经营活动。

▶▶第五十九条　发生煤矿生产安全事故后，煤矿企业及其负责人应当迅速采取有效措施组织抢救，并依照《生产安全事故报告和调查处理条例》的规定立即如实向当地应急管理部门、负有煤矿安全生产监督管理职责的部门和所在地矿山安全监察机构报告。

国家矿山安全监察机构及其设在地方的矿山安全监察机构应当根据事故等级和工作需要，派出工作组赶赴事故现场，指导配合事故发生地地方人民政府开展应急救援工作。

>>>【条文解读】本条是关于煤矿生产安全事故报告和救援的规定。

（1）发生事故后，煤矿企业及其负责人应当迅速采取有效措施组织抢救。根据要求，煤矿企业都制定了相应的生产安全事故的事故应急救援预案，有综合应急救援预案，也有瓦斯爆炸等专项应急救援预案，还有现场处置方案。发生煤矿生产安全事故后，煤矿企业及其负责人应当根据事故的性质，按照对应的应急救援预案的要求组织抢救。因事故刚刚发生，第一时间开展抢救是最有效的。在抢救过程中，现场人员首先要做好自救互救，在确保安全的前提下采取必要的处置措施，如阻断有关巷道，形成独立的空间，防止灾区有害气体侵入；现场有关人员也要把人员集中到顶板牢固、有氧气的地方，以便等待外面的救援等。这里讲的企业负责人，是指事故发生企业的主要负责人或者其他分管负责，俗称领导班子成员。这是一个总的原则，根据企业的组织形式，主要负责人可以是公司制企业的董事长、总经理、首席执行官或者其他实际履行经理职责的企业负责人，也可以是非公司制企业的厂长、经理、矿长等企业行政"一把手"。

（2）事故报告的总体要求。《生产安全事故报告和调查处理条例》规定："事故报告应当及时、准确、完整，任何单位和个人对事故不得迟报、漏报、谎报或者瞒报。"如何做到及时、如实，就是不得迟报、漏报、谎报或者瞒报。迟报是指报告事故的时间超过规定时限，就是不及时。漏报是指因过失对应当上报的事故或者事故发生的时间、性质、类别、伤亡人数、直接经济损失等内容遗漏未报。谎报是指故意不如实报告事故发生的时间、性质、类别、伤亡人数、直接经济损失等有关内容。瞒报是指隐瞒已经发生的事故，超过规定的时限未向有关部门、矿山安全监察机构报告，并经查证属实。实践中，一些单位和个人，包括事故发生单位有关人员、地方政府、部门及其有关人员在事故发生后，不及时报告事故，或者漏报、谎报、瞒报事故的情况时有发生，有的甚至采取破坏现场、销毁证据等恶劣手段。究其原因，有的是不负责任，造成迟报、漏报；有的是为了逃避责任追究，故意谎报或者瞒报。无论什么原因，无论什么人，这种行为都是不允许的。针对实践中事故报告中存在的主要问题，《条例》作出了强制性规定，并从现场人员报告、主要负责人报告两个方面作出规定。

（3）事故发生后，煤矿企业及其负责人应当向政府报告。《生产安全事故报告和调查处理条例》规定："事故发生后，事故现场有关人员应当立即向本单位负责人报告；单位负责人接到报告后，应当于1小时内向事故发生地县级以上人民政府安全生产监督管理部门和负有安全生产监督管理职责的有关部门报告。情况紧急时，事故现场有关人员可以直接向事故发生地县级以上人民政府安全生产监督管理部门和负有安全生产监督管理职责的有关部门报告。"根据煤矿事故的实际情况，本条规定，煤矿企业负责人接到事故报告后，应当立即如实向当地应急管理部门、负有煤矿安全生产监督管理职责的部门和所在地矿山安全监察机构报告。这里讲的立即，是指用最快捷的报告方式进行报告。这里讲的如实，是指报告内容要准确、完整。因此，本条的规定与《生产安全事故报告和调查处理条例》的规定是一致的。可以看出，本条没有对报告提出具体时间要求，应当适用《生产安全事故报告和调查处理条例》的规定，即事故发生后，煤矿企业负责人应当在1小时内向事故发生地县级以上地方人民政府应急管理部门、负有煤矿安全生产监督管理职责的部门和所在地矿山安全监察机构报告。通常情况下，现场人员应当向本企业负责人报告事故，这符合企业内部管理的规章制度，也有利于企业应急救援工作的快速启动。但是，事故是人命关天的大事，应当在情况紧急时，允许现场人员可以直接向事故发生地地方人民政府应急管理部门、负有煤矿安全生产监督管理职责的部门和所在地矿山安全监察机构报告，这也是合理的。至于何时属于"情况紧急"，应当作较为灵活的理解，比如企业负责人联系不上、事故重大需要政府迅速调集救援力量等情形。这里讲的现场人员，是指事故具体发生地点及事故能够影响和波及的区域的有关工作人员，既可以是事故的负伤者，也可以是在事故现场的其他工作人员。对于发生人员死亡或者重伤无法报告，且事故现场又没有其他工作人员时，任何首先发现事故的人都负有立即报告事故的义务。当然，由于事故报告的紧迫性，现场人员报告事故不可能也没有必要完全按照正常情况下企业的层级管理模式来进行，只要报告到事故单位的指挥中心（如调度室、监控室）即可。对于事故发生地地方人民政府应急管理部门、负有煤矿安全生产监督管理职责的部门和所在地矿山安全监察机构来说，只要接到现场人员的报告后，不论是否属于"情况紧急"，都应当赶赴现场，并积极组织事故抢救。

（4）矿山安全监察机构应当指导配合事故发生地地方人民政府开展应急救援工作。尽管事故发生后，事故发生的煤矿企业负责人和最初接到事故报告的应急管理部门、负有煤矿安全生产监督管理职责的部门和所在地矿山安全监察机构都迅速赶赴事故现场，组织应急救援工作，以及可能上级煤矿安全监管部门、应急管理部门接到报告后，也迅速赶赴事故现场，投入到应急救援工作中。但是，作为国家队的国家矿山安全监察机构及其设在地方的矿山安全监察机构的专业能力是最强的，不仅为了今后组织事故调查处理工作的需要，从技术出发，也应当根据事故等级和工作需要，派出工作组赶赴事故现场，指导配合事故发生地地方人民政府开展应急救援工作。这是国家矿山安全监察机构及其设在地方的矿山安全监察机构的一项法定职责，国家矿山安全监察机构及其设在地方的矿山安全监察机构必须依法履行。

▶▶ **第六十条** 煤矿生产安全事故按照事故等级实行分级调查处理。

特别重大事故由国务院或者国务院授权有关部门依照《生产安全事故报告和调查处理条例》的规定组织调查处理。重大事故、较大事故、一般事故由国家矿山安全监察机构及其设在地方的矿山安全监察机构依照《生产安全事故报告和调查处理条例》的规定组织调查处理。

>>>【条文解读】本条是关于煤矿生产安全事故调查权的规定。

一、事故调查的总原则

本条第一款明确："煤矿生产安全事故按照事故等级实行分级调查。"这里讲的分级，是指依照《生产安全生产报告和调查处理条例》的规定，对事故进行分级。事故等级划分是一项重要的基础性工作，直接关系到事故报告的级别、事故调查组的组成以及事故责任的追究。按照不同的事故等级，规定相应的报告和调查处理要求，是顺利开展事故报告和调查处理工作的前提，也是规范事故报告和调查处理的必然要求。

根据《生产安全事故报告和调查处理条例》，按照事故造成的死亡人数多少、重伤人数多少或者直接经济损失的大小，将事故划分4个等级，即：特别重大事故、重大事故、较大事故和一般事故。特别重大事故，是指造成30人以上死亡，或者100人以上重伤，或者1亿元以上直接经济损失的事故；重大事故，是指造成10人以上30人以下死亡，或者50人以上100人以下重伤，或者

5000 万元以上 1 亿元以下直接经济损失的事故；较大事故，是指造成 3 人以上 10 人以下死亡，或者 10 人以上 50 人以下重伤，或者 1000 万元以上 5000 万元以下直接经济损失的事故；一般事故，是指造成 3 人以下死亡，或者 10 人以下重伤，或者 1000 万元以下直接经济损失的事故。这里所说的"以上"包括本数，"以下"不包括本数。其中，事故造成的急性工业中毒的人数，也属于重伤的范围。因此，煤矿生产安全事故按照死亡人数、重伤人数、直接经济损失三者中最高级别确定事故等级。

二、事故调查的主体

本条第二款明确："特别重大事故由国务院或者国务院授权有关部门依照《生产安全事故报告和调查处理条例》的规定组织调查处理。重大事故、较大事故、一般事故由国家矿山安全监察机构及其设在地方的矿山安全监察机构依照《生产安全事故报告和调查处理条例》的规定组织调查处理。"《生产安全事故报告和调查处理条例》规定："特别重大事故由国务院或者国务院授权有关部门组织事故调查组进行调查。重大事故、较大事故、一般事故分别由事故发生地省级人民政府、设区的市级人民政府、县级人民政府负责调查。省级人民政府、设区的市级人民政府、县级人民政府可以直接组织事故调查组进行调查，也可以授权或者委托有关部门组织事故调查组进行调查。未造成人员伤亡的一般事故，县级人民政府也可以委托事故发生单位组织事故调查组进行调查。"

根据煤矿安全生产工作的监管监察特点，按照法律适用原则，对"特别重大事故由国务院或者国务院授权有关部门依照《生产安全事故报告和调查处理条例》的规定组织调查处理。"的理解如下：

（1）特别重大事故，国务院可以直接组织事故调查组进行调查。由国务院直接组织事故调查进行调查的特别重大事故，事故调查组组长既可由国务院有关领导同志担任，也可以由国务院指定相关部门负责同志担任。近年来，国务院特别重大事故调查组组长一般指定应急管理部部长、副部长或者国家矿山安全监察局局长担任。

（2）特别重大事故，国务院可以授权有关部门组织事故调查组进行调查。这里所说的授权既可以是国务院或者国务院办公厅以规范性文件的形式一揽子授权，也可以是国务院领导同志根据事故的具体情况用批示的形式个别授权。这里所说的有关部门，一般指应急管理部或者国家矿山安全监察局，也可以是国务院其他有关部门。

对"重大事故、较大事故、一般事故由国家矿山安全监察机构及其设在地方的矿山安全监察机构依照《生产安全事故报告和调查处理条例》的规定组织调查处理。"的理解如下：

（1）重大事故、较大事故、一般事故均由国家矿山安全监察机构及其设在地方的矿山安全监察机构组织调查。国家矿山安全监察机构及其设在地方的矿山安全监察机构应当依照《生产安全事故报告和调查处理条例》，邀请县级以上人民政府负有煤矿安全生产监督管理职责的部门、应急管理部门、公安机关、工会等成立事故调查调查组，依法开展事故调查处理工作。

（2）原则上，重大事故由国家矿山安全监察机构调查处理；较大事故、一般事故由事故发生地的国家矿山安全监察机构设在地方的矿山安全监察机构进行调查处理。

（3）提级调查和指定调查。根据《生产安全事故报告和调查处理条例》，国家矿山安全监察机构认为必要时，可以调查由设立在地方的矿山安全监察机构负责调查的事故，或者指定负责事故调查的矿山安全监察机构。

　　这里讲的认为必要时，一般有以下情形：①事故性质恶劣、社会影响较大的；②同一地区连续频繁发生同类事故的；③事故发生地不重视安全生产工作、不能真正吸取事故教训的；④社会和群众对下级政府调查的事故反响十分强烈的；⑤事故调查难以做到客观、公正的。

　　可以由国家矿山安全监察机构提级调查的情况，主要指较大事故中存在"认为必要时"情形的。但是，也包括一般事故中存在"认为必要时"情形的，譬如，网络关注度高的。在这种情况下，国家矿山安全监察机构可以调查由设立地方的矿山安全监察机构负责调查的事故。

　　可以由国家矿山安全监察机构指定调查的情况，主要指事故发生地的矿山安全监察机构难以调查、情况复杂的较大事故、一般事故，存在"认为必要时"情形的。国家矿山安全监察机构认为必要时，可以指定国家矿山安全监察机构设在其他地方的矿山安全监察机构负责调查的事故，譬如，事故发生所在区域频繁发生较大事故、一般事故，在这种情况下，由国家矿山安全监察机构指定其设在其他地方的矿山安全监察机构进行调查处理比较合适。

第五章

法 律 责 任

▶▶第六十一条　未依法取得安全生产许可证等擅自进行煤矿生产的，应当责令立即停止生产，没收违法所得和开采出的煤炭以及采掘设备；违法所得在 10 万元以上的，并处违法所得 2 倍以上 5 倍以下的罚款；没有违法所得或者违法所得不足 10 万元的，并处 10 万元以上 20 万元以下的罚款。

关闭的煤矿企业擅自恢复生产的，依照前款规定予以处罚。

>>>【条文解读】本条是关于煤矿企业无证照从事生产的法律责任的规定。

一、违法行为的情形

本条第一款规定的违法情形为未依法取得安全生产许可证等擅自进行煤矿生产。这里讲的等，是包括等外的含义。根据有关法律法规，煤矿企业从事生产活动，应当依法取得县级以上人民政府自然资源部门颁发的采矿许可证，依法取得省、自治区、直辖市人民政府负有煤矿安全生产监督管理职责的部门颁发的安全生产许可证，依法取得县级以上人民政府市场监管部门颁发的营业执照等。否则，属于非法煤矿企业。这里需要说明的是，煤矿企业必须证照齐全，方可从事生产活动；缺少任何一个证或者照，都属于证照不齐；无证照或者证照不齐均属于非法煤矿企业，一律予以取缔。

二、法律责任

根据《行政许可法》规定，煤矿企业从事生产活动前，应当依法取得采矿许可证、安全生产许可证和营业执照等，这是一种行政许可行为。煤矿企业无任何证照或者证照不全从事生产，是一种违反行政许可的严重违法行为，必须予以严厉制裁。为此，本条第一款规定，对这种严重违法行为实施下列行政处罚：①责令立即停止生产，这是一种行为罚，是让被处罚人立即停止生产相关活动的行为；②没收违法所得和开采出的煤炭以及采掘设备，违法所得在10万元以上的，并处违法所得2倍以上5倍以下的罚款，没有违法所得或者违法所得不足10万元的，并处10万元以上20万元以下的罚款。需要说明的是，煤矿安全监管部门、自然资源部门、市场监管部门按照各自职责，发现煤矿企业未取得自身职责范围内颁发的证或者照的，依照上述规定实施处罚；发现煤矿企业未取得其他部门颁发的证或者照的，应当及时将案件移送相关部门处理。

关闭煤矿是指行政机关对违反行政管理秩序的煤矿企业，依法剥夺其从事生产活动的权利的一种严厉行政处罚。根据有关法律法规，实施关闭的煤矿，负有煤矿安全生产监督管理职责的部门、自然资源部门、市场监管部门应当吊销相关的证照。关闭的煤矿擅自恢复生产，属于无证照从事生产，是严重的违法行为，必须依法予以制裁。因此，本条第二款规定，发现关闭的煤矿擅自恢复生产的，应当实施下列行政处罚：①责令立即停止生产，这是一种行为处罚，是让被处罚人立即停止生产相关活动的行为；②没收违法所得和开采出的煤炭以及采掘设备，违法所得在 10 万元以上的，并处违法所得 2 倍以上 5 倍以下的罚款，没有违法所得或者违法所得不足 10 万元的，并处 10 万元以上 20 万元以下的罚款。

▶▶第六十二条　煤矿企业有下列行为之一的，依照《中华人民共和国安全生产法》有关规定予以处罚：

（一）未按照规定设置安全生产管理机构并配备安全生产管理人员的；

（二）主要负责人和安全生产管理人员未按照规定经考核合格并持续保持相应水平和能力的；

（三）未按照规定进行安全生产教育和培训，未按照规定如实告知有关的安全生产事项，或者未如实记录安全生产教育和培训情况的；

（四）特种作业人员未按照规定经专门的安全作业培训并取得相应资格，上岗作业的；

（五）进行危险作业，未采取专门安全技术措施并安排专门人员进行现场安全管理的；

（六）未按照规定建立并落实安全风险分级管控制度和事故隐患排查治理制度的，或者重大事故隐患排查治理情况未按照规定报告的；

（七）未按照规定制定生产安全事故应急救援预案或者未定期组织演练的。

>>>【条文解读】本条是关于煤矿企业违法行为的行政责任的规定。

一、违法行为的情形

本条规定的法律责任涵盖的违法行为包括 7 项：①未按照规定设置安全生产管理机构并配备安全生产管理人员的；②主要负责人和安全生产管理人员未按照规定经考核合格并持续保持相应水平和能力的；③未按照规定进行安全生产教育和培训，未按照规定如实告知有关的安全生产事项，或者未如实记录安全生产教育和培训情况的；④特种作业人员未按照规定经专门的安全作业培训并取得相应资格，上岗作业的；⑤进行危险作业，未采取专门安全技术措施并安排专门人员进行现场安全管理的；⑥未按照规定建立并落实安全风险分级管控制度和事故隐患排查治理制度的，或者重大事故隐患排查治理情况未按照规定报告的；⑦未按照规定制定生产安全事故应急救援预案或者未定期组织演练的。这些内容涵盖了《条例》第二章对煤矿企业设定的各种职责规定。

二、法律责任

《安全生产法》第九十七条规定："生产经营单位有下列行为之一的，责令限期改正，处十万元以下的罚款；逾期未改正的，责令停产停业整顿，并处十万元以上二十万元以下的罚款，对其直接负责的主管人员和其他直接责任人员处二万元以上五万元以下的罚款：（一）未按照规定设置安全生产管理机构或者配备安全生产管理人员、注册安全工程师的；（二）危险物品的生产、经营、储存、装卸单位以及矿山、金属冶炼、建筑施工、运输单位的主要负责人和安全生产管理人员未按照规定经考核合格的；（三）未按照规定对从业人员、被派遣劳动者、实习学生进行安全生产教育和培训，或者未按照规定如实告知有关的安全生产事项的；（四）未如实记录安全生产教育和培训情况的；（五）未将事故隐患排查治理情况如实记录或者未向从业人员通报的；（六）未按照规定制定生产安全事故应急救援预案或者未定期组织演练的；（七）特种作业人员未按照规定经专门的安全作业培训并取得相应资格，上岗作业的。"

《安全生产法》第一百零一条规定："生产经营单位有下列行为之一的，责令限期改正，处十万元以下的罚款；逾期未改正的，责令停产停业整顿，并处十万元以上二十万元以下的罚款，对其直接负责的主管人员和其他直接责任人员处二万元以上五万元以下的罚款；构成犯罪的，依照刑法有关规定追究刑事责任：（一）生产、经营、运输、储存、使用危险物品或者处置废弃危险物品，未建立专门安全管理制度、未采取可靠的安全措施的；（二）对重大危险源未登记建档，未进行定期检测、评估、监控，未制定应急预案，或者未告知应急措施的；（三）进行爆破、吊装、动火、临时用电以及国务院应急管理部门会同国务院有关部门规定的其他危险作业，未安排专门人员进行现场安全管理的；（四）未建立安全风险分级管控制度或者未按照安全风险分级采取相应管控措施的；（五）未建立事故隐患排查治理制度，或者重大事故隐患排查治理情况未按照规定报告的。"

因此，煤矿企业有下列情形之一的，按照《安全生产法》第九十七条的规定处罚，即责令限期改正，处十万元以下的罚款；逾期未改正的，责令停产停业整顿，并处十万元以上二十万元以下的罚款，对其直接负责的主管人员和其他直接责任人员处二万元以上五万元以下的罚款：①未按照规定设置安全生产管理机构并配备安全生产管理人员的；②主要负责人和安全生产管理人员未按照规定经考核合格并持续保持相应水平和能力的；③未按照规定进行安全生产教育和培训，未按照规定如实告知有关的安全生产事项，或者未如实记录安全生产教育和培训情况的；④特种作业人员未按照规定经专门的安全作业培训并取得相应资格，上岗作业的；⑤未按照规定制定生产安全事故应急救援预案或者未定期组织演练的。如果《安全生产法》的处罚条款变化，则按照变化后的规定执行。

煤矿企业有下列情形之一的，按照《安全生产法》第一百零一条的规定处罚，即责令限期改正，处十万元以下的罚款；逾期未改正的，责令停产停业整顿，并处十万元以上二十万元以下的罚款，对其直接负责的主管人员和其他直接责任人员处二万元以上五万元以下的罚款；构成犯罪的，依照刑法有关规定追究刑事责任：①进行危险作业，未采取专门安全技术措施并安排专门人员进行现场安全管理的；②未按照规定建立并落实安全风险分级管控制度和事故隐患排查治理制度的，或者重大事故隐患排查治理情况未按照规定报告的。如果《安全生产法》的处罚条款变化，则按照变化后的规定执行。

这里讲的直接负责的主管人员，是指在煤矿企业违法行为中负有直接领导责任的人员，包括违法行为的决策人、事后对企业违法行为予以认可和支持的领导人员，以及由于疏于管理或者放任，因而对企业违法行为负有不可推卸责任的领导人员，如班组长、部门负责人、企业副职、正职。这里讲的其他直接责任人员，是指直接实施企业违法行为的人员，如直接负责培训工作的人员。

▶▶ **第六十三条** 煤矿企业有下列行为之一的，责令限期改正，处 10 万元以上 20 万元以下的罚款；逾期未改正的，责令停产整顿，并处 20 万元以上 50 万元以下的罚款，对其直接负责的主管人员和其他直接责任人员处 3 万元以上 5 万元以下的罚款：

（一）未按照规定制定并落实全员安全生产责任制和领导带班等安全生产规章制度的；

（二）未按照规定为煤矿配备矿长等人员和机构，或者未按照规定设立救护队的；

（三）煤矿的主要生产系统、安全设施不符合煤矿安全规程和国家标准或者行业标准规定的；

（四）未按照规定编制专项设计的；

（五）井工煤矿未按照规定进行瓦斯等级、冲击地压、煤层自燃倾向性和煤尘爆炸性鉴定的；

（六）露天煤矿的采场及排土场边坡与重要建筑物、构筑物之间安全距离不符合规定的，或者未按照规定保持露天煤矿边坡稳定的；

（七）违章指挥或者强令冒险作业、违反规程的。

>>>【条文解读】本条是关于煤矿企业未按照规定配备矿长等违法行为的法律责任的规定。

一、违法行为的情形

根据本条规定，煤矿企业的违法情形有7项：①未按照规定制定并落实全员安全生产责任制和领导带班等安全生产规章制度的；②未按照规定为煤矿配备矿长等人员和机构，或者未按照规定设立救护队的；③煤矿的主要生产系统、安全设施不符合煤矿安全规程和国家标准或者行业标准规定的；④未按照规定编制专项设计的；⑤井工煤矿未按照规定进行瓦斯等级、冲击地压、煤层自燃倾向性和煤尘爆炸性鉴定的；⑥露天煤矿的采场及排土场边坡与重要建筑物、构筑物之间安全距离不符合规定的，或者未按照规定保持露天煤矿边坡稳定的；⑦违章指挥或者强令冒险作业、违反规程的。

二、法律责任

对煤矿企业实施下列行政处罚：①责令限期改正，处 10 万元以上 20 万元以下的罚款；②逾期未改正的，责令停产整顿，并处 20 万元以上 50 万元以下的罚款，对其直接负责的主管人员和其他直接责任人员处 3 万元以上 5 万元以下的罚款。这里讲的责令停产整顿，是指责令有违法行为且逾期未改正的煤矿企业停止有关生产经营活动，进行整顿。这里讲的直接负责的主管人员，是指在煤矿企业违法行为中负有直接领导责任的人员，包括违法行为的决策人、事后对企业违法行为予以认可和支持的领导人员，以及由于疏于管理或者放任，因而对企业违法行为负有不要推卸责任的领导人员，如班组长、部门负责人、企业副职、正职。这里讲的其他直接责任人员，是指直接实施企业违法行为的人员。

▶▶第六十四条　对存在重大事故隐患仍然进行生产的煤矿企业，责令停产整顿，明确整顿的内容、时间等具体要求，并处 50 万元以上 200 万元以下的罚款；对煤矿企业主要负责人处 3 万元以上 15 万元以下的罚款。

>>>【条文解读】本条是关于煤矿企业存在重大事故隐患仍然进行生产的法律责任的规定。

一、违法行为的情形

本条是仅针对重大事故隐患未消除后仍然进行生产的特殊性规定。《条例》第三十六条规定："煤矿企业有下列情形之一的，属于重大事故隐患，应当立即停止受影响区域生产、建设，并及时消除事故隐患：（一）超能力、超强度或者超定员组织生产的；
（二）瓦斯超限作业的；（三）煤（岩）与瓦斯（二氧化碳）突出
矿井未按照规定实施防突措施的；（四）煤（岩）与瓦斯（二氧化
碳）突出矿井、高瓦斯矿井未按照规定建立瓦斯抽采系统，或者
系统不能正常运行的；（五）通风系统不完善、不可靠的；
（六）超层、越界开采的；（七）有严重水患，未采取有效措施的；
（八）有冲击地压危险，未采取有效措施的；（九）自然发火严重，
未采取有效措施的；（十）使用应当淘汰的危及生产安全的设备、
工艺的；（十一）未按照规定建立监控与通讯系统，或者系统不能
正常运行的；（十二）露天煤矿边坡角大于设计最大值或者边坡发
生严重变形，未采取有效措施的；（十三）未按照规定采用双回路
供电系统的；（十四）新建煤矿边建设边生产，煤矿改扩建期间，
在改扩建的区域生产，或者在其他区域的生产超出设计规定的范围
和规模的；（十五）实行整体承包生产经营后，未重新取得或者及
时变更安全生产许可证而从事生产，或者承包方再次转包，以及将
井下采掘工作面和井巷维修作业外包的；（十六）改制、合并、分
立期间，未明确安全生产责任人和安全生产管理机构，或者在完成
改制、合并、分立后，未重新取得或者及时变更安全生产许可证等
的；（十七）有其他重大事故隐患的。"为了便于煤矿企业判定重
大事故隐患，根据《安全生产法》，应急管理部重新修订发布了
《煤矿重大事故隐患判定标准》，从15个方面列举了81种应当判
定为重大事故隐患的情形。

　　根据上述规定，煤矿企业存在重大事故隐患仍然进行生产的，
将依据本条规定承担相应的行政责任。承担行政责任的主体有两
类：①有违法行为的煤矿企业；②有违法行为的煤矿企业主要负
责人。

二、法律责任

煤矿企业存在重大事故隐患仍然进行生产的，将实施下列行政处罚：

（1）对煤矿企业责令停产整顿，明确整顿的内容、时间等具体要求，并处50万元以上200万元以下的罚款。重大事故隐患，是指危害和整改难度较大，应当全部或者局部停产停业，并经过一定时间整改治理方能排除的隐患，或者因外部因素影响致使生产经营单位自身难以排除的隐患。对于重大事故隐患，煤矿企业应当积极采取相应措施予以消除，不然很可能发生生产安全事故，消除重大事故隐患是煤矿企业的应尽义务。煤矿企业不履行本条规定的义务，即不消除重大事故隐患，仍然进行生产的，县级以上人民政府负有煤矿安全生产监督管理职责的部门或者国家矿山安全监察机构及其设在地方的矿山安全监察机构应当责令停产整顿，即责令违法的煤矿企业停止生产活动进行整顿，明确整顿的内容、时间等具体要求，同时并处50万元以上200万元以下的罚款。

（2）对煤矿企业主要负责人处3万元以上15万元以下的罚款。这是对煤矿企业和相关人员实行双罚制。作出这一规定，主要考虑煤矿企业存在重大事故隐患仍然进行生产，是一种严重的违法行为，必须给予严厉的制裁，不仅要对煤矿企业予以处罚，更要对煤矿企业主要负责人予以严惩。以上处罚措施的实施不以实际发生安全事故为前提，只要煤矿企业存在重大事故隐患仍然进行生产，不论是否导致生产安全事故发生，都应当给予处罚。

▶▶第六十五条　煤矿企业超越依法确定的开采范围采矿的，依照有关法律法规的规定予以处理。

擅自开采保安煤柱或者采用可能危及相邻煤矿生产安全的决水、爆破、贯通巷道等危险方法进行采矿作业的，责令立即停止作业，没收违法所得；违法所得在 10 万元以上的，并处违法所得 2 倍以上 5 倍以下的罚款；没有违法所得或者违法所得不足 10 万元的，并处 10 万元以上 20 万元以下的罚款；造成损失的，依法承担赔偿责任。

>>>【条文解读】本条是关于超层越界和采用危险方法开采的法律责任的规定。

一、超越开采范围的法律责任

根据本条第一款规定，煤矿企业超越依法确定的开采范围采矿的，是严重的违法行为，依照有关法律法规的规定予以处理。这里讲的依照有关法律法规的规定予以处理，是指由自然资源部门依照《矿产资源法》等规定追究行政责任，构成犯罪的，移交公安机关依照刑法追究刑事责任。根据《矿产资源法》《矿产资源法实施细则》的规定，煤矿企业超越依法确定的开采范围采矿的，按下列规定执行：①责令退回本矿区范围开采、赔偿损失，如果煤矿企业超越依法确定的开采范围采矿作业，造成相邻煤矿造成损失的，依法承担赔偿责任；②没收越界开采在矿产品和违法所得，可以并处罚款，罚款数额为违法所得 30% 以下，具体行政罚款数额由行政执法机关根据具体情况决定；③拒不退回本矿区范围内开采，造成矿产资源破坏的，吊销煤矿企业采矿许可证；④依照刑法有关规定对直接责任人员追究刑事责任。

《中华人民共和国刑法》（以下简称《刑法》）第三百四十三条［非法采矿罪；破坏性采矿罪］规定，违反矿山资源法的规定，未取得采矿许可证擅自采矿，擅自进入国家规划矿区、对国民经济具有重要价值的矿区和他人矿区范围采矿，或者擅自开采国家规定实行保护性开采的特定矿种，情节严重的，处三年以下有期徒刑、拘役或者管制，并处或者单处罚金；情节特别严重的，处三年以上七年以下有期徒刑，并处罚金。违反矿产资源法的规定，采取破坏性的开采方法开采矿产资源，造成矿产资源严重破坏的，处五年以下有期徒刑或者拘役，并处罚金。

　　《最高人民法院、最高人民检察院关于办理非法采矿、破坏性采矿刑事案件适用法律若干问题的解释》第二条规定，具有下列情形之一的，应当认定为刑法第三百四十三条第一款规定的"未取得采矿许可证"：（一）无许可证的；（二）许可证注销、吊销、撤销的；（三）超越许可证规定的矿区范围或者开采范围的；（四）超出许可证规定的矿种的(共生、伴生矿种除外)；（五）其他未取得许可证的情形。第三条规定，实施非法采矿，具有下列情形之一的，应当认定为刑法第三百四十三条第一款规定的"情节严重"：（一）开采的矿产品价值或者造成矿产资源破坏的价值在十万元至三十万元以上的；（二）在国家规划矿区、对国民经济具有重要价值的矿区采矿，开采国家规定实行保护性开采的特定矿种，或者在禁采区、禁采期内采矿，开采的矿品价值或者造成矿产资源破坏的价值在五万元至十五万元以上的；（三）二年内曾因非法采矿受过两次以上行政处罚，又实施非法采矿行为的；（四）造成生态环境严重损害的；（五）其他情节严重的情形。实施非法采矿行为，具有下列情形之一的，应当认定为刑法第三百四十三条第一款规定的"情节特别严重"：（一）数额达到前款第一项规定、第二项规定标准五倍以上的；（二）造成生态环境特别严重损害的；（三）其他情节特别严重的情形。第六条规定，造成矿产资源破坏的价值在五十万元至一百万元以上，或者造成国家规划矿区、对国民经济具有重要价值的矿区和国家规定实行保护性开采的特定矿种资源破坏在二十五万元至五十万元以上的，应当认定为《刑法》第三百四十三条第二款规定的"造成矿产资源严重破坏"。

二、擅自开采保安煤柱或者采用可能危及相邻煤矿生产安全的决水、爆破、贯通巷道等危险方法进行采矿作业的法律责任

根据本条第二款规定，煤矿企业违反禁止性规定，擅自开采保安煤柱或者采用可能危及相邻煤矿生产安全的决水、爆破、贯通巷道等危险方法进行采矿作业，这是严重的违法行为，将承担相应的法律责任。根据《煤炭法》的规定，煤矿企业应承担的责任如下：

（1）责令立即停止作业，这是让违法的煤矿企业立即停止作业活动的行为。

（2）没收违法所得，并处违法所得 1 倍以上 5 倍以下的罚款。

（3）依法吊销其相关证照。这里讲的依法，是指依照《矿产资源法》《矿产资源法实施细则》《安全生产许可证条例》等法律法规和规章。如果煤矿企业上述违法行为危及本企业或者相邻煤矿企业安全生产的，有关部门将吊销其安全生产许可证或者营业执照；如果煤矿企业上述违法行为还涉及超层越界的，有关部门将吊销其采矿许可证。

（4）承担赔偿责任，如果煤矿企业采用危及相邻煤矿生产安全的决水、爆破、贯通巷道等危险方法进行采矿作业，对相邻煤矿造成损失的，依法承担赔偿责任，这里讲的依法，是指依照《中华人民共和国民法典》的规定，承担民事经济损失赔偿责任，具体赔偿数额根据实际损失计算确定。

▶▶第六十六条 煤矿企业有下列行为之一的，责令改正；拒不改正的，处 10 万元以上 20 万元以下的罚款；对其直接负责的主管人员和其他直接责任人员处 1 万元以上 2 万元以下的罚款：

（一）违反本条例第三十七条第一款规定，隐瞒存在的事故隐患以及其他安全问题的；

（二）违反本条例第四十四条第一款规定，擅自启封或者使用被查封、扣押的设施、设备、器材的；

（三）有其他拒绝、阻碍监督检查行为的。

>>>【条文解读】本条是关于煤矿企业隐瞒存在的事故隐患等违法行为的法律责任的规定。

一、违法行为的情形

本条例对煤矿企业作出了许多义务性规定，要求煤矿企业必须履行相应的职责。本条对煤矿企业有关违法行为规定了 3 种情形：①违反本条例第三十七条第一款规定，隐瞒存在的事故隐患以及其他安全问题的；②违反本条例第四十四条第一款规定，擅自启封或者使用被查封、扣押的设施、设备、器材的；③有其他拒绝、阻碍监督检查行为的。《条例》第三十七条一款规定："煤矿企业及其有关人员对县级以上人民政府负有煤矿安全生产监督管理职责的部门、国家矿山安全监察机构及其设在地方的矿山安全监察机构依法履行职责，应当予以配合，按照要求如实提供有关情况，不得隐瞒或者拒绝、阻挠。"需要说明的是，上述第三种情形，即有其他拒绝、阻碍监督检查的行为，这是一个兜底性条款，具体由执法机关根据实际情况来确定。负有煤矿安全生产监督管理职责的部门、国家矿山安全监察机构及其设在地方的矿山安全监察机构依法履行对煤矿企业的监督检查，煤矿企业或者有关人员无任何理由拒绝执法人员进入作业现场。

二、法律责任

煤矿企业有上述违法行为的，将追究相应法律责任，包括以下两个方面。

（1）责令改正。根据本条的规定，对于煤矿企业存在本条所列 3 项违法行为之一的，将由行政执法机关责令有违法行为的煤矿企业在规定期限内纠正违法行为。责令改正属于实施行政处罚的一种措施，行政机关在实施行政处罚时应当责令其改正或者限期改正违法行为。当然，也有检察机关或者司法机关指出责令限期改正违法行为不属于行政处罚。对于这个问题，存在不同的观点和解释。一般认为，责令改正并非行政处罚的一种，而是一个具体行政行为，是行政处罚的一个程序。负有煤矿安全生产监督管理职责的部门、国家矿山安全监察机构及其设在地方的矿山安全监察机构作出责令改正后，煤矿企业应当立即改正违法行为。

（2）拒不改正的，处 10 万元以上 20 万元以下的罚款；对其直接负责的主管人员和其他直接责任人员处 1 万元以上 2 万元以下的罚款。这是对拒不改正违法行为的煤矿企业实行对企业和个人双罚制。对于负有煤矿安全生产监督管理职责的部门、国家矿山安全监察机构及其设在地方的矿山安全监察机构作出责令改正的要求后，煤矿企业拒不改正的，对煤矿企业处 10 万元以上 20 万元以下的罚款。同时，对其直接负责的主管人员和其他直接责任人员处 1 万元以上 2 万元以下的罚款。这里讲的直接负责的主管人员，是指在煤矿企业违法行为中负有直接领导责任的人员，包括违法行为的决策人、事后对企业违法行为予以认可和支持的领导人员，以及由于疏于管理或者放任，因而对企业违法行为负有不可推卸责任的领导人员，如班组长、部门负责人、企业副职、正职。这里讲的其他直接人员，是指直接实施企业违法行为的人员，如直接拒绝执法人员进入作业现场的人员。对煤矿企业以及其直接负责的主管人员和其他直接责任人员的罚款，根据违法行为的情节等因素决定罚款的具体数额。

▶▶第六十七条　发生煤矿生产安全事故，对负有责任的煤矿企业除要求其依法承担相应的赔偿等责任外，依照下列规定处以罚款：

（一）发生一般事故的，处 50 万元以上 100 万元以下的罚款；

（二）发生较大事故的，处 150 万元以上 200 万元以下的罚款；

（三）发生重大事故的，处 500 万元以上 1000 万元以下的罚款；

（四）发生特别重大事故的，处 1000 万元以上 2000 万元以下的罚款。

发生煤矿生产安全事故，情节特别严重、影响特别恶劣的，可以按照前款罚款数额的 2 倍以上 5 倍以下对负有责任的煤矿企业处以罚款。

>>>【条文解读】本条是关于发生生产安全事故时，对负有责任的煤矿企业罚款的规定。

一、违法行为的情形

煤矿发生生产安全事故往往给人民群众生命和财产安全带来重大损失，预防煤矿发生生产安全事故是《条例》的重要立法目的。

对于生产安全事故，不仅需要从源头上加以防范，对发生生产安全事故的煤矿，也应当依法给予制裁。煤矿企业受到本条规定的处罚应当具备以下条件：

（1）煤矿企业发生生产安全事故。这里讲的生产安全事故依照《生产安全事故报告和调查处理条例》确定，分为特别重大事故、重大事故、较大事故和一般事故。特别重大事故，是指造成30人以上死亡，或者100人以上重伤（包括急性工业中毒，下同），或者1亿元以上直接经济损失的事故。重大事故，是指造成10人以上30人以下死亡，或者50人以上100人以下重伤，或者5000万元以上1亿元以下直接经济损失的事故。较大事故，是指造成3人以上10人以下死亡，或者10人以上50人以下重伤，或者1000万元以上5000万元以下直接经济损失的事故。一般事故，是指造成3人以下死亡，或者10人以下重伤，或者1000万元以下直接经济损失的事故。

（2）煤矿企业对事故发生负有责任，即该事故是责任事故。因第三方原因、不可抗力等因素引起的事故，煤矿企业没有责任，不应当依照本条规定给予处罚。

本条违法行为的主体是具有本条规定违法行为的煤矿企业。

二、法律责任

根据本条规定，对负有事故责任的煤矿企业处以罚款与煤矿企业依法承担民事赔偿责任并不冲突。生产安全事故发生后，往往对受害人需要承担民事赔偿责任，二者互不影响。

发生煤矿生产安全事故，对负有责任的煤矿企业除要求其依法承担相应的赔偿等责任外，依照下列标准处以罚款：①发生一般事故的，处50万元以上100万元以下的罚款；②发生较大事故的，处150万元以上200万元以下的罚款；③发生重大事故的，处500

万元以上1000万元以下的罚款；④发生特别重大事故的，处1000万元以上2000万元以下的罚款。发生煤矿生产安全事故，情节特别严重、影响特别恶劣的，可以按照本条第一款罚款数额的2倍以上5倍以下对负有责任的煤矿企业处以罚款。

关于处罚的主体，《条例》第七十三条规定，本条例规定的行政处罚，由县级以上人民政府负有煤矿安全生产监督管理职责的部门和其他有关部门、国家矿山安全监察机构及其设在地方的矿山安全监察机构按照职责分工决定，对同一违法行为不得给予两次以上罚款的行政处罚。对被责令停产整顿的煤矿企业，应当暂扣安全生产许可证等。对违反本条例规定的严重违法行为，应当依法从重处罚。《条例》第六条规定，县级以上人民政府负有煤矿安全生产监督管理职责的部门对煤矿安全生产实施监督管理，其他有关部门按照职责分工依法履行煤矿安全生产相关职责。《安全生产法》第十条规定，县级以上地方各级人民政府应急管理部门依照本法，对本行政区域内安全生产工作实施综合监督管理，第九十五条、第一百一十条、第一百一十四条规定应急管理部门对生产经营单位主要负责人未履行职责和事故责任单位及主要负责人实施罚款。按照下位法服从上位法的法律适用原则，本条规定的行政处罚，应当由县级以上人民政府应急管理部门实施。

▶▶第六十八条 煤矿企业的决策机构、主要负责人、其他负责人和安全生产管理人员未依法履行安全生产管理职责的，依照《中华人民共和国安全生产法》有关规定处罚并承担相应责任。

煤矿企业主要负责人未依法履行安全生产管理职责，导致发生煤矿生产安全事故的，依照下列规定处以罚款：

（一）发生一般事故的，处上一年年收入40%的罚款；

（二）发生较大事故的，处上一年年收入60%的罚款；

（三）发生重大事故的，处上一年年收入80%的罚款；

（四）发生特别重大事故的，处上一年年收入100%的罚款。

>>>【条文解读】本条是关于煤矿企业决策机构、主要负责人、其他负责人和安全生产管理人员的法律责任的规定。

本条是《安全生产法》的衔接性条款。为了避免内容重复，同时保持《条例》与法律规定一致，本条作出了下列规定。

一、煤矿企业的决策机构、主要负责人、其他负责人和安全生产管理人员未依法履行安全生产管理职责的违法行为

《条例》第四条第二款规定："煤矿企业主要负责人（含实际控制人，下同）是本企业安全生产第一责任人，对本企业安全生产工作全面负责。其他负责人对职责范围内的安全生产工作负责。"

《条例》第十八条规定："煤矿企业主要负责人对本企业安全生产工作负有下列职责：（一）建立健全并落实全员安全生产责任制，加强安全生产标准化建设；（二）组织制定并实施安全生产规章制度和作业规程、操作规程；（三）组织制定并实施安全生产教育和培训计划；（四）保证安全生产投入的有效实施；（五）组织建立并落实安全风险分级管控和隐患排查治理双重预防工作机制，督促、检查安全生产工作，及时消除事故隐患；（六）组织制定并实施生产安全事故应急救援预案；（七）及时、如实报告煤矿生产安全事故。"

《条例》第十九条规定："煤矿企业应当设置安全生产管理机构并配备专职安全生产管理人员。安全生产管理机构和安全生产管理人员负有下列安全生产职责：（一）组织或者参与拟订安全生产规章制度、作业规程、操作规程和生产安全事故应急救援预案；
（二）组织或者参与安全生产教育和培训，如实记录安全生产教育
和培训情况；（三）组织开展安全生产法律法规宣传教育；
（四）组织开展安全风险辨识评估，督促落实重大安全风险管控措
施；（五）制止和纠正违章指挥、强令冒险作业、违反规程的行
为，发现威胁安全的紧急情况时，有权要求立即停止危险区域内的
作业，撤出作业人员；（六）检查安全生产状况，及时排查事故隐
患，对事故隐患排查治理情况进行统计分析，提出改进安全生产管
理的建议；（七）组织或者参与应急救援演练；（八）督促落实安
全生产整改措施。"

《条例》第三十八条规定："煤矿企业应当及时足额安排安全
生产费用等资金，确保符合安全生产要求。煤矿企业的决策机构、
主要负责人对由于安全生产所必需的资金投入不足导致的后果承担
责任。"

煤矿企业的决策机构、主要负责人、其他负责人和安全生产管
理人员未依法履行上述安全生产管理职责的，将给予相应处罚。

**二、煤矿企业的决策机构、主要负责人、其他负责人和安全生
产管理人员未依法履行安全生产管理职责违法行为的法律责任**

根据本条的规定，煤矿企业的决策机构、主要负责人、其他负
责人和安全生产管理人员未依法履行安全生产管理职责的，依照
《安全生产法》有关规定处罚并承担相应责任。

《安全生产法》第九十三条规定："生产经营单位的决策机构、
主要负责人或者个人经营的投资人不依照本法规定保证安全生产所
必需的资金投入，致使生产经营单位不具备安全生产条件的，责令
限期改正，提供必需的资金；逾期未改正的，责令生产经营单位停
产停业整顿。有前款违法行为，导致发生生产安全事故的，对生产

经营单位的主要负责人给予撤职处分，对个人经营的投资人处二万元以上二十万元以下的罚款；构成犯罪的，依照刑法有关规定追究刑事责任。"

《安全生产法》第九十四条规定："生产经营单位的主要负责人未履行本法规定的安全生产管理职责的，责令限期改正，处二万元以上五万元以下的罚款；逾期未改正的，处五万元以上十万元以下的罚款，责令生产经营单位停产停业整顿。生产经营单位的主要负责人有前款违法行为，导致发生生产安全事故的，给予撤职处分；构成犯罪的，依照刑法有关规定追究刑事责任。生产经营单位的主要负责人依照前款规定受刑事处罚或者撤职处分的，自刑罚执行完毕或者受处分之日起，五年内不得担任任何生产经营单位的主要负责人；对重大、特别重大生产安全事故负有责任的，终身不得担任本行业生产经营单位的主要负责人。"

《安全生产法》第九十五条规定："生产经营单位的主要负责人未履行本法规定的安全生产管理职责，导致发生生产安全事故的，由应急管理部门依照下列规定处以罚款：（一）发生一般事故的，处上一年年收入百分之四十的罚款；（二）发生较大事故的，处上一年年收入百分之六十的罚款；（三）发生重大事故的，处上一年年收入百分之八十的罚款；（四）发生特别重大事故的，处上一年年收入百分之一百的罚款。"

《安全生产法》第九十六条规定："生产经营单位的其他负责人和安全生产管理人员未履行本法规定的安全生产管理职责的，责令限期改正，处一万元以上三万元以下的罚款；导致发生生产安全事故的，暂停或者吊销其与安全生产有关的资格，并处上一年年收入百分之二十以上百分之五十以下的罚款；构成犯罪的，依照刑法有关规定追究刑事责任。"

《安全生产法》第一百一十条规定："生产经营单位的主要负

责人在本单位发生生产安全事故时，不立即组织抢救或者在事故调查处理期间擅离职守或者逃匿的，给予降级、撤职的处分，并由应急管理部门处上一年年收入百分之六十至百分之一百的罚款；对逃匿的处十五日以下拘留；构成犯罪的，依照刑法有关规定追究刑事责任。生产经营单位的主要负责人对生产安全事故隐瞒不报、谎报或者迟报的，依照前款规定处罚。"

因此，对于煤矿企业的决策机构、主要负责人、其他负责人和安全生产管理人员未依法履行安全生产管理职责的，依照《安全生产法》第九十三条、第九十四条、第九十五条、第九十六条、第一百一十条的规定予以行政处罚。构成犯罪的，依照刑法有关规定追究刑事责任。如果《安全生产法》的处罚条款变化，则按照变化后的规定执行。

▶▶第六十九条 煤矿企业及其有关人员有瞒报、谎报事故等行为的，依照《中华人民共和国安全生产法》、《生产安全事故报告和调查处理条例》有关规定予以处罚。

有关地方人民政府及其应急管理部门、负有煤矿安全生产监督管理职责的部门和设在地方的矿山安全监察机构有瞒报、谎报事故等行为的，对负有责任的领导人员和直接责任人员依法给予处分。

>>>【条文解读】 本条是关于煤矿企业及其有关人员有瞒报、谎报事故等违法行为的法律责任的规定。

一、本条第一款的违法行为的情形及法律责任

1. 违法行为的情形

《条例》第五十九条规定："发生煤矿生产安全事故后，煤矿企业及其负责人应当迅速采取有效措施组织抢救，并依照《生产安全事故报告和调查处理条例》的规定立即如实向当地应急管理部门、负有煤矿安全生产监督管理职责的部门和所在地矿山安全监察机构报告。"煤矿企业及其有关人员有瞒报、谎报事故等行为，这个"等"包括等外，即迟报、漏报、谎报和瞒报行为。迟报是指报告事故的时间超过规定时限，就是不及时。漏报是指因过失对应当上报的事故或者事故发生的时间、性质、类别、伤亡人数、直接经济损失等内容遗漏未报。谎报是指故意不如实报告事故发生的时间、性质、类别、伤亡人数、直接经济损失等有关内容。瞒报是指隐瞒已经发生的事故，超过规定的时限未向有关部门、矿山安全监察机构报告，并经查证属实。

2. 法律责任

《安全生产法》第一百一十条规定："生产经营单位的主要负责人在本单位发生生产安全事故时，不立即组织抢救或者在事故调查处理期间擅离职守或者逃匿的，给予降级、撤职的处分，并由应急管理部门处上一年年收入百分之六十至百分之一百的罚款；对逃匿的处十五日以下拘留；构成犯罪的，依照刑法有关规定追究刑事责任。生产经营单位的主要负责人对生产安全事故隐瞒不报、谎报或者迟报的，依照前款规定处罚。"

《生产安全事故报告和调查处理条例》第三十五条规定："事故发生单位主要负责人有下列行为之一的，处上一年年收入40%至80%的罚款；属于国家工作人员的，并依法给予处分；构成犯罪的，依法追究刑事责任：（一）不立即组织事故抢救的；（二）迟报或者漏报事故的；（三）在事故调查处理期间擅离职守的。"

《生产安全事故报告和调查处理条例》第三十六条规定："事故发生单位及其有关人员有下列行为之一的，对事故发生单位处100万元以上500万元以下的罚款；对主要负责人、直接负责的主管人员和其他直接责任人员处上一年年收入 60% 至 100% 的罚款；属于国家工作人员的，并依法给予处分；构成违反治安管理行为的，由公安机关依法给予治安管理处罚；构成犯罪的，依法追究刑事责任：（一）谎报或者瞒报事故的；（二）伪造或者故意破坏事故现场的；（三）转移、隐匿资金、财产，或者销毁有关证据、资料的；（四）拒绝接受调查或者拒绝提供有关情况和资料的；（五）在事故调查中作伪证或者指使他人作伪证的；（六）事故发生后逃匿的。"

因此，对于煤矿企业及其有关人员有瞒报、谎报事故等行为的，按照《安全生产法》第一百一十条、《生产安全事故报告和调查处理条例》第三十五条、第三十六条规定实施处罚。如果《安全生产法》《生产安全事故报告和调查处理条例》的处罚条款变化，则按照变化后的规定执行。

二、本条第二款违法行为的情形和法律责任

1. 违法行为的情形

《生产安全事故报告和调查处理条例》第十条规定："安全生产监督管理部门和负有安全生产监督管理职责的有关部门接到事故报告后，应当依照下列规定上报事故情况，并通知公安机关、劳动保障行政部门、工会和人民检察院：（一）特别重大事故、重大事故逐级上报至国务院安全生产监督管理部门和负有安全生产监督管理职责的有关部门；（二）较大事故逐级上报至省、自治区、直辖市人民政府安全生产监督管理部门和负有安全生产监督管理职责的有关部门；（三）一般事故上报至设区的市级人民政府安全生产监督管理部门和负有安全生产监督管理职责的有关部门。安全生产监督管理部门和负有安全生产监督管理职责的有关部门依照前款规定上报事故情况，应当同时报告本级人民政府。国务院安全生产监督

管理部门和负有安全生产监督管理职责的有关部门以及省级人民政府接到发生特别重大事故、重大事故的报告后，应当立即报告国务院。必要时，安全生产监督管理部门和负有安全生产监督管理职责的有关部门可以越级上报事故情况。"

《生产安全事故报告和调查处理条例》第十一条规定："安全生产监督管理部门和负有安全生产监督管理职责的有关部门逐级上报事故情况，每级上报的时间不得超过2小时。"

有关地方人民政府及其应急管理部门、负有煤矿安全生产监督管理职责的部门和设在地方的矿山安全监察机构有瞒报、谎报事故等行为，这个"等"包括等外，即迟报、漏报、谎报和瞒报行为。迟报是指报告事故的时间超过规定时限，就是不及时。漏报是指因过失对应当上报的事故或者事故发生的时间、性质、类别、伤亡人数、直接经济损失等内容遗漏未报。谎报是指故意不如实报告事故发生的时间、性质、类别、伤亡人数、直接经济损失等有关内容。瞒报是指隐瞒已经发生的事故，超过规定的时限未向有关部门、矿山安全监察机构报告，并经查证属实。

2. 法律责任

《安全生产法》第一百一十一条规定："有关地方人民政府、负有安全生产监督管理职责的部门，对生产安全事故隐瞒不报、谎报或者迟报的，对直接负责的主管人员和其他直接责任人员依法给予处分；构成犯罪的，依照刑法有关规定追究刑事责任。"

《生产安全事故报告和调查处理条例》第三十九条规定："有关地方人民政府、安全生产监督管理部门和负有安全生产监督管理职责的有关部门有下列行为之一的，对直接负责的主管人员和其他直接责任人员依法给予处分；构成犯罪的，依法追究刑事责任：（一）不立即组织事故抢救的；（二）迟报、漏报、谎报或者瞒报事故的；（三）阻碍、干涉事故调查工作的；（四）在事故调查中作伪证或者指使他人作伪证的。"

因此，对有关地方人民政府及其应急管理部门、负有煤矿安全生产监督管理职责的部门和设在地方的矿山安全监察机构有瞒报、谎报事故等行为的，按照如果《安全生产法》第一百一十一条、《生产安全事故报告和调查处理条例》第三十九条的规定处罚。如果《安全生产法》《生产安全事故报告和调查处理条例》的处罚条款变化，则按照变化后的规定执行。

▶▶第七十条 煤矿企业存在下列情形之一的，应当提请县级以上地方人民政府予以关闭：

（一）未依法取得安全生产许可证等擅自进行生产的；

（二）3个月内2次或者2次以上发现有重大事故隐患仍然进行生产的；

（三）经地方人民政府组织的专家论证在现有技术条件下难以有效防治重大灾害的；

（四）有《中华人民共和国安全生产法》规定的应当提请关闭的其他情形。

有关地方人民政府作出予以关闭的决定，应当立即组织实施。关闭煤矿应当达到下列要求：

（一）依照法律法规有关规定吊销、注销相关证照；

（二）停止供应并妥善处理民用爆炸物品；

（三）停止供电，拆除矿井生产设备、供电、通信线路；

（四）封闭、填实矿井井筒，平整井口场地，恢复地貌；

（五）妥善处理劳动关系，依法依规支付经济补偿、工伤保险待遇，组织离岗时职业健康检查，偿还拖欠工资，补缴欠缴的社会保险费；

（六）设立标识牌；

（七）报送、移交相关报告、图纸和资料等；

（八）有关法律法规规定的其他要求。

>>>【条文解读】本条是关于煤矿企业关闭及实施的法律责任的规定。

一、煤矿企业实施关闭的违法行为的情形

根据本条第一款的规定，对具有下列4类违法行为的煤矿企业实施关闭：①未依法取得安全生产许可证等擅自进行生产的；②3个月内2次或者2次以上发现有重大事故隐患仍然进行生产的；③经地方人民政府组织的专家论证在现有技术条件下难以有效防治重大灾害的；④有《安全生产法》规定的应当提请关闭的其他情形。

这里需要说明的是，《安全生产法》规定的应当提请关闭的其他情形如下：

《安全生产法》第一百一十三条规定："生产经营单位存在下列情形之一的，负有安全生产监督管理职责的部门应当提请地方人民政府予以关闭，有关部门应当依法吊销其有关证照。生产经营单位主要负责人五年内不得担任任何生产经营单位的主要负责人；情节严重的，终身不得担任本行业生产经营单位的主要负责人：（一）存在重大事故隐患，一百八十日内三次或者一年内四次受到本法规定的行政处罚的；（二）经停产停业整顿，仍不具备法律、行政法规和国家标准或者行业标准规定的安全生产条件的；（三）不具备法律、行政法规和国家标准或者行业标准规定的安全生产条件，导致发生重大、特别重大生产安全事故的；（四）拒不执行负有安全生产监督管理职责的部门作出的停产停业整顿决定的。"

因此，根据本条第一款的规定，煤矿企业实施关闭的违法行为有 7 类情形。

二、予以关闭决定的提请

根据本条第一款的规定，煤矿企业有上述 7 类情形的，县级以上地方人民政府负有煤矿安全生产监督管理职责的部门，应当提请县级以上地方人民政府予以关闭。由于煤矿企业具有本条规定的严重违法行为，不能再继续从事生产经营活动，负有煤矿安全生产监督管理职责的部门应当提请有关地方人民政府予以关闭。根据《行政处罚法》的规定，这里讲的关闭，是指行政机关对违反行政管理秩序的企业、事业单位或者其他组织，依法剥夺其从事某项生产经营活动的权利的一种行政处罚。关闭煤矿，对于煤矿企业来讲，是一种比较严厉的行政处罚，因此，在实施时应当慎重。正是如此，本条对予以关闭的情形作出了严格规定，有关部门只有对符合予以关闭情形的煤矿企业，才可向县级以上地方人民政府提请予以关闭。这里讲的向县级以上地方人民政府提请，原则上应当根据煤矿企业的隶属关系确定。譬如，对于市属煤矿企业的，应当向市级人民政府提出予以关闭的申请。

三、有关地方人民政府作出予以关闭决定并组织实施

对提请关闭的煤矿，有关地方人民政府应当及时作出予以关闭的决定。这里讲的有关地方人民政府，原则上应当根据煤矿企业的隶属关系确定。譬如，对于市属煤矿企业的，应当向市级人民政府提出予以关闭的申请。根据《行政处罚法》，关闭是一种严厉的行政处罚，必须由执法单位集体讨论决定。因此，对于提请关闭的煤矿企业，有关地方人民政府应当及时依法作出关闭的行政处罚决

定，并依法送达当事人。予以关闭决定作出后，有关地方人民政府应当组织负有煤矿安全生产监督管理职责的部门、应急管理部门、自然资源部门、公安机关、市场监管部门、电力部门等实施关闭措施。

四、关闭煤矿应当达到的要求

为了防止关闭的煤矿死灰复燃，关闭煤矿应当达到下列要求：

（1）依照法律法规有关规定吊销、注销相关证照。自然资源部门、负有煤矿安全生产监督管理职责的部门、市场监管部门依照法律法规有关规定，吊销采矿许可证、安全生产许可证、营业执照等相关证照。

（2）停止供应并妥善处理民用爆炸物品。民用爆炸物品生产或者销售企业终止民用爆炸物品供应合同，停止供应民用爆炸物品，公安部门依法处理剩余的民用爆炸物品，防止流入社会。

（3）停止供电，拆除矿井生产设备、供电、通信线路。供电单位终止供电合同，停止供电，煤矿拆除矿井地面生产设施、供电、通信线路。

（4）封闭、填实矿井井筒，平整井口场地，恢复地貌。煤矿组织封闭或者填实矿井井筒，平整井口场地，恢复原貌。原则上，封闭应当采用铁门或者水泥永久封闭，外人很难私自打开。

（5）妥善处理劳动关系，依法依规支付经济补偿、工伤保险待遇，组织离岗时职业健康检查，偿还拖欠工资，补缴欠缴的社会保险费。煤矿制定从业人员安置方案，依法依规支付经济补偿，偿还拖欠的从业人员工资，补缴欠缴的社会保险费。

（6）设立标识牌。煤矿企业设立关闭煤矿的标识牌。

（7）报送、移交相关报告、图纸和资料等。煤矿企业向负有煤矿安全生产监督管理职责的部门、应急管理部门报送、移交相关报告、图纸和资料等。

（8）有关法律法规规定的其他要求。这是一项兜底性规定，如《公司法》有相关规定。

▶▶第七十一条　有下列情形之一的，依照《中华人民共和国安全生产法》有关规定予以处罚：

（一）煤矿建设项目没有安全设施设计或者安全设施设计未按照规定报经有关部门审查同意的；

（二）煤矿建设项目的施工单位未按照批准的安全设施设计施工的；

（三）煤矿建设项目竣工投入生产或者使用前，安全设施未经验收合格的；

（四）煤矿企业违反本条例第二十四条第一款、第二十五条第一款和第二款、第二十六条第二款规定的。

>>>【条文解读】本条是关于煤矿企业违法行为的法律责任的规定。

本条是《安全生产法》的衔接性条款。为了避免内容重复，同时保持《条例》与法律规定一致，本条作出了下列规定。

一、煤矿建设项目的违法行为的情形

根据本条规定，煤矿建设项目的违法行为有 4 种情形：①煤矿建设项目没有安全设施设计或者安全设施设计未按照规定报经有关部门审查同意的；②煤矿建设项目的施工单位未按照批准的安全设施设计施工的；③煤矿建设项目竣工投入生产或者使用前，安全设施未经验收合格的；④煤矿企业违反本条例第二十四条第一款、第二十五条第一款和第二款、第二十六条第二款规定的。

二、煤矿建设项目违法行为的法律责任

《安全生产法》第九十八条规定："生产经营单位有下列行为之一的，责令停止建设或者停产停业整顿，限期改正，并处十万元以上五十万元以下的罚款，对其直接负责的主管人员和其他直接责任人员处二万元以上五万元以下的罚款；逾期未改正的，处五十万元以上一百万元以下的罚款，对其直接负责的主管人员和其他直接责任人员处五万元以上十万元以下的罚款；构成犯罪的，依照刑法有关规定追究刑事责任：（一）未按照规定对矿山、金属冶炼建设项目或者用于生产、储存、装卸危险物品的建设项目进行安全评价的；（二）矿山、金属冶炼建设项目或者用于生产、储存、装卸危险物品的建设项目没有安全设施设计或者安全设施设计未按照规定报经有关部门审查同意的；（三）矿山、金属冶炼建设项目或者用于生产、储存、装卸危险物品的建设项目的施工单位未按照批准的安全设施设计施工的；（四）矿山、金属冶炼建设项目或者用于生产、储存、装卸危险物品的建设项目竣工投入生产或者使用前，安全设施未经验收合格的。

煤矿属于矿山范围，因此，煤矿建设项目有上述 4 种违法行为的，依据《安全生产法》第九十八条的规定予以处罚，具体如下：

（1）责令停止建设或者停产停业整顿，限期改正，并处十万元以上五十万元以下的罚款，对其直接负责的主管人员和其他直接责任人员处二万元以上五万元以下的罚款。根据本条规定，对于煤矿建设项目有本条所列违法行为的，除了责令停止建设或者停产停业整顿，将由有关行政执法机关责令有违法行为的煤矿建设项目单位在规定时间内纠正违法行为，并处十万元以上五十万元以下的罚款，对其直接负责的主管人员和其他直接责任人员处二万元以上五

万元以下的罚款。譬如，煤矿建设项目没有安全设施设计的，应当在规定时期内补齐。

（2）逾期未改正的，处五十万元以上一百万元以下的罚款，对其直接负责的主管人员和其他直接责任人员处五万元以上十万元以下的罚款。

（3）构成犯罪的，依照刑法有关规定追究刑事责任。

这里讲的直接负责的主管人员，是指在煤矿建设项目违法行为中负有直接领导责任的人员，包括违法行为的决策人、事后对煤矿建设项目违法行为予以认可和支持的领导人员，以及由于疏于管理或者放任，因而对煤矿建设项目违法行为负有不可推卸责任的领导人员，如项目建设单位主管，项目执行人。这里讲的其他直接责任人员，是指直接实施煤矿建设项目违法行为的人员，如直接拒绝执法人员进入作业现场的人员。对煤矿建设项目以及其直接负责的主管人员和其他直接责任人员的罚款，根据违法行为的情节等因素决定罚款的具体数额。

三、煤矿企业违反《条例》第二十四条第一款、第二十五条第一款和第二款、第二十六条第二款的规定的行为

《条例》第二十四条第一款规定："煤矿企业应当为从业人员提供符合国家标准或者行业标准的劳动防护用品，并监督、教育从业人员按照使用规则佩戴、使用。"

《条例》第二十五条第一款规定："煤矿企业使用的安全设备的设计、制造、安装、使用、检测、维修、改造和报废，应当符合国家标准或者行业标准。"

《条例》第二十五条第二款规定："煤矿企业应当建立安全设备台账和追溯、管理制度，对安全设备进行经常性维护、保养并定期检测，保证正常运转，对安全设备购置、入库、使用、维护、保

养、检测、维修、改造、报废等进行全流程记录并存档。

《条例》第二十六条第二款规定："煤矿企业及其有关人员不得关闭、破坏直接关系生产安全的监控、报警、防护、救生设备、设施，或者篡改、隐瞒、销毁其相关数据、信息，不得以任何方式影响其正常使用。"

四、煤矿企业违反《条例》第二十四条第一款、第二十五条第一款和第二款、第二十六条第二款的规定的行为的法律责任

《安全生产法》第九十九条规定："生产经营单位有下列行为之一的，责令限期改正，处五万元以下的罚款；逾期未改正的，处五万元以上二十万元以下的罚款，对其直接负责的主管人员和其他直接责任人员处一万元以上二万元以下的罚款；情节严重的，责令停产停业整顿；构成犯罪的，依照刑法有关规定追究刑事责任：（一）未在有较大危险因素的生产经营场所和有关设施、设备上设置明显的安全警示标志的；（二）安全设备的安装、使用、检测、改造和报废不符合国家标准或者行业标准的；（三）未对安全设备进行经常性维护、保养和定期检测的；（四）关闭、破坏直接关系生产安全的监控、报警、防护、救生设备、设施，或者篡改、隐瞒、销毁其相关数据、信息的；（五）未为从业人员提供符合国家标准或者行业标准的劳动防护用品的；（六）危险物品的容器、运输工具，以及涉及人身安全、危险性较大的海洋石油开采特种设备和矿山井下特种设备未经具有专业资质的机构检测、检验合格，取得安全使用证或者安全标志，投入使用的；（七）使用应当淘汰的危及生产安全的工艺、设备的；（八）餐饮等行业的生产经营单位使用燃气未安装可燃气体报警装置的。"

通过将煤矿企业违反《条例》第二十四条第一款、第二十五条第一款和第二款、第二十六条第二款规定的行为与《安全生产

法》第九十九条中规定的违法行为进行比较发现，其中，安全设备的安装、使用、检测、改造和报废不符合国家标准或者行业标准的；未对安全设备进行经常性维护、保养和定期检测的；关闭、破坏直接关系生产安全的监控、报警、防护、救生设备、设施，或者篡改、隐瞒、销毁其相关数据、信息的；未为从业人员提供符合国家标准或者行业标准的劳动防护用品的，这些违法行为在《安全生产法》第九十九条中进行了明确，理应可以依照《安全生产法》进行处罚。但是，未建立安全设备台账和追溯、管理制度，以及未对安全设备购置、入库、使用、维护、保养、检测、改造、报废等进行全流程记录并存档等两类违法行为，在《安全生产法》第九十九条和其他条款中都没有明确处罚，同时，这两类违法行为在《条例》的其他条款中也没有明确处罚。鉴于这两类违法行为与"安全设备的安装、使用、检测、改造和报废不符合国家标准或者行业标准的""未对安全设备进行经常性维护、保养和定期检测的"两类违法行为相似，依照违法行为相似，处罚类型也应当相似的立法原则和本意，对于未建立安全设备台账和追溯、管理制度，以及未对安全设备购置、入库、使用、维护、保养、检测、改造、报废等进行全流程记录并存档等两类违法行为，应当依照《安全生产法》第九十九条的规定处理。

因此，煤矿企业有违反《条例》第二十四条第一款、第二十五条第一款和第二款、第二十六条第二款规定的，依照《安全生产法》第九十九条的规定，对煤矿企业实施下列处罚：

（1）责令限期改正，处五万元以下的罚款。根据本条规定，对于煤矿企业有本条所列违法行为的，将由有关行政执法机关责令有违法行为的煤矿企业在规定时间内纠正违法行为，处五万元以下的罚款。譬如，没有为从业人员提供保障安全生产所需的劳动防护用品，应当在规定时间内提供符合国家标准或者行业标准的劳动防护用品。本条仅对处罚金额的上限作了规定，具体的行政处罚数额由有关行政执法机关根据具体情况决定，但要遵循行政处罚的原则。一般情况下，对于违法情节比较严重的煤矿企业，应当给予顶格的罚款处罚，而对于违法情节轻微，危害不大的，可以酌情减少罚款数额，但不能完全免除煤矿企业的行政处罚数额。

（2）逾期未改正的，处五万元以上二十万元以下的罚款，对其直接负责的主管人员和其他直接责任人员处一万元以上二万元以下的罚款。这里讲的直接负责的主管人员，是指在煤矿企业违法行为中负有直接领导责任的人员，包括违法行为的决策人、事后对煤矿企业违法行为予以认可和支持的领导人员，以及由于疏于管理或者放任，因而对煤矿企业违法行为负有不可推卸责任的领导人员；如企业负责人、分管负责人、部门负责人、班组长等。这里讲的其他直接责任人员，是指直接实施煤矿企业违法行为的人员，如直接负责安全设备管理人员。对煤矿企业直接负责的主管人员和其他直接责任人员的罚款，根据违法行为的情节等因素决定罚款的具体数额。

（3）情节严重的，责令停产停业整顿。煤矿企业违法行为情节严重的，有关行政执法机关责令其停产停业整顿，即责令其停止有关的生产经营活动，进行整顿。这里讲的情节严重，包括违法行为持续时间较长、违法行为性质比较恶劣、违法行为导致生产安全事故等。实践中违法行为的情况比较复杂，其是否属于情节严重，将由行政执法机关根据个案的具体情况进行判断。

（4）构成犯罪的，依照刑法有关规定追究刑事责任。

▶▶第七十二条　承担安全评价、认证、检测、检验等职责的煤矿安全生产技术服务机构有出具失实报告、租借资质、挂靠、出具虚假报告等情形的，对该机构及直接负责的主管人员和其他直接责任人员，应当依照《中华人民共和国安全生产法》有关规定予以处罚并追究相应责任。其主要负责人对重大、特别重大煤矿生产安全事故负有责任的，终身不得从事煤矿安全生产相关技术服务工作。

>>>【条文解读】本条是关于承担安全评价、论证、检测、检验等职责的煤矿安全生产技术机构及其有关责任人员的法律责任的规定。

本条是《安全生产法》的衔接性条款。为了避免内容重复，同时保持《条例》与法律规定一致，本条作出了下列规定。

一、承担安全评价、论证、检测、检验等职责的煤矿安全生产技术服务机构的违法情形

本条规定的承担安全评价、论证、检测、检验等职责的煤矿安全生产技术服务机构的违法情形主要有两种：①自身有相关资质，但出具失实报告；②己方或者对方不具备相关资质，通过租借资质、挂靠等方式，进而由己方或者对方出具虚假报告。出具失实报告或者租借资质、挂靠、出具虚假报告，违反了《安全生产法》第七十二条和《条例》第四十六条第二款的规定，破坏了煤矿安全生产技术服务机构的管理秩序，对煤矿安全生产工作构成严重威胁，甚至会因此直接导致生产安全事故发生，必须追究相应的法律责任。

二、相关违法机构和直接责任人员的法律责任

《安全生产法》第九十二条规定："承担安全评价、认证、检测、检验职责的机构出具失实报告的，责令停业整顿，并处三万元以上十万元以下的罚款；给他人造成损害的，依法承担赔偿责任。承担安全评价、认证、检测、检验职责的机构租借资质、挂靠、出具虚假报告的，没收违法所得；违法所得在十万元以上的，并处违法所得二倍以上五倍以下的罚款，没有违法所得或者违法所得不足十万元的，单处或者并处十万元以上二十万元以下的罚款；对其直接负责的主管人员和其他直接责任人员处五万元以上十万元以下的罚款；给他人造成损害的，与生产经营单位承担连带赔偿责任；构成犯罪的，依照刑法有关规定追究刑事责任。对有前款违法行为的机构及其直接责任人员，吊销其相应资质和资格，五年内不得从事安全评价、认证、检测、检验等工作；情节严重的，实行终身行业和职业禁入。"

通过将本条的违法行为主体与《安全生产法》第九十二条规定的违法行为主体进行比较发现，《安全生产法》第九十二条规定的违法行为主体仅是承担安全评价、认证、检测、检验职责的机构，本条的违法行为主体既包括承担安全评价、认证、检测、检验职责的机构，也包括承担瓦斯等级、冲击地压、煤层自燃倾向性和煤尘爆炸性鉴定工作的机构。但是，鉴于承担瓦斯等级、冲击地压、煤层自燃倾向性和煤尘爆炸性鉴定工作的机构，与承担安全评价、论证、检测、检验职责的机构，都是从事煤矿安全生产技术服务，且工作性质相似，依照违法行为相似，处罚类型也应当相似的立法原则和本意，对于承担瓦斯等级、冲击地压、煤层自燃倾向性和煤尘爆炸性鉴定工作的机构，应当依照《安全生产法》第九十二条的规定处理。

根据《安全生产法》第九十二条的规定，承担煤矿安全评价、论证、检测、检验等职责的煤矿安全生产技术服务机构有上述违法情形的，从行政责任、刑事责任和民事赔偿责任等3个方面进行追究。

1. 行政责任方面

对于出具失实报告的，责令停业整顿，并处三万元以上十万元以下的罚款。

对于租借资质、挂靠、出具虚假报告的，处罚如下：

（1）没收违法所得。由《条例》规定的行政执法机关将承担安全评价、认证、检测、检验等职责的煤矿安全生产技术服务机构由于出具虚假证明文件而获得的财产上的非法利益强制无偿收归国有。

（2）行政罚款。罚款分为对机构的罚款和对个人的罚款。对机构的罚款分为两种情形：①违法所得在 10 万元以上的，没收违法所得同时，处违法所得 2 倍以上 5 倍以下的罚款；②没有违法所得或者违法所得不足 10 万元的，单处或者并处 10 万元以上 20 万元以下的罚款。对个人的罚款，则规定对直接负责的主管人员和其他直接责任人员处 5 万元以上 10 万元以下的罚款。

（3）吊销资质和资格。这是一种资格罚，即由相关部门撤销有违法行为的煤矿安全生产技术服务机构所取得的安全评价、认证、检测、检验的资质。《生产安全事故报告和调查处理条例》规定，为发生事故的单位提供虚假证明的中介机构，由有关部门依法暂扣或者吊销其有关证照及其相关人员的执业资格。同时，《安全生产法》第九十二条对吊销后重新获得相关资质或者资格的时限作了进一步规定，即 5 年内不得从事安全评价、认证、检测、检验等工作。

（4）终身行业和职业禁入。情节严重的，有违法行为的煤矿安全生产技术服务机构及其直接责任人员，实行终身行业和职业禁入。

2. 刑事责任方面

构成犯罪的，依照刑法有关规定追究刑事责任。这里讲的构成犯罪，对有关机构来说，主要是指构成《刑法》第二百二十九条规定的提供虚假证明文件罪、出具证明文件重大失实罪。构成该罪须具备以下条件：①主体特定，是承担安全评价职责的中介组织和人员；②客观上实施了故意提供虚假证明文件的行为；③情节严重。

《最高人民法院、最高人民检察院关于办理危害生产安全刑事案件适用法律若干问题的解释（二）》第七条规定："承担安全评价职责的中介组织的人员故意提供虚假证明文件，有下列情形之一的，属于刑法第二百二十九条第一款规定的'情节严重'：（一）造成死亡一人以上或者重伤三人以上安全事故的；（二）造成直接经济损失五十万元以上安全事故的；（三）违法所得数额十万元以上的；（四）两年内因故意提供虚假证明文件受过两次以上行政处罚，又故意提供虚假证明文件的；（五）其他情节严重的情形。"《刑法》第二百二十九条规定，对故意提供虚假证明文件，情节严重的，处5年以下有期徒刑或者拘役，并处罚金。如果在涉及公共安全的重大工程、项目中提供虚假的安全评价、环境影响评价证明文件，致使公共财产、国家和人民利益遭受特别重大损失的，处5年以上10年以下有期徒刑，并处罚金。严重不负责任，出具的证明文件有重大失实，造成严重后果的，处3年以下有期徒刑或者拘役，并处或者单处罚金。

3. 民事赔偿责任方面

因出具虚假证明导致发生生产安全事故给他人造成损害的，与煤矿企业承担连带赔偿责任。而如果根据本条第一款规定出具失实报告的机构，通常与委托其提供安全评价、认证、检测、检验的生产经营单位之间签有相关的服务合同，该情形一般属于典型的瑕疵履行合同义务，应当承担相应的违约赔偿责任。

▶▶第七十三条　本条例规定的行政处罚，由县级以上人民政府负有煤矿安全生产监督管理职责的部门和其他有关部门、国家矿山安全监察机构及其设在地方的矿山安全监察机构按照职责分工决定，对同一违法行为不得给予两次以上罚款的行政处罚。对被责令停产整顿的煤矿企业，应当暂扣安全生产许可证等。对违反本条例规定的严重违法行为，应当依法从重处罚。

>>>【条文解读】　本条是关于《条例》中行政处罚决定机关的规定。

行政处罚是行政机关为了维护公共利益和社会秩序，保护公民、法人和其他组织的合法权益，对违反行政管理秩序，依法应当给予相对人的法律制裁。按照《行政处罚法》的规定，行政处罚的种类包括警告、通报批评；罚款、没收违法所得、没收非法财物；暂扣许可证件、降低资质等级、吊销许可证件；限制开展生产经营活动、责令停产停业、责令关闭、限制从业；行政拘留；法律、行政法规规定的其他行政处罚。《条例》规定的行政处罚包括责令停止生产、责令停产整顿、没收违法所得、没收开采出的煤炭以及采掘设备、暂停或者吊销有关资质、罚款等。《条例》第四十条规定，省、自治区、直辖市人民政府应当按照分级分类监管的原则，明确煤矿企业的安全生产监管主体。县级以上人民政府相关主管部门对未依法取得安全生产许可证等擅自进行煤矿生产的，应当依法查处。《条例》第四十四条规定，县级以上地方人民政府负有煤矿安全生产监督管理职责的部门依法对煤矿企业进行监督检查。《条例》第五十一条规定，设在地方的矿山安全监察机构应当对所辖区域内煤矿安全生产实施监察；对事故多发地区，应当实施重点监察。国家矿山安全监察机构根据实际情况，组织对全国煤矿安全生产的全面监察或者重点监察。

因此，本条规定由县级以上人民政府负有煤矿安全生产监督管理职责的部门和其他有关部门、国家矿山安全监察机构及其设在地方的矿山安全监察机构按照职责分工决定实施行政处罚。需要说明的是，上述各部门有关实施行政处罚的具体领域，针对的违法行为的范围，需要根据法律、行政法规以及国务院的"三定"方案等的职责分工来确定。目前，依据规定，国家矿山安全监察机构及其设在地方的矿山安全监察机构可以对煤矿实施行政处罚，但有关煤矿安全生产许可、建设工程安全设施设计审查和竣工验收核查、检验检测机构认证、相关人员资格的处罚除外。县级以上地方人民政府负有煤矿安全生产监督管理职责的部门可以对煤矿实施处罚，但有关煤矿安全生产许可、检验检测机构认证的处罚由省级人民政府负有煤矿安全生产监督管理职责的部门实施。应急管理部门负责有关煤矿企业主要负责人未履行职责、事故责任煤矿及主要负责人的违法行为的处罚。自然资源部门负责查处矿山企业越界开采等违法行为。公安机关负责民用爆炸物品公共安全管理和民用爆炸物品购买、运输、爆破作业等违法行为的处罚。市场监管部门负责有关营业执照违法行为的处罚。同时，根据《行政处罚法》的规定，对同一违法行为，有关部门已依法给予罚款处罚的，其他部门不得再给予罚款处罚。

▶▶第七十四条　地方各级人民政府、县级以上人民政府负有煤矿安全生产监督管理职责的部门和其他有关部门、国家矿山安全监察机构及其设在地方的矿山安全监察机构有下列情形之一的，对负有责任的领导人员和直接责任人员依法给予处分：

（一）县级以上人民政府负有煤矿安全生产监督管理职责的

部门、国家矿山安全监察机构及其设在地方的矿山安全监察机构不依法履行职责，不及时查处所辖区域内重大事故隐患和安全生产违法行为的；县级以上人民政府其他有关部门未依法履行煤矿安全生产相关职责的；

（二）乡镇人民政府在所辖区域内发现未依法取得安全生产许可证等擅自进行煤矿生产，没有采取有效措施制止或者没有向县级人民政府相关主管部门报告的；

（三）对被责令停产整顿的煤矿企业，在停产整顿期间，因有关地方人民政府监督检查不力，煤矿企业在停产整顿期间继续生产的；

（四）关闭煤矿未达到本条例第七十条第二款规定要求的；

（五）县级以上人民政府负有煤矿安全生产监督管理职责的部门、国家矿山安全监察机构及其设在地方的矿山安全监察机构接到举报后，不及时处理的；

（六）县级以上地方人民政府及其有关部门要求不具备安全生产条件的煤矿企业进行生产的；

（七）有其他滥用职权、玩忽职守、徇私舞弊情形的。

>>>【条文解读】本条是关于地方各级人民政府、县级以上人民政府负有煤矿安全生产监督管理职责的部门和其他有关部门、国家矿山安全监察机构及其设在地方的矿山安全监察机构及工作人员未依法履行职责的法律责任的规定。

一、机关工作人员违法行为的情形

根据本条的规定，政府及部门工作人员违法行为的情形主要有以下 7 个方面：

（1）县级以上人民政府负有煤矿安全生产监督管理职责的部门、国家矿山安全监察机构及其设在地方的矿山安全监察机构不依法履行职责，不及时查处所辖区域内重大事故隐患和安全生产违法行为的；县级以上人民政府其他有关部门未依法履行煤矿安全生产相关职责的。《条例》第三章、第四章对县级以上人民政府负有煤矿安全生产监督管理职责的部门、国家矿山安全监察机构及其设在地方的矿山安全监察机构的职责作出了规定。《条例》第六条规定，其他有关部门按照职责分工依法履行煤矿安全生产相关职责。

（2）乡镇人民政府在所辖区域内发现未依法取得安全生产许可证等擅自进行煤矿生产，没有采取有效措施制止或者没有向县级人民政府相关主管部门报告的。《行政许可法》《矿产资源法》《安全生产许可证条例》等法律法规和《条例》对煤矿企业有关证照的颁发和管理作出了明确规定。

（3）对被责令停产整顿的煤矿企业，在停产整顿期间，因有关地方人民政府监督检查不力，煤矿企业在停产整顿期间继续生产的。

（4）关闭煤矿未达到《条例》第七十条第二款规定要求的。根据《条例》第七十条第二款规定，关闭煤矿应当达到下列要求：①依照法律法规有关规定吊销、注销相关证照；②停止供应并妥善处理民用爆炸物品；③停止供电，拆除矿井生产设备、供电、通信线路；④封闭、填实矿井井筒，平整井口场地，恢复地貌；⑤妥善处理劳动关系，依法依规支付经济补偿、工伤保险待遇，组织离岗时职业健康检查，偿还拖欠工资，补缴欠缴的社会保险费；⑥设立标识牌；⑦报送、移交相关报告、图纸和资料等；⑧有关法律法规规定的其他要求。

（5）县级以上人民政府负有煤矿安全生产监督管理职责的部门、国家矿山安全监察机构及其设在地方的矿山安全监察机构接到举报后，不及时处理的。

（6）县级以上地方人民政府及其有关部门要求不具备安全生产条件的煤矿企业进行生产的。对于任何单位和个人对重大事故隐患和违法行为的举报，《安全生产法》和《条例》对举报事故的查处有明确的规定。

（7）有其他滥用职权、玩忽职守、徇私舞弊情形的。

需要说明的是，第七项是一项兜底性条款。

二、工作人员未依法履行所列职责的法律责任

根据本条规定，地方各级人民政府及有关部门、国家矿山安全监察及其设在地方的矿山安全监察机构未履行职责的，对负有责任的领导人员和直接责任人员依法给予处分。这里讲的依法，是指依照《监察法》《公职人员政务处分法》《行政机关公务员处分条例》等。行政机关公务员处分的种类包括警告、记过、记大过、降级、撤职、开除。行政机关公务员受处分的期间为：警告，6个月；记过，12个月；记大过，18个月；降级、撤职，24个月。行政机关公务员在受处分期间不得晋升职务和级别，其中，受记过、记大过、降级、撤职处分的，不得晋升工资档次；受撤职处分的，应当按照规定降低级别。《中国共产党纪律处分条例》规定党员的纪律处分种类包括警告、严重警告、撤销党内职务、留党察看和开除党籍。

▶▶第七十五条　违反本条例规定，构成犯罪的，依法追究刑事责任。

>>>【条文解读】本条是关于追究刑事责任的规定。

根据《条例》的有关规定，主要涉及下列刑事责任。

一、重大责任事故罪

《刑法》第一百三十四条第一款规定："在生产、作业中违反有关安全管理的规定，因而发生重大伤亡事故或者造成其他严重后果的，处三年以下有期徒刑或者拘役；情节特别恶劣的，处三年以上七年以下有期徒刑。"

客体：不特定或多数人的生命、健康安全和公私财产安全。

客观方面：①必须在生产、作业过程中违反有关安全管理的规定；②必须发生重大伤亡事故或者严重后果；③存在因果关系。《最高人民法院、最高人民检察院关于办理危害生产安全刑事案件适用法律若干问题的解释》第六条规定，实施刑法第一百三十四条第一款规定的行为，因而发生安全事故，具有下列情形之一的，应当认定为"造成严重后果"或者"发生重大伤亡事故或者造成其他严重后果"，对相关责任人员，处三年以下有期徒刑或者拘役：（一）造成死亡一人以上，或者重伤三人以上的；（二）造成直接经济损失一百万元以上的；（三）其他造成严重后果或者重大安全事故的情形。第七条规定，实施刑法第一百三十四条第一款规定的行为，因而发生安全事故，具有下列情形之一的，对相关责任人员，处三年以上七年以下有期徒刑：（一）造成死亡三人以上或者重伤十人以上，负事故主要责任的；（二）造成直接经济损失五百万元以上，负事故主要责任的；（三）其他造成特别严重后果、情节特别恶劣或者后果特别严重的情形。

主体：自然人。自然人包括主要负责人、管理人员等。行为人所在单位的性质，不影响本罪的成立。《最高人民法院、最高人民检察院关于办理危害生产安全刑事案件适用法律若干问题的解释》第一条规定，刑法第一百三十四条第一款规定的犯罪主体，包括对生产、作业负有组织、指挥或者管理职责的负责人、管理人员、实际控制人、投资人等人员，以及直接从事生产、作业的人员。

主观方面：过失。

二、强令、组织他人违章冒险作业罪

《刑法》第一百三十四条第二款规定："强令他人违章冒险作业，或者明知存在重大事故隐患而不排除，仍冒险组织作业，因而发生重大伤亡事故或者造成其他严重后果的，处五年以下有期徒刑或者拘役；情节特别恶劣的，处五年以上有期徒刑。"

客体：不特定或多数人的生命、健康安全和公私财产安全。

客观方面：生产、作业过程中违反有关安全管理的规定，强令、组织他人违章冒险作业，造成重大伤亡事故或者严重后果。具体含义包括：①强令、组织他人违章冒险作业的行为，只要实施了强令行为，原则上不要求达到被强令者违背自己主观意愿的程度；②违反有关规章制度；③造成严重后果；④存在因果关系。《最高人民法院、最高人民检察院关于办理危害生产安全刑事案件适用法律若干问题的解释》第六条规定，实施刑法第一百三十四条第二款规定的行为，因而发生安全事故，具有下列情形之一的，应当认定为"发生重大伤亡事故或者造成其他严重后果"，对相关责任人员，处五年以下有期徒刑或者拘役：（一）造成死亡一人以上，或者重伤三人以上的；（二）造成直接经济损失一百万元以上的；（三）其他造成严重后果或者重大安全事故的情形。第七条规定，实施刑法第一百三十四条第二款规定的行为，因而发生安全事故，具有下列情形之一的，对相关责任人员，处五年以上有期徒刑：（一）造成死亡三人以上或者重伤十人以上，负事故主要责任的；（二）造成直接经济损失五百万元以上，负事故主要责任的；（三）其他造成特别严重后果、情节特别恶劣或者后果特别严重的情形。《最高人民法院、最高人民检察院关于办理危害生产安全刑事案件适用法律若干问题的解释（二）》第一条规定，明知存在事故隐患，继续作业存在危险，仍然违反有关安全管理的规定，有下列情形之一的，属于刑法第一百三十四条第二款规定的"强令他人违章冒险作业"：（一）以威逼、胁迫、恐吓等手段，强制他人违章作业的；（二）利用组织、指挥、管理职权，强制他人违章作业的；（三）其他强令他人违章冒险作业的情形。明知存在重大事故隐患，仍然违反有关安全管理的规定，不排除或者故意掩盖重大事故隐患，组织他人作业的，属于刑法第一百三十四条第二款规定的"冒险组织作业"。第四条规定，刑法第一百三十四条第二款和第一百三十四条之一第二项规定的"重大事故隐患"，依照法律、行政法规、部门规章、强制性标准以及有关行政规范性文件进行认定。刑法第一百三十四条之一第三项规定的"危险物品"，依照安全生产法第一百一十七条的规定确定。对于是否属于"重大事故隐患"或者"危险物品"难以确定的，可以依据司法鉴定机构出具的鉴定意见、地市级以上负有安全生产监督管理职责的部门或者其指定的机构出具的意见，结合其他证据综合审查，依法作出认定。

主体：自然人。非法单位从业人员可以成为主体。《最高人民法院、最高人民检察院关于办理危害生产安全刑事案件适用法律若干问题的解释》第二条规定，刑法第一百三十四条第二款规定的犯罪主体，包括对生产、作业负有组织、指挥或者管理职责的负责人、管理人员、实际控制人、投资人等人员。

主观方面：过失。

三、危险作业罪

《刑法》第一百三十四条之一规定："在生产、作业中违反有关安全管理的规定，有下列情形之一，具有发生重大伤亡事故或者其他严重后果的现实危险的，处一年以下有期徒刑、拘役或者管制：（一）关闭、破坏直接关系生产安全的监控、报警、防护、救生设备、设施，或者篡改、隐瞒其相关数据、信息的；（二）因存在重大事故隐患被依法责令停产停业、停止施工、停止使用有关设备、设施、场所或者立即采取排除危险的整改措施，而拒不执行的；（三）涉及安全生产的事项未经依法批准或者许可，擅自从事矿山开采、金属冶炼、建筑施工，以及危险物品生产、经营、储存等高度危险的生产作业活动。"

客体：不特定或多数人的生命、健康安全和公私财产安全。

客观方面：①在生产、作业过程中存在违反有关安全管理的情形，如破坏系统安全、拒不执行、非法生产作业；②具有发生重大伤亡事故或者其他严重后果的现实危险（指现实存在的、紧迫的危险，如果这种危险持续存在，就可能随时会发生事故）；③存在因果关系。《最高人民法院、最高人民检察院关于办理危害生产安全刑事案件适用法律若干问题的解释（二）》第三条规定，因存在重大事故隐患被依法责令停产停业、停止施工、停止使用有关设备、设施、场所或者立即采取排除危险的整改措施，有下列情形之一的，属于刑法第一百三十四条之一第二项规定的"拒不执行"：（一）无正当理由故意不执行各级人民政府或者负有安全生产监督管理职责的部门依法作出的上述行政决定、命令的；（二）虚构重大事故隐患已经排除的事实，规避、干扰执行各级人民政府或者负有安全生产监督管理职责的部门依法作出的上述行政决定、命令的；（三）以行贿等不正当手段，规避、干扰执行各级人民政府或者负有安全生产监督管理职责的部门依法作出的上述行政决定、命令的。有前款第三项行为，同时构成刑法第三百八十九条行贿罪、第三百九十三条单位行贿罪等犯罪的，依照数罪并罚的规定处罚。

认定是否属于"拒不执行",应当综合考虑行政决定、命令是否具有法律、行政法规等依据,行政决定、命令的内容和期限要求是否明确、合理,行为人是否具有按照要求执行的能力等因素进行判断。第四条规定,刑法第一百三十四条第二款和第一百三十四条之一第二项规定的"重大事故隐患",依照法律、行政法规、部门规章、强制性标准以及有关行政规范性文件进行认定。刑法第一百三十四条之一第三项规定的"危险物品",依照安全生产法第一百一十七条的规定确定。对于是否属于"重大事故隐患"或者"危险物品"难以确定的,可以依据司法鉴定机构出具的鉴定意见、地市级以上负有安全生产监督管理职责的部门或者其指定的机构出具的意见,结合其他证据综合审查,依法作出认定。

主体:自然人。《最高人民法院、最高人民检察院关于办理危害生产安全刑事案件适用法律若干问题的解释(二)》第二条规定,刑法第一百三十四条之一规定的犯罪主体,包括对生产、作业负有组织、指挥或者管理职责的负责人、管理人员、实际控制人、投资人等人员,以及直接从事生产、作业的人员。

主观方面:过失。

四、重大劳动安全事故罪

《刑法》第一百三十五条规定:"安全生产设施或者安全生产条件不符合国家规定,因而发生重大伤亡事故或者造成其他严重后果的,对直接负责的主管人员和其他直接责任人员,处三年以下有期徒刑或者拘役;情节特别恶劣的,处三年以上七年以下有期徒刑。"

客体:不特定或多数人的生命、健康安全和公私财产安全。

客观方面:安全生产设施或安全生产条件不符合国家规定,导致发生重大伤亡事故或者造成其他严重后果。具体含义包括:①安全生产设施或安全生产条件不符合国家规定，其中，安全生产设施包括安全牢固的生产用房设施、符合安全标准的劳动生产设备，用来屏蔽人体、使之与劳动中危险部分相隔离的防护设备、装置，安全警示设施设备，自动切断装置，以及救援逃生设施等；安全生产条件指法律法规（如《安全生产许可证条例》）规定的条件等；②必须发生重大伤亡事故或者严重后果；③存在因果关系。《最高人民法院、最高人民检察院关于办理危害生产安全刑事案件适用法律若干问题的解释》第六条规定，实施刑法第一百三十五条规定的行为，因而发生安全事故，具有下列情形之一的，应当认定为"造成严重后果"或者"发生重大伤亡事故或者造成其他严重后果"，对相关责任人员，处三年以下有期徒刑或者拘役：（一）造成死亡一人以上，或者重伤三人以上的；（二）造成直接经济损失一百万元以上的；（三）其他造成严重后果或者重大安全事故的情形。第七条规定，实施刑法第一百三十五条规定的行为，因而发生安全事故，具有下列情形之一的，对相关责任人员，处三年以上七年以下有期徒刑：（一）造成死亡三人以上或者重伤十人以上，负事故主要责任的；（二）造成直接经济损失五百万元以上，负事故主要责任的；（三）其他造成特别严重后果、情节特别恶劣或者后果特别严重的情形。

主体：一般主体，自然人和单位。处罚方式采用单罚制，只追究直接负责的主管人员和其他直接责任人员，不处单位罚金。《最高人民法院、最高人民检察院关于办理危害生产安全刑事案件适用法律若干问题的解释》第三条规定，刑法第一百三十五条规定的"直接负责的主管人员和其他直接责任人员"，是指对安全生产设施或者安全生产条件不符合国家规定负有直接责任的生产经营单位负责人、管理人员、实际控制人、投资人，以及其他对安全生产设施或者安全生产条件负有管理、维护职责的人员。

主观方面：过失。

五、危险物品肇事罪

《刑法》第一百三十六条规定："违反爆炸性、易燃性、放射性、毒害性、腐蚀性物品的管理规定，在生产、储存、运输、使用中发生重大事故，造成严重后果的，处三年以下有期徒刑或者拘役；后果特别严重的，处三年以上七年以下有期徒刑。"

客体：危险物品管理秩序和公共安全。

客观方面：违反危险物品安全管理规定，在生产、运输、储存、使用中发生重大事故，造成严重后果。具体含义包括：①违反危险物品安全管理规定；②行为发生在危险物品生产、运输、储存和使用过程中；③发生重大伤亡事故或者其他严重后果；④存在因果关系。《最高人民法院、最高人民检察院关于办理危害生产安全刑事案件适用法律若干问题的解释》第六条规定，实施刑法第一百三十六条规定的行为，因而发生安全事故，具有下列情形之一的，应当认定为"造成严重后果"或者"发生重大伤亡事故或者造成其他严重后果"，对相关责任人员，处三年以下有期徒刑或者拘役：（一）造成死亡一人以上，或者重伤三人以上的；（二）造成直接经济损失一百万元以上的；（三）其他造成严重后果或者重大安全事故的情形。第七条规定，实施刑法第一百三十六条规定的行为，因而发生安全事故，具有下列情形之一的，对相关责任人员，处三年以上七年以下有期徒刑：（一）造成死亡三人以上或者重伤十人以上，负事故主要责任的；（二）造成直接经济损失五百万元以上，负事故主要责任的；（三）其他造成特别严重后果、情节特别恶劣或者后果特别严重的情形。

主体：一般主体。任何从事危险物品生产、运输、储存、使用行为的个人都可以，主要是从事危险物品生产、运输、储存、使用工作的生产经营单位职工，但从事危险物品生产、运输、储存、使用工作的职工以外的其他公民也可以成为本罪主体。危险物品生产、运输、储存、使用活动的监督者和管理者可以成为本罪的主体。

主观方面：过失。

六、工程重大安全事故罪

《刑法》第一百三十七条规定："建设单位、设计单位、施工单位、工程监理单位违反国家规定，降低工程质量标准，造成重大安全事故的，对直接责任人员，处五年以下有期徒刑或者拘役，并处罚金；后果特别严重的，处五年以上十年以下有期徒刑，并处罚金。"

客体：复杂客体，既包括国家的建筑工程管理制度，又包括公共安全，即不特定或多数人的生命、健康安全和公私财产安全。

客观方面：①违反国家规定；②降低工程质量标准，《建设工程质量管理条例》中规定，建设工程是指土木工程、建筑工程、线路工程和设备安装工程及装修工程。降低工程质量标准是指不按照规定的工程质量进行建设、设计、施工和监理，导致工程质量下降；③造成重大安全事故或者其他严重后果；④存在因果关系。《最高人民法院、最高人民检察院关于办理危害生产安全刑事案件适用法律若干问题的解释》第六条规定，实施刑法第一百三十七条规定的行为，因而发生安全事故，具有下列情形之一的，应当认定为"造成重大安全事故"，对直接责任人员，处五年以下有期徒刑或者拘役，并处罚金：（一）造成死亡一人以上，或者重伤三人以上的；（二）造成直接经济损失一百万元以上的；（三）其他造成严重后果或者重大安全事故的情形。第七条规定，实施刑法第一百三十七条规定的行为，因而发生安全事故，具有下列情形之一的，对直接责任人员，处五年以上十年以下有期徒刑，并处罚金：（一）造成死亡三人以上或者重伤十人以上，负事故主要责任的；（二）造成直接经济损失五百万元以上，负事故主要责任的；（三）其他造成特别严重后果、情节特别恶劣或者后果特别严重的情形。

主体：属于特殊主体的单位犯罪。项目经理、施工员、班组长等工作人员在正常工作范围内作出属于履行职务的行为，就可以认定本罪。对于单位而言，并不要求其具有法定资质或者依法成立，只要从事违法活动即可认定。

主观方面：过失。

七、不报、谎报安全事故罪

《刑法》第一百三十九条之一规定："在安全事故发生后，负有报告职责的人员不报或者谎报事故情况，贻误事故抢救，情节严重的，处三年以下有期徒刑或者拘役；情节特别严重的，处三年以上七年以下有期徒刑。"

客体：复杂客体，主要客体是公共安全，即不特定多数人的生命、健康安全和公私财产安全，次要客体是国家对安全事故的监管报告制度。

客观方面：安全事故发生后不报或者谎报事故情况，贻误事故抢救，情节严重。具体含义包括：①已经发生安全事故，安全事故不仅包括生产经营单位在生产经营过程中发生的生产安全事故和大型群众性活动举办过程中发生的重大伤亡事故，也包括环境污染事故、火灾事故、教育设施安全事故；②不报或者谎报事故情况，故意迟报事故属于本罪，迟报的社会危害性与不报、谎报事故相同，错过事故抢救的黄金 72 小时；③贻误事故抢救，情节严重，必须同时具备上述两个条件，才能构成本罪，在具体案件处理过程中，对于作为本罪构成要件的"贻误事故抢救"不宜作过于严格的限定，对于行为人在事故抢救工作基本结束后实施的故意仿造、破坏事故现场的行为，也可以定为本罪；④不报、谎报事故情况与贻误事故抢救结果存在刑法上的因果关系。《最高人民法院、最高人民检察院关于办理危害生产安全刑事案件适用法律若干问题的解释》第八条规定，在安全事故发生后，负有报告职责的人员不报或者谎报事故情况，贻误事故抢救，具有下列情形之一的，应当认定为刑法第一百三十九条之一规定的"情节严重"：（一）导致事故后果扩大，增加死亡一人以上，或者增加重伤三人以上，或者增加直接经济损失一百万元以上的；（二）实施下列行为之一，致使不能及时有效开展事故抢救的：1. 决定不报、迟报、谎报事故情况或者指使、串通有关人员不报、迟报、谎报事故情况的；2. 在事故抢救期间擅离职守或者逃匿的；3. 伪造、破坏事故现场，或者转移、藏匿、毁灭遇难人员尸体，或者转移、藏匿受伤人员的；4. 毁灭、伪造、隐匿与事故有关的图纸、记录、计算机数据等资料以及其他证据的；（三）其他情节严重的情形。具有下列情形之一的，应当认定为刑法第一百三十九条之一规定的"情节特别严重"：（一）导致事故后果扩大，增加死亡三人以上，或者增加重伤十人以上，或者增加直接经济损失五百万元以上的；（二）采用暴力、胁迫、命令等方式阻止他人报告事故情况，导致事故后果扩大的；（三）其他情节特别严重的情形。

主体：特殊主体，原则上不应包括工人。在安全事故发生后，与负有报告职责的人员串通的，也可以是主体。《最高人民法院、最高人民检察院关于办理危害生产安全刑事案件适用法律若干问题的解释》第四条规定，刑法第一百三十九条之一规定的"负有报告职责的人员"，是指负有组织、指挥或者管理职责的负责人、管理人员、实际控制人、投资人，以及其他负有报告职责的人员。第九条规定，在安全事故发生后，与负有报告职责的人员串通，不报或者谎报事故情况，贻误事故抢救，情节严重的，依照刑法第一百三十九条之一的规定，以共犯论处。

主观方面：故意。贻误事故抢救是本罪的危害后果，行为人在安全事故发生后不报、谎报事故情况，对产生贻误事故抢救的结果至少持放任的间接故意心态，而不可能持过失心态。

本罪与其他生产安全事故犯罪的罪数判定标准为：同一行为人同时实施其他生产安全事故犯罪和不报、谎报生产安全事故犯罪的情况一，原则上应当数罪并罚。不报、谎报生产安全事故行为并非行为人先前实施的其他生产安全事故犯罪行为的必然延续，而是前一行为造成的法益侵害结果之后。

第六章

附　　则

▶▶第七十六条　本条例自 2024 年 5 月 1 日起施行。《煤矿安全监察条例》和《国务院关于预防煤矿生产安全事故的特别规定》同时废止。

>>>【条文解读】本条是关于《条例》施行日期和有关废止的规定。

（1）根据《立法法》的规定，原则上，法律法规经法定程序通过后，都有一段时间的过渡期，以便于法律的学习和宣贯工作，之后再确定法律正式实施。考虑到煤矿安全生产工作的实际，决定《条例》自 2024 年 5 月 1 日起施行。这包含两层含义：①表明《条例》是新制定的行政法规，不是对原有条例的修正；②表明《条例》施行日期。自 2024 年 5 月 1 日起《条例》正式实施，凡是在《条例》施行前出台的同位阶行政法规的有关规定与《条例》的规定矛盾的，以《条例》的规定为准。

（2）考虑到《条例》是在已有《煤矿安全监察条例》《国务院关于预防煤矿生产安全事故的特别规定》的基础上进行吸收制定，

原有《煤矿安全监察条例》《国务院关于预防煤矿生产安全事故的特别规定》的相关内容已纳入《条例》。为此，决定自《条例》施行之日起，原 2000 年 11 月 7 日公布的《煤矿安全监察条例》和 2005 年 9 月 3 日公布的《国务院关于预防煤矿生产安全事故的特别规定》同时废止。

附件一

中华人民共和国国务院令

第 774 号

《煤矿安全生产条例》已经 2023 年 12 月 18 日国务院第 21 次常务会议通过，现予公布，自 2024 年 5 月 1 日起施行。

总理 李 强
2024 年 1 月 24 日

煤矿安全生产条例

第一章 总 则

第一条 为了加强煤矿安全生产工作，防止和减少煤矿生产安全事故，保障人民群众生命财产安全，制定本条例。

第二条 在中华人民共和国领域和中华人民共和国管辖的其他海域内的煤矿安全生产，适用本条例。

第三条 煤矿安全生产工作坚持中国共产党的领导。

煤矿安全生产工作应当以人为本，坚持人民至上、生命至上，把保护人民生命安全摆在首位，贯彻安全发展理念，坚持安全第

一、预防为主、综合治理的方针,从源头上防范化解重大安全风险。

煤矿安全生产工作实行管行业必须管安全、管业务必须管安全、管生产经营必须管安全,按照国家监察、地方监管、企业负责,强化和落实安全生产责任。

第四条 煤矿企业应当履行安全生产主体责任,加强安全生产管理,建立健全并落实全员安全生产责任制和安全生产规章制度,加大对安全生产资金、物资、技术、人员的投入保障力度,改善安全生产条件,加强安全生产标准化、信息化建设,构建安全风险分级管控和隐患排查治理双重预防机制,健全风险防范化解机制,提高安全生产水平,确保安全生产。

煤矿企业主要负责人(含实际控制人,下同)是本企业安全生产第一责任人,对本企业安全生产工作全面负责。其他负责人对职责范围内的安全生产工作负责。

第五条 县级以上人民政府应当加强对煤矿安全生产工作的领导,建立健全工作协调机制,支持、督促各有关部门依法履行煤矿安全生产工作职责,及时协调、解决煤矿安全生产工作中的重大问题。

第六条 县级以上人民政府负有煤矿安全生产监督管理职责的部门对煤矿安全生产实施监督管理,其他有关部门按照职责分工依法履行煤矿安全生产相关职责。

第七条 国家实行煤矿安全监察制度。国家矿山安全监察机构及其设在地方的矿山安全监察机构负责煤矿安全监察工作,依法对地方人民政府煤矿安全生产监督管理工作进行监督检查。

国家矿山安全监察机构及其设在地方的矿山安全监察机构依法履行煤矿安全监察职责,不受任何单位和个人的干涉。

第八条 国家实行煤矿生产安全事故责任追究制度。对煤矿生产安全事故责任单位和责任人员，依照本条例和有关法律法规的规定追究法律责任。

国家矿山安全监察机构及其设在地方的矿山安全监察机构依法组织或者参与煤矿生产安全事故调查处理。

第九条　县级以上人民政府负有煤矿安全生产监督管理职责的部门、国家矿山安全监察机构及其设在地方的矿山安全监察机构应当建立举报制度，公开举报电话、信箱或者电子邮件地址等网络举报平台，受理有关煤矿安全生产的举报并依法及时处理；对需要由其他有关部门进行调查处理的，转交其他有关部门处理。

任何单位和个人对事故隐患或者安全生产违法行为，有权向前款规定的部门和机构举报。举报事项经核查属实的，依法依规给予奖励。

第十条　煤矿企业从业人员有依法获得安全生产保障的权利，并应当依法履行安全生产方面的义务。

第十一条　国家矿山安全监察机构应当按照保障煤矿安全生产的要求，在国务院应急管理部门的指导下，依法及时拟订煤矿安全生产国家标准或者行业标准，并负责煤矿安全生产强制性国家标准的项目提出、组织起草、征求意见、技术审查。

第十二条　国家鼓励和支持煤矿安全生产科学技术研究和煤矿安全生产先进技术、工艺的推广应用，提升煤矿智能化开采水平，推进煤矿安全生产的科学管理，提高安全生产水平。

第二章　煤矿企业的安全生产责任

第十三条　煤矿企业应当遵守有关安全生产的法律法规以及煤矿安全规程，执行保障安全生产的国家标准或者行业标准。

第十四条　新建、改建、扩建煤矿工程项目（以下统称煤矿建设项目）的建设单位应当委托具有建设工程设计企业资质的设计单位进行安全设施设计。

安全设施设计应当包括煤矿水、火、瓦斯、冲击地压、煤尘、顶板等主要灾害的防治措施，符合国家标准或者行业标准的要求，并报省、自治区、直辖市人民政府负有煤矿安全生产监督管理职责的部门审查。安全设施设计需要作重大变更的，应当报原审查部门重新审查，不得先施工后报批、边施工边修改。

第十五条　煤矿建设项目的建设单位应当对参与煤矿建设项目的设计、施工、监理等单位进行统一协调管理，对煤矿建设项目安全管理负总责。

施工单位应当按照批准的安全设施设计施工，不得擅自变更设计内容。

第十六条　煤矿建设项目竣工投入生产或者使用前，应当由建设单位负责组织对安全设施进行验收，并对验收结果负责；经验收合格后，方可投入生产和使用。

第十七条　煤矿企业进行生产，应当依照《安全生产许可证条例》的规定取得安全生产许可证。未取得安全生产许可证的，不得生产。

第十八条　煤矿企业主要负责人对本企业安全生产工作负有下列职责：

（一）建立健全并落实全员安全生产责任制，加强安全生产标准化建设；

（二）组织制定并实施安全生产规章制度和作业规程、操作规程；

（三）组织制定并实施安全生产教育和培训计划；

（四）保证安全生产投入的有效实施；

（五）组织建立并落实安全风险分级管控和隐患排查治理双重预防工作机制，督促、检查安全生产工作，及时消除事故隐患；

（六）组织制定并实施生产安全事故应急救援预案；

（七）及时、如实报告煤矿生产安全事故。

第十九条　煤矿企业应当设置安全生产管理机构并配备专职安全生产管理人员。安全生产管理机构和安全生产管理人员负有下列安全生产职责：

（一）组织或者参与拟订安全生产规章制度、作业规程、操作规程和生产安全事故应急救援预案；

（二）组织或者参与安全生产教育和培训，如实记录安全生产教育和培训情况；

（三）组织开展安全生产法律法规宣传教育；

（四）组织开展安全风险辨识评估，督促落实重大安全风险管控措施；

（五）制止和纠正违章指挥、强令冒险作业、违反规程的行为，发现威胁安全的紧急情况时，有权要求立即停止危险区域内的作业，撤出作业人员；

（六）检查安全生产状况，及时排查事故隐患，对事故隐患排查治理情况进行统计分析，提出改进安全生产管理的建议；

（七）组织或者参与应急救援演练；

（八）督促落实安全生产整改措施。

煤矿企业应当配备主要技术负责人，建立健全并落实技术管理体系。

第二十条　煤矿企业从业人员负有下列安全生产职责：

（一）遵守煤矿企业安全生产规章制度和作业规程、操作规程，严格落实岗位安全责任；

（二）参加安全生产教育和培训，掌握本职工作所需的安全生产知识，提高安全生产技能，增强事故预防和应急处理能力；

（三）及时报告发现的事故隐患或者其他不安全因素。

对违章指挥和强令冒险作业的行为，煤矿企业从业人员有权拒绝并向县级以上地方人民政府负有煤矿安全生产监督管理职责的部门、所在地矿山安全监察机构报告。

煤矿企业不得因从业人员拒绝违章指挥或者强令冒险作业而降低其工资、福利等待遇，无正当理由调整工作岗位，或者解除与其订立的劳动合同。

第二十一条 煤矿企业主要负责人和安全生产管理人员应当通过安全生产知识和管理能力考核，并持续保持相应水平和能力。

煤矿企业从业人员经安全生产教育和培训合格，方可上岗作业。煤矿企业特种作业人员应当按照国家有关规定经专门的安全技术培训和考核合格，并取得相应资格。

第二十二条 煤矿企业应当为煤矿分别配备专职矿长、总工程师，分管安全、生产、机电的副矿长以及专业技术人员。

对煤（岩）与瓦斯（二氧化碳）突出、高瓦斯、冲击地压、煤层容易自燃、水文地质类型复杂和极复杂的煤矿，还应当设立相应的专门防治机构，配备专职副总工程师。

第二十三条 煤矿企业应当按照国家有关规定建立健全领导带班制度并严格考核。

井工煤矿企业的负责人和生产经营管理人员应当轮流带班下井，并建立下井登记档案。

第二十四条 煤矿企业应当为从业人员提供符合国家标准或者行业标准的劳动防护用品，并监督、教育从业人员按照使用规则佩戴、使用。

煤矿井下作业人员实行安全限员制度。煤矿企业应当依法制定井下工作时间管理制度。煤矿井下工作岗位不得使用劳务派遣用工。

第二十五条 煤矿企业使用的安全设备的设计、制造、安装、使用、检测、维修、改造和报废，应当符合国家标准或者行业标准。

煤矿企业应当建立安全设备台账和追溯、管理制度，对安全设备进行经常性维护、保养并定期检测，保证正常运转，对安全设备购置、入库、使用、维护、保养、检测、维修、改造、报废等进行全流程记录并存档。

煤矿企业不得使用应当淘汰的危及生产安全的设备、工艺，具体目录由国家矿山安全监察机构制定并公布。

第二十六条　煤矿的采煤、掘进、机电、运输、通风、排水、排土等主要生产系统和防瓦斯、防煤（岩）与瓦斯（二氧化碳）突出、防冲击地压、防火、防治水、防尘、防热害、防滑坡、监控与通讯等安全设施，应当符合煤矿安全规程和国家标准或者行业标准规定的管理和技术要求。

煤矿企业及其有关人员不得关闭、破坏直接关系生产安全的监控、报警、防护、救生设备、设施，或者篡改、隐瞒、销毁其相关数据、信息，不得以任何方式影响其正常使用。

第二十七条　井工煤矿应当有符合煤矿安全规程和国家标准或者行业标准规定的安全出口、独立通风系统、安全监控系统、防尘供水系统、防灭火系统、供配电系统、运送人员装置和反映煤矿实际情况的图纸，并按照规定进行瓦斯等级、冲击地压、煤层自燃倾向性和煤尘爆炸性鉴定。

井工煤矿应当按矿井瓦斯等级选用相应的煤矿许用炸药和电雷管，爆破工作由专职爆破工承担。

第二十八条　露天煤矿的采场及排土场边坡与重要建筑物、构筑物之间应当留有足够的安全距离。

煤矿企业应当定期对露天煤矿进行边坡稳定性评价，评价范围应当涵盖露天煤矿所有边坡。达不到边坡稳定要求时，应当修改采矿设计或者采取安全措施，同时加强边坡监测工作。

第二十九条 煤矿企业应当依法制定生产安全事故应急救援预案，与所在地县级以上地方人民政府组织制定的生产安全事故应急救援预案相衔接，并定期组织演练。

煤矿企业应当设立专职救护队；不具备设立专职救护队条件的，应当设立兼职救护队，并与邻近的专职救护队签订救护协议。发生事故时，专职救护队应当在规定时间内到达煤矿开展救援。

第三十条 煤矿企业应当在依法确定的开采范围内进行生产，不得超层、越界开采。

采矿作业不得擅自开采保安煤柱，不得采用可能危及相邻煤矿生产安全的决水、爆破、贯通巷道等危险方法。

第三十一条 煤矿企业不得超能力、超强度或者超定员组织生产。正常生产煤矿因地质、生产技术条件、采煤方法或者工艺等发生变化导致生产能力发生较大变化的，应当依法重新核定其生产能力。

县级以上地方人民政府及其有关部门不得要求不具备安全生产条件的煤矿企业进行生产。

第三十二条 煤矿企业应当按照煤矿灾害程度和类型实施灾害治理，编制年度灾害预防和处理计划，并根据具体情况及时修改。

第三十三条 煤矿开采有下列情形之一的，应当编制专项设计：

（一）有煤（岩）与瓦斯（二氧化碳）突出的；

（二）有冲击地压危险的；

（三）开采需要保护的建筑物、水体、铁路下压煤或者主要井巷留设煤柱的；

（四）水文地质类型复杂、极复杂或者周边有老窑采空区的；

（五）开采容易自燃和自燃煤层的；

（六）其他需要编制专项设计的。

第三十四条　在煤矿进行石门揭煤、探放水、巷道贯通、清理煤仓、强制放顶、火区密闭和启封、动火以及国家矿山安全监察机构规定的其他危险作业，应当采取专门安全技术措施，并安排专门人员进行现场安全管理。

第三十五条　煤矿企业应当建立安全风险分级管控制度，开展安全风险辨识评估，按照安全风险分级采取相应的管控措施。

煤矿企业应当建立健全事故隐患排查治理制度，采取技术、管理措施，及时发现并消除事故隐患。事故隐患排查治理情况应当如实记录，并定期向从业人员通报。重大事故隐患排查治理情况的书面报告经煤矿企业负责人签字后，每季度报县级以上地方人民政府负有煤矿安全生产监督管理职责的部门和所在地矿山安全监察机构。

煤矿企业应当加强对所属煤矿的安全管理，定期对所属煤矿进行安全检查。

第三十六条　煤矿企业有下列情形之一的，属于重大事故隐患，应当立即停止受影响区域生产、建设，并及时消除事故隐患：

（一）超能力、超强度或者超定员组织生产的；

（二）瓦斯超限作业的；

（三）煤（岩）与瓦斯（二氧化碳）突出矿井未按照规定实施防突措施的；

（四）煤（岩）与瓦斯（二氧化碳）突出矿井、高瓦斯矿井未按照规定建立瓦斯抽采系统，或者系统不能正常运行的；

（五）通风系统不完善、不可靠的；

（六）超层、越界开采的；

（七）有严重水患，未采取有效措施的；

（八）有冲击地压危险，未采取有效措施的；

（九）自然发火严重，未采取有效措施的；

（十）使用应当淘汰的危及生产安全的设备、工艺的；

（十一）未按照规定建立监控与通讯系统，或者系统不能正常运行的；

（十二）露天煤矿边坡角大于设计最大值或者边坡发生严重变形，未采取有效措施的；

（十三）未按照规定采用双回路供电系统的；

（十四）新建煤矿边建设边生产，煤矿改扩建期间，在改扩建的区域生产，或者在其他区域的生产超出设计规定的范围和规模的；

（十五）实行整体承包生产经营后，未重新取得或者及时变更安全生产许可证而从事生产，或者承包方再次转包，以及将井下采掘工作面和井巷维修作业外包的；

（十六）改制、合并、分立期间，未明确安全生产责任人和安全生产管理机构，或者在完成改制、合并、分立后，未重新取得或者及时变更安全生产许可证等的；

（十七）有其他重大事故隐患的。

第三十七条 煤矿企业及其有关人员对县级以上人民政府负有煤矿安全生产监督管理职责的部门、国家矿山安全监察机构及其设在地方的矿山安全监察机构依法履行职责，应当予以配合，按照要求如实提供有关情况，不得隐瞒或者拒绝、阻挠。

对县级以上人民政府负有煤矿安全生产监督管理职责的部门、国家矿山安全监察机构及其设在地方的矿山安全监察机构查处的事故隐患，煤矿企业应当立即进行整改，并按照要求报告整改结果。

第三十八条 煤矿企业应当及时足额安排安全生产费用等资金，确保符合安全生产要求。煤矿企业的决策机构、主要负责人对由于安全生产所必需的资金投入不足导致的后果承担责任。

第三章　煤矿安全生产监督管理

第三十九条　煤矿安全生产实行地方党政领导干部安全生产责任制，强化煤矿安全生产属地管理。

第四十条　省、自治区、直辖市人民政府应当按照分级分类监管的原则，明确煤矿企业的安全生产监管主体。

县级以上人民政府相关主管部门对未依法取得安全生产许可证等擅自进行煤矿生产的，应当依法查处。

乡镇人民政府在所辖区域内发现未依法取得安全生产许可证等擅自进行煤矿生产的，应当采取有效措施制止，并向县级人民政府相关主管部门报告。

第四十一条　省、自治区、直辖市人民政府负有煤矿安全生产监督管理职责的部门审查煤矿建设项目安全设施设计，应当自受理之日起 30 日内审查完毕，签署同意或者不同意的意见，并书面答复。

省、自治区、直辖市人民政府负有煤矿安全生产监督管理职责的部门应当加强对建设单位安全设施验收活动和验收结果的监督核查。

第四十二条　省、自治区、直辖市人民政府负有煤矿安全生产监督管理职责的部门负责煤矿企业安全生产许可证的颁发和管理，并接受国家矿山安全监察机构及其设在地方的矿山安全监察机构的监督。

第四十三条　县级以上地方人民政府负有煤矿安全生产监督管理职责的部门应当编制煤矿安全生产年度监督检查计划，并按照计划进行监督检查。

煤矿安全生产年度监督检查计划应当抄送所在地矿山安全监察机构。

第四十四条 县级以上地方人民政府负有煤矿安全生产监督管理职责的部门依法对煤矿企业进行监督检查，并将煤矿现场安全生产状况作为监督检查重点内容。监督检查可以采取以下措施：

（一）进入煤矿企业进行检查，重点检查一线生产作业场所，调阅有关资料，向有关单位和人员了解情况；

（二）对检查中发现的安全生产违法行为，当场予以纠正或者要求限期改正；

（三）对检查中发现的事故隐患，应当责令立即排除；重大事故隐患排除前或者排除过程中无法保证安全的，应当责令从危险区域内撤出作业人员，责令暂时停产或者停止使用相关设施、设备；

（四）对有根据认为不符合保障安全生产的国家标准或者行业标准的设施、设备、器材予以查封或者扣押。

监督检查不得影响煤矿企业的正常生产经营活动。

第四十五条 县级以上地方人民政府负有煤矿安全生产监督管理职责的部门应当将重大事故隐患纳入相关信息系统，建立健全重大事故隐患治理督办制度，督促煤矿企业消除重大事故隐患。

第四十六条 县级以上地方人民政府负有煤矿安全生产监督管理职责的部门应当加强对煤矿安全生产技术服务机构的监管。

承担安全评价、认证、检测、检验等职责的煤矿安全生产技术服务机构应当依照有关法律法规和国家标准或者行业标准的规定开展安全生产技术服务活动，并对出具的报告负责，不得租借资质、挂靠、出具虚假报告。

第四十七条 县级以上人民政府及其有关部门对存在安全生产失信行为的煤矿企业、煤矿安全生产技术服务机构及有关从业人员，依法依规实施失信惩戒。

第四十八条 对被责令停产整顿的煤矿企业，在停产整顿期间，有关地方人民政府应当采取有效措施进行监督检查。

煤矿企业有安全生产违法行为或者重大事故隐患依法被责令停产整顿的，应当制定整改方案并进行整改。整改结束后要求恢复生产的，县级以上地方人民政府负有煤矿安全生产监督管理职责的部门应当组织验收，并在收到恢复生产申请之日起 20 日内组织验收完毕。验收合格的，经本部门主要负责人签字，并经所在地矿山安全监察机构审核同意，报本级人民政府主要负责人批准后，方可恢复生产。

第四十九条 县级以上地方人民政府负有煤矿安全生产监督管理职责的部门对被责令停产整顿或者关闭的煤矿企业，应当在 5 个工作日内向社会公告；对被责令停产整顿的煤矿企业经验收合格恢复生产的，应当自恢复生产之日起 5 个工作日内向社会公告。

第四章 煤矿安全监察

第五十条 国家矿山安全监察机构及其设在地方的矿山安全监察机构应当依法履行煤矿安全监察职责，对县级以上地方人民政府煤矿安全生产监督管理工作加强监督检查，并及时向有关地方人民政府通报监督检查的情况，提出改善和加强煤矿安全生产工作的监察意见和建议，督促开展重大事故隐患整改和复查。

县级以上地方人民政府应当配合和接受国家矿山安全监察机构及其设在地方的矿山安全监察机构的监督检查，及时落实监察意见和建议。

第五十一条 设在地方的矿山安全监察机构应当对所辖区域内煤矿安全生产实施监察；对事故多发地区，应当实施重点监察。国家矿山安全监察机构根据实际情况，组织对全国煤矿安全生产的全面监察或者重点监察。

第五十二条 国家矿山安全监察机构及其设在地方的矿山安全

监察机构对县级以上地方人民政府煤矿安全生产监督管理工作进行监督检查，可以采取以下方式：

（一）听取有关地方人民政府及其负有煤矿安全生产监督管理职责的部门工作汇报；

（二）调阅、复制与煤矿安全生产有关的文件、档案、工作记录等资料；

（三）要求有关地方人民政府及其负有煤矿安全生产监督管理职责的部门和有关人员就煤矿安全生产工作有关问题作出说明；

（四）有必要采取的其他方式。

第五十三条　国家矿山安全监察机构及其设在地方的矿山安全监察机构履行煤矿安全监察职责，有权进入煤矿作业场所进行检查，参加煤矿企业安全生产会议，向有关煤矿企业及人员了解情况。

国家矿山安全监察机构及其设在地方的矿山安全监察机构发现煤矿现场存在事故隐患的，有权要求立即排除或者限期排除；发现有违章指挥、强令冒险作业、违章作业以及其他安全生产违法行为的，有权立即纠正或者要求立即停止作业；发现威胁安全的紧急情况时，有权要求立即停止危险区域内的作业并撤出作业人员。

矿山安全监察人员履行煤矿安全监察职责，应当出示执法证件。

第五十四条　国家矿山安全监察机构及其设在地方的矿山安全监察机构发现煤矿企业存在重大事故隐患责令停产整顿的，应当及时移送县级以上地方人民政府负有煤矿安全生产监督管理职责的部门处理并进行督办。

第五十五条　国家矿山安全监察机构及其设在地方的矿山安全监察机构发现煤矿企业存在应当由其他部门处理的违法行为的，应当及时移送有关部门处理。

第五十六条　国家矿山安全监察机构及其设在地方的矿山安全监察机构和县级以上人民政府有关部门应当建立信息共享、案件移送机制，加强协作配合。

第五十七条　国家矿山安全监察机构及其设在地方的矿山安全监察机构应当加强煤矿安全生产信息化建设，运用信息化手段提升执法水平。

煤矿企业应当按照国家矿山安全监察机构制定的安全生产电子数据规范联网并实时上传电子数据，对上传电子数据的真实性、准确性和完整性负责。

第五十八条　国家矿山安全监察机构及其设在地方的矿山安全监察机构依法对煤矿企业贯彻执行安全生产法律法规、煤矿安全规程以及保障安全生产的国家标准或者行业标准的情况进行监督检查，行使本条例第四十四条规定的职权。

第五十九条　发生煤矿生产安全事故后，煤矿企业及其负责人应当迅速采取有效措施组织抢救，并依照《生产安全事故报告和调查处理条例》的规定立即如实向当地应急管理部门、负有煤矿安全生产监督管理职责的部门和所在地矿山安全监察机构报告。

国家矿山安全监察机构及其设在地方的矿山安全监察机构应当根据事故等级和工作需要，派出工作组赶赴事故现场，指导配合事故发生地地方人民政府开展应急救援工作。

第六十条　煤矿生产安全事故按照事故等级实行分级调查处理。

特别重大事故由国务院或者国务院授权有关部门依照《生产安全事故报告和调查处理条例》的规定组织调查处理。重大事故、较大事故、一般事故由国家矿山安全监察机构及其设在地方的矿山安全监察机构依照《生产安全事故报告和调查处理条例》的规定组织调查处理。

第五章 法 律 责 任

第六十一条 未依法取得安全生产许可证等擅自进行煤矿生产的，应当责令立即停止生产，没收违法所得和开采出的煤炭以及采掘设备；违法所得在 10 万元以上的，并处违法所得 2 倍以上 5 倍以下的罚款；没有违法所得或者违法所得不足 10 万元的，并处 10 万元以上 20 万元以下的罚款。

关闭的煤矿企业擅自恢复生产的，依照前款规定予以处罚。

第六十二条 煤矿企业有下列行为之一的，依照《中华人民共和国安全生产法》有关规定予以处罚：

（一）未按照规定设置安全生产管理机构并配备安全生产管理人员的；

（二）主要负责人和安全生产管理人员未按照规定经考核合格并持续保持相应水平和能力的；

（三）未按照规定进行安全生产教育和培训，未按照规定如实告知有关的安全生产事项，或者未如实记录安全生产教育和培训情况的；

（四）特种作业人员未按照规定经专门的安全作业培训并取得相应资格，上岗作业的；

（五）进行危险作业，未采取专门安全技术措施并安排专门人员进行现场安全管理的；

（六）未按照规定建立并落实安全风险分级管控制度和事故隐患排查治理制度的，或者重大事故隐患排查治理情况未按照规定报告的；

（七）未按照规定制定生产安全事故应急救援预案或者未定期组织演练的。

第六十三条 煤矿企业有下列行为之一的，责令限期改正，处

10 万元以上 20 万元以下的罚款；逾期未改正的，责令停产整顿，并处 20 万元以上 50 万元以下的罚款，对其直接负责的主管人员和其他直接责任人员处 3 万元以上 5 万元以下的罚款：

（一）未按照规定制定并落实全员安全生产责任制和领导带班等安全生产规章制度的；

（二）未按照规定为煤矿配备矿长等人员和机构，或者未按照规定设立救护队的；

（三）煤矿的主要生产系统、安全设施不符合煤矿安全规程和国家标准或者行业标准规定的；

（四）未按照规定编制专项设计的；

（五）井工煤矿未按照规定进行瓦斯等级、冲击地压、煤层自燃倾向性和煤尘爆炸性鉴定的；

（六）露天煤矿的采场及排土场边坡与重要建筑物、构筑物之间安全距离不符合规定的，或者未按照规定保持露天煤矿边坡稳定的；

（七）违章指挥或者强令冒险作业、违反规程的。

第六十四条　对存在重大事故隐患仍然进行生产的煤矿企业，责令停产整顿，明确整顿的内容、时间等具体要求，并处 50 万元以上 200 万元以下的罚款；对煤矿企业主要负责人处 3 万元以上 15 万元以下的罚款。

第六十五条　煤矿企业超越依法确定的开采范围采矿的，依照有关法律法规的规定予以处理。

擅自开采保安煤柱或者采用可能危及相邻煤矿生产安全的决水、爆破、贯通巷道等危险方法进行采矿作业的，责令立即停止作业，没收违法所得；违法所得在 10 万元以上的，并处违法所得 2 倍以上 5 倍以下的罚款；没有违法所得或者违法所得不足 10 万元的，并处 10 万元以上 20 万元以下的罚款；造成损失的，依法承担赔偿责任。

第六十六条 煤矿企业有下列行为之一的，责令改正；拒不改正的，处 10 万元以上 20 万元以下的罚款；对其直接负责的主管人员和其他直接责任人员处 1 万元以上 2 万元以下的罚款：

（一）违反本条例第三十七条第一款规定，隐瞒存在的事故隐患以及其他安全问题的；

（二）违反本条例第四十四条第一款规定，擅自启封或者使用被查封、扣押的设施、设备、器材的；

（三）有其他拒绝、阻碍监督检查行为的。

第六十七条 发生煤矿生产安全事故，对负有责任的煤矿企业除要求其依法承担相应的赔偿等责任外，依照下列规定处以罚款：

（一）发生一般事故的，处 50 万元以上 100 万元以下的罚款；

（二）发生较大事故的，处 150 万元以上 200 万元以下的罚款；

（三）发生重大事故的，处 500 万元以上 1000 万元以下的罚款；

（四）发生特别重大事故的，处 1000 万元以上 2000 万元以下的罚款。

发生煤矿生产安全事故，情节特别严重、影响特别恶劣的，可以按照前款罚款数额的 2 倍以上 5 倍以下对负有责任的煤矿企业处以罚款。

第六十八条 煤矿企业的决策机构、主要负责人、其他负责人和安全生产管理人员未依法履行安全生产管理职责的，依照《中华人民共和国安全生产法》有关规定处罚并承担相应责任。

煤矿企业主要负责人未依法履行安全生产管理职责，导致发生煤矿生产安全事故的，依照下列规定处以罚款：

（一）发生一般事故的，处上一年年收入 40% 的罚款；

（二）发生较大事故的，处上一年年收入 60% 的罚款；

（三）发生重大事故的，处上一年年收入 80% 的罚款；

（四）发生特别重大事故的，处上一年年收入 100% 的罚款。

第六十九条 煤矿企业及其有关人员有瞒报、谎报事故等行为的，依照《中华人民共和国安全生产法》、《生产安全事故报告和调查处理条例》有关规定予以处罚。

有关地方人民政府及其应急管理部门、负有煤矿安全生产监督管理职责的部门和设在地方的矿山安全监察机构有瞒报、谎报事故等行为的，对负有责任的领导人员和直接责任人员依法给予处分。

第七十条 煤矿企业存在下列情形之一的，应当提请县级以上地方人民政府予以关闭：

（一）未依法取得安全生产许可证等擅自进行生产的；

（二）3 个月内 2 次或者 2 次以上发现有重大事故隐患仍然进行生产的；

（三）经地方人民政府组织的专家论证在现有技术条件下难以有效防治重大灾害的；

（四）有《中华人民共和国安全生产法》规定的应当提请关闭的其他情形。

有关地方人民政府作出予以关闭的决定，应当立即组织实施。关闭煤矿应当达到下列要求：

（一）依照法律法规有关规定吊销、注销相关证照；

（二）停止供应并妥善处理民用爆炸物品；

（三）停止供电，拆除矿井生产设备、供电、通信线路；

（四）封闭、填实矿井井筒，平整井口场地，恢复地貌；

（五）妥善处理劳动关系，依法依规支付经济补偿、工伤保险待遇，组织离岗时职业健康检查，偿还拖欠工资，补缴欠缴的社会保险费；

（六）设立标识牌；

（七）报送、移交相关报告、图纸和资料等；

（八）有关法律法规规定的其他要求。

第七十一条 有下列情形之一的，依照《中华人民共和国安全生产法》有关规定予以处罚：

（一）煤矿建设项目没有安全设施设计或者安全设施设计未按照规定报经有关部门审查同意的；

（二）煤矿建设项目的施工单位未按照批准的安全设施设计施工的；

（三）煤矿建设项目竣工投入生产或者使用前，安全设施未经验收合格的；

（四）煤矿企业违反本条例第二十四条第一款、第二十五条第一款和第二款、第二十六条第二款规定的。

第七十二条 承担安全评价、认证、检测、检验等职责的煤矿安全生产技术服务机构有出具失实报告、租借资质、挂靠、出具虚假报告等情形的，对该机构及直接负责的主管人员和其他直接责任人员，应当依照《中华人民共和国安全生产法》有关规定予以处罚并追究相应责任。其主要负责人对重大、特别重大煤矿生产安全事故负有责任的，终身不得从事煤矿安全生产相关技术服务工作。

第七十三条 本条例规定的行政处罚，由县级以上人民政府负有煤矿安全生产监督管理职责的部门和其他有关部门、国家矿山安全监察机构及其设在地方的矿山安全监察机构按照职责分工决定，对同一违法行为不得给予两次以上罚款的行政处罚。对被责令停产整顿的煤矿企业，应当暂扣安全生产许可证等。对违反本条例规定的严重违法行为，应当依法从重处罚。

第七十四条 地方各级人民政府、县级以上人民政府负有煤矿安全生产监督管理职责的部门和其他有关部门、国家矿山安全监察机构及其设在地方的矿山安全监察机构有下列情形之一的，对负有责任的领导人员和直接责任人员依法给予处分：

（一）县级以上人民政府负有煤矿安全生产监督管理职责的部门、国家矿山安全监察机构及其设在地方的矿山安全监察机构不依法履行职责，不及时查处所辖区域内重大事故隐患和安全生产违法行为的；县级以上人民政府其他有关部门未依法履行煤矿安全生产相关职责的；

（二）乡镇人民政府在所辖区域内发现未依法取得安全生产许可证等擅自进行煤矿生产，没有采取有效措施制止或者没有向县级人民政府相关主管部门报告的；

（三）对被责令停产整顿的煤矿企业，在停产整顿期间，因有关地方人民政府监督检查不力，煤矿企业在停产整顿期间继续生产的；

（四）关闭煤矿未达到本条例第七十条第二款规定要求的；

（五）县级以上人民政府负有煤矿安全生产监督管理职责的部门、国家矿山安全监察机构及其设在地方的矿山安全监察机构接到举报后，不及时处理的；

（六）县级以上地方人民政府及其有关部门要求不具备安全生产条件的煤矿企业进行生产的；

（七）有其他滥用职权、玩忽职守、徇私舞弊情形的。

第七十五条　违反本条例规定，构成犯罪的，依法追究刑事责任。

第六章　附　　则

第七十六条　本条例自 2024 年 5 月 1 日起施行。《煤矿安全监察条例》和《国务院关于预防煤矿生产安全事故的特别规定》同时废止。

附件二

中华人民共和国安全生产法

（2002 年 6 月 29 日第九届全国人民代表大会常务委员会第二十八次会议通过　根据 2009 年 8 月 27 日第十一届全国人民代表大会常务委员会第十次会议《关于修改部分法律的决定》第一次修正　根据 2014 年 8 月 31 日第十二届全国人民代表大会常务委员会第十次会议《关于修改〈中华人民共和国安全生产法〉的决定》第二次修正　根据 2021 年 6 月 10 日第十三届全国人民代表大会常务委员会第二十九次会议《关于修改〈中华人民共和国安全生产法〉的决定》第三次修正）

目　　录

第七章 附则

第一章 总 则

第一条 为了加强安全生产工作，防止和减少生产安全事故，保障人民群众生命和财产安全，促进经济社会持续健康发展，制定本法。

第二条 在中华人民共和国领域内从事生产经营活动的单位（以下统称生产经营单位）的安全生产，适用本法；有关法律、行政法规对消防安全和道路交通安全、铁路交通安全、水上交通安全、民用航空安全以及核与辐射安全、特种设备安全另有规定的，适用其规定。

第三条 安全生产工作坚持中国共产党的领导。

安全生产工作应当以人为本，坚持人民至上、生命至上，把保护人民生命安全摆在首位，树牢安全发展理念，坚持安全第一、预防为主、综合治理的方针，从源头上防范化解重大安全风险。

安全生产工作实行管行业必须管安全、管业务必须管安全、管生产经营必须管安全，强化和落实生产经营单位主体责任与政府监管责任，建立生产经营单位负责、职工参与、政府监管、行业自律和社会监督的机制。

第四条 生产经营单位必须遵守本法和其他有关安全生产的法律、法规，加强安全生产管理，建立健全全员安全生产责任制和安全生产规章制度，加大对安全生产资金、物资、技术、人员的投入保障力度，改善安全生产条件，加强安全生产标准化、信息化建设，构建安全风险分级管控和隐患排查治理双重预防机制，健全风险防范化解机制，提高安全生产水平，确保安全生产。

平台经济等新兴行业、领域的生产经营单位应当根据本行业、领域的特点，建立健全并落实全员安全生产责任制，加强从业人员安全生产教育和培训，履行本法和其他法律、法规规定的有关安全生产义务。

第五条 生产经营单位的主要负责人是本单位安全生产第一责任人，对本单位的安全生产工作全面负责。其他负责人对职责范围内的安全生产工作负责。

第六条 生产经营单位的从业人员有依法获得安全生产保障的权利，并应当依法履行安全生产方面的义务。

第七条 工会依法对安全生产工作进行监督。

生产经营单位的工会依法组织职工参加本单位安全生产工作的民主管理和民主监督，维护职工在安全生产方面的合法权益。生产经营单位制定或者修改有关安全生产的规章制度，应当听取工会的意见。

第八条 国务院和县级以上地方各级人民政府应当根据国民经济和社会发展规划制定安全生产规划，并组织实施。安全生产规划应当与国土空间规划等相关规划相衔接。

各级人民政府应当加强安全生产基础设施建设和安全生产监管能力建设，所需经费列入本级预算。

县级以上地方各级人民政府应当组织有关部门建立完善安全风险评估与论证机制，按照安全风险管控要求，进行产业规划和空间布局，并对位置相邻、行业相近、业态相似的生产经营单位实施重大安全风险联防联控。

第九条 国务院和县级以上地方各级人民政府应当加强对安全生产工作的领导，建立健全安全生产工作协调机制，支持、督促各有关部门依法履行安全生产监督管理职责，及时协调、解决安全生产监督管理中存在的重大问题。

乡镇人民政府和街道办事处，以及开发区、工业园区、港区、风景区等应当明确负责安全生产监督管理的有关工作机构及其职责，加强安全生产监管力量建设，按照职责对本行政区域或者管理区域内生产经营单位安全生产状况进行监督检查，协助人民政府有关部门或者按照授权依法履行安全生产监督管理职责。

第十条 国务院应急管理部门依照本法，对全国安全生产工作实施综合监督管理；县级以上地方各级人民政府应急管理部门依照本法，对本行政区域内安全生产工作实施综合监督管理。

国务院交通运输、住房和城乡建设、水利、民航等有关部门依照本法和其他有关法律、行政法规的规定，在各自的职责范围内对有关行业、领域的安全生产工作实施监督管理；县级以上地方各级人民政府有关部门依照本法和其他有关法律、法规的规定，在各自的职责范围内对有关行业、领域的安全生产工作实施监督管理。对新兴行业、领域的安全生产监督管理职责不明确的，由县级以上地方各级人民政府按照业务相近的原则确定监督管理部门。

应急管理部门和对有关行业、领域的安全生产工作实施监督管理的部门，统称负有安全生产监督管理职责的部门。负有安全生产监督管理职责的部门应当相互配合、齐抓共管、信息共享、资源共用，依法加强安全生产监督管理工作。

第十一条 国务院有关部门应当按照保障安全生产的要求，依法及时制定有关的国家标准或者行业标准，并根据科技进步和经济发展适时修订。

生产经营单位必须执行依法制定的保障安全生产的国家标准或者行业标准。

第十二条 国务院有关部门按照职责分工负责安全生产强制性国家标准的项目提出、组织起草、征求意见、技术审查。国务院应急管理部门统筹提出安全生产强制性国家标准的立项计划。国务院标准化行政主管部门负责安全生产强制性国家标准的立项、编号、对外通报和授权批准发布工作。国务院标准化行政主管部门、有关部门依据法定职责对安全生产强制性国家标准的实施进行监督检查。

第十三条 各级人民政府及其有关部门应当采取多种形式，加强对有关安全生产的法律、法规和安全生产知识的宣传，增强全社会的安全生产意识。

第十四条 有关协会组织依照法律、行政法规和章程，为生产经营单位提供安全生产方面的信息、培训等服务，发挥自律作用，促进生产经营单位加强安全生产管理。

第十五条 依法设立的为安全生产提供技术、管理服务的机构，依照法律、行政法规和执业准则，接受生产经营单位的委托为其安全生产工作提供技术、管理服务。

生产经营单位委托前款规定的机构提供安全生产技术、管理服务的，保证安全生产的责任仍由本单位负责。

第十六条 国家实行生产安全事故责任追究制度，依照本法和有关法律、法规的规定，追究生产安全事故责任单位和责任人员的法律责任。

第十七条 县级以上各级人民政府应当组织负有安全生产监督管理职责的部门依法编制安全生产权力和责任清单，公开并接受社会监督。

第十八条 国家鼓励和支持安全生产科学技术研究和安全生产先进技术的推广应用，提高安全生产水平。

第十九条 国家对在改善安全生产条件、防止生产安全事故、参加抢险救护等方面取得显著成绩的单位和个人，给予奖励。

第二章　生产经营单位的安全生产保障

第二十条 生产经营单位应当具备本法和有关法律、行政法规和国家标准或者行业标准规定的安全生产条件；不具备安全生产条件的，不得从事生产经营活动。

第二十一条 生产经营单位的主要负责人对本单位安全生产工作负有下列职责：

（一）建立健全并落实本单位全员安全生产责任制，加强安全生产标准化建设；

（二）组织制定并实施本单位安全生产规章制度和操作规程；

（三）组织制定并实施本单位安全生产教育和培训计划；

（四）保证本单位安全生产投入的有效实施；

（五）组织建立并落实安全风险分级管控和隐患排查治理双重预防工作机制，督促、检查本单位的安全生产工作，及时消除生产安全事故隐患；

（六）组织制定并实施本单位的生产安全事故应急救援预案；

（七）及时、如实报告生产安全事故。

第二十二条 生产经营单位的全员安全生产责任制应当明确各岗位的责任人员、责任范围和考核标准等内容。

生产经营单位应当建立相应的机制，加强对全员安全生产责任制落实情况的监督考核，保证全员安全生产责任制的落实。

第二十三条 生产经营单位应当具备的安全生产条件所必需的资金投入，由生产经营单位的决策机构、主要负责人或者个人经营的投资人予以保证，并对由于安全生产所必需的资金投入不足导致的后果承担责任。

有关生产经营单位应当按照规定提取和使用安全生产费用，专门用于改善安全生产条件。安全生产费用在成本中据实列支。安全生产费用提取、使用和监督管理的具体办法由国务院财政部门会同国务院应急管理部门征求国务院有关部门意见后制定。

第二十四条 矿山、金属冶炼、建筑施工、运输单位和危险物品的生产、经营、储存、装卸单位，应当设置安全生产管理机构或者配备专职安全生产管理人员。

前款规定以外的其他生产经营单位，从业人员超过一百人的，应当设置安全生产管理机构或者配备专职安全生产管理人员；从业人员在一百人以下的，应当配备专职或者兼职的安全生产管理人员。

第二十五条 生产经营单位的安全生产管理机构以及安全生产管理人员履行下列职责：

（一）组织或者参与拟订本单位安全生产规章制度、操作规程和生产安全事故应急救援预案；

（二）组织或者参与本单位安全生产教育和培训，如实记录安全生产教育和培训情况；

（三）组织开展危险源辨识和评估，督促落实本单位重大危险源的安全管理措施；

（四）组织或者参与本单位应急救援演练；

（五）检查本单位的安全生产状况，及时排查生产安全事故隐患，提出改进安全生产管理的建议；

（六）制止和纠正违章指挥、强令冒险作业、违反操作规程的行为；

（七）督促落实本单位安全生产整改措施。

生产经营单位可以设置专职安全生产分管负责人，协助本单位主要负责人履行安全生产管理职责。

第二十六条 生产经营单位的安全生产管理机构以及安全生产管理人员应当恪尽职守，依法履行职责。

生产经营单位作出涉及安全生产的经营决策，应当听取安全生产管理机构以及安全生产管理人员的意见。

生产经营单位不得因安全生产管理人员依法履行职责而降低其工资、福利等待遇或者解除与其订立的劳动合同。

危险物品的生产、储存单位以及矿山、金属冶炼单位的安全生产管理人员的任免，应当告知主管的负有安全生产监督管理职责的部门。

第二十七条　生产经营单位的主要负责人和安全生产管理人员必须具备与本单位所从事的生产经营活动相应的安全生产知识和管理能力。

危险物品的生产、经营、储存、装卸单位以及矿山、金属冶炼、建筑施工、运输单位的主要负责人和安全生产管理人员，应当由主管的负有安全生产监督管理职责的部门对其安全生产知识和管理能力考核合格。考核不得收费。

危险物品的生产、储存、装卸单位以及矿山、金属冶炼单位应当有注册安全工程师从事安全生产管理工作。鼓励其他生产经营单位聘用注册安全工程师从事安全生产管理工作。注册安全工程师按专业分类管理，具体办法由国务院人力资源和社会保障部门、国务院应急管理部门会同国务院有关部门制定。

第二十八条　生产经营单位应当对从业人员进行安全生产教育和培训，保证从业人员具备必要的安全生产知识，熟悉有关的安全生产规章制度和安全操作规程，掌握本岗位的安全操作技能，了解事故应急处理措施，知悉自身在安全生产方面的权利和义务。未经安全生产教育和培训合格的从业人员，不得上岗作业。

生产经营单位使用被派遣劳动者的，应当将被派遣劳动者纳入本单位从业人员统一管理，对被派遣劳动者进行岗位安全操作规程和安全操作技能的教育和培训。劳务派遣单位应当对被派遣劳动者进行必要的安全生产教育和培训。

生产经营单位接收中等职业学校、高等学校学生实习的，应当对实习学生进行相应的安全生产教育和培训，提供必要的劳动防护用品。学校应当协助生产经营单位对实习学生进行安全生产教育和培训。

生产经营单位应当建立安全生产教育和培训档案，如实记录安全生产教育和培训的时间、内容、参加人员以及考核结果等情况。

第二十九条　生产经营单位采用新工艺、新技术、新材料或者使用新设备，必须了解、掌握其安全技术特性，采取有效的安全防护措施，并对从业人员进行专门的安全生产教育和培训。

第三十条　生产经营单位的特种作业人员必须按照国家有关规定经专门的安全作业培训，取得相应资格，方可上岗作业。

特种作业人员的范围由国务院应急管理部门会同国务院有关部门确定。

第三十一条　生产经营单位新建、改建、扩建工程项目（以下统称建设项目）的安全设施，必须与主体工程同时设计、同时施工、同时投入生产和使用。安全设施投资应当纳入建设项目概算。

第三十二条　矿山、金属冶炼建设项目和用于生产、储存、装卸危险物品的建设项目，应当按照国家有关规定进行安全评价。

第三十三条　建设项目安全设施的设计人、设计单位应当对安全设施设计负责。

矿山、金属冶炼建设项目和用于生产、储存、装卸危险物品的建设项目的安全设施设计应当按照国家有关规定报经有关部门审查，审查部门及其负责审查的人员对审查结果负责。

第三十四条　矿山、金属冶炼建设项目和用于生产、储存、装卸危险物品的建设项目的施工单位必须按照批准的安全设施设计施工，并对安全设施的工程质量负责。

矿山、金属冶炼建设项目和用于生产、储存、装卸危险物品的建设项目竣工投入生产或者使用前，应当由建设单位负责组织对安全设施进行验收；验收合格后，方可投入生产和使用。负有安全生产监督管理职责的部门应当加强对建设单位验收活动和验收结果的监督核查。

第三十五条　生产经营单位应当在有较大危险因素的生产经营场所和有关设施、设备上，设置明显的安全警示标志。

第三十六条　安全设备的设计、制造、安装、使用、检测、维修、改造和报废，应当符合国家标准或者行业标准。

生产经营单位必须对安全设备进行经常性维护、保养，并定期检测，保证正常运转。维护、保养、检测应当作好记录，并由有关人员签字。

生产经营单位不得关闭、破坏直接关系生产安全的监控、报警、防护、救生设备、设施，或者篡改、隐瞒、销毁其相关数据、信息。

餐饮等行业的生产经营单位使用燃气的，应当安装可燃气体报警装置，并保障其正常使用。

第三十七条　生产经营单位使用的危险物品的容器、运输工具，以及涉及人身安全、危险性较大的海洋石油开采特种设备和矿山井下特种设备，必须按照国家有关规定，由专业生产单位生产，并经具有专业资质的检测、检验机构检测、检验合格，取得安全使用证或者安全标志，方可投入使用。检测、检验机构对检测、检验结果负责。

第三十八条　国家对严重危及生产安全的工艺、设备实行淘汰制度，具体目录由国务院应急管理部门会同国务院有关部门制定并公布。法律、行政法规对目录的制定另有规定的，适用其规定。

省、自治区、直辖市人民政府可以根据本地区实际情况制定并公布具体目录，对前款规定以外的危及生产安全的工艺、设备予以淘汰。

生产经营单位不得使用应当淘汰的危及生产安全的工艺、

设备。

第三十九条 生产、经营、运输、储存、使用危险物品或者处置废弃危险物品的，由有关主管部门依照有关法律、法规的规定和国家标准或者行业标准审批并实施监督管理。

生产经营单位生产、经营、运输、储存、使用危险物品或者处置废弃危险物品，必须执行有关法律、法规和国家标准或者行业标准，建立专门的安全管理制度，采取可靠的安全措施，接受有关主管部门依法实施的监督管理。

第四十条 生产经营单位对重大危险源应当登记建档，进行定期检测、评估、监控，并制定应急预案，告知从业人员和相关人员在紧急情况下应当采取的应急措施。

生产经营单位应当按照国家有关规定将本单位重大危险源及有关安全措施、应急措施报有关地方人民政府应急管理部门和有关部门备案。有关地方人民政府应急管理部门和有关部门应当通过相关信息系统实现信息共享。

第四十一条 生产经营单位应当建立安全风险分级管控制度，按照安全风险分级采取相应的管控措施。

生产经营单位应当建立健全并落实生产安全事故隐患排查治理制度，采取技术、管理措施，及时发现并消除事故隐患。事故隐患排查治理情况应当如实记录，并通过职工大会或者职工代表大会、信息公示栏等方式向从业人员通报。其中，重大事故隐患排查治理情况应当及时向负有安全生产监督管理职责的部门和职工大会或者职工代表大会报告。

县级以上地方各级人民政府负有安全生产监督管理职责的部门应当将重大事故隐患纳入相关信息系统，建立健全重大事故隐患治理督办制度，督促生产经营单位消除重大事故隐患。

第四十二条 生产、经营、储存、使用危险物品的车间、商店、仓库不得与员工宿舍在同一座建筑物内，并应当与员工宿舍保持安全距离。

生产经营场所和员工宿舍应当设有符合紧急疏散要求、标志明显、保持畅通的出口、疏散通道。禁止占用、锁闭、封堵生产经营场所或者员工宿舍的出口、疏散通道。

第四十三条　生产经营单位进行爆破、吊装、动火、临时用电以及国务院应急管理部门会同国务院有关部门规定的其他危险作业，应当安排专门人员进行现场安全管理，确保操作规程的遵守和安全措施的落实。

第四十四条　生产经营单位应当教育和督促从业人员严格执行本单位的安全生产规章制度和安全操作规程；并向从业人员如实告知作业场所和工作岗位存在的危险因素、防范措施以及事故应急措施。

生产经营单位应当关注从业人员的身体、心理状况和行为习惯，加强对从业人员的心理疏导、精神慰藉，严格落实岗位安全生产责任，防范从业人员行为异常导致事故发生。

第四十五条　生产经营单位必须为从业人员提供符合国家标准或者行业标准的劳动防护用品，并监督、教育从业人员按照使用规则佩戴、使用。

第四十六条　生产经营单位的安全生产管理人员应当根据本单位的生产经营特点，对安全生产状况进行经常性检查；对检查中发现的安全问题，应当立即处理；不能处理的，应当及时报告本单位有关负责人，有关负责人应当及时处理。检查及处理情况应当如实记录在案。

生产经营单位的安全生产管理人员在检查中发现重大事故隐患，依照前款规定向本单位有关负责人报告，有关负责人不及时处理的，安全生产管理人员可以向主管的负有安全生产监督管理职责的部门报告，接到报告的部门应当依法及时处理。

第四十七条 生产经营单位应当安排用于配备劳动防护用品、进行安全生产培训的经费。

第四十八条 两个以上生产经营单位在同一作业区域内进行生产经营活动，可能危及对方生产安全的，应当签订安全生产管理协议，明确各自的安全生产管理职责和应当采取的安全措施，并指定专职安全生产管理人员进行安全检查与协调。

第四十九条 生产经营单位不得将生产经营项目、场所、设备发包或者出租给不具备安全生产条件或者相应资质的单位或者个人。

生产经营项目、场所发包或者出租给其他单位的，生产经营单位应当与承包单位、承租单位签订专门的安全生产管理协议，或者在承包合同、租赁合同中约定各自的安全生产管理职责；生产经营单位对承包单位、承租单位的安全生产工作统一协调、管理，定期进行安全检查，发现安全问题的，应当及时督促整改。

矿山、金属冶炼建设项目和用于生产、储存、装卸危险物品的建设项目的施工单位应当加强对施工项目的安全管理，不得倒卖、出租、出借、挂靠或者以其他形式非法转让施工资质，不得将其承包的全部建设工程转包给第三人或者将其承包的全部建设工程支解以后以分包的名义分别转包给第三人，不得将工程分包给不具备相应资质条件的单位。

第五十条 生产经营单位发生生产安全事故时，单位的主要负责人应当立即组织抢救，并不得在事故调查处理期间擅离职守。

第五十一条 生产经营单位必须依法参加工伤保险，为从业人员缴纳保险费。

国家鼓励生产经营单位投保安全生产责任保险；属于国家规定的高危行业、领域的生产经营单位，应当投保安全生产责任保险。

具体范围和实施办法由国务院应急管理部门会同国务院财政部门、国务院保险监督管理机构和相关行业主管部门制定。

第三章　从业人员的安全生产权利义务

第五十二条　生产经营单位与从业人员订立的劳动合同，应当载明有关保障从业人员劳动安全、防止职业危害的事项，以及依法为从业人员办理工伤保险的事项。

生产经营单位不得以任何形式与从业人员订立协议，免除或者减轻其对从业人员因生产安全事故伤亡依法应承担的责任。

第五十三条　生产经营单位的从业人员有权了解其作业场所和工作岗位存在的危险因素、防范措施及事故应急措施，有权对本单位的安全生产工作提出建议。

第五十四条　从业人员有权对本单位安全生产工作中存在的问题提出批评、检举、控告；有权拒绝违章指挥和强令冒险作业。

生产经营单位不得因从业人员对本单位安全生产工作提出批评、检举、控告或者拒绝违章指挥、强令冒险作业而降低其工资、福利等待遇或者解除与其订立的劳动合同。

第五十五条　从业人员发现直接危及人身安全的紧急情况时，有权停止作业或者在采取可能的应急措施后撤离作业场所。

生产经营单位不得因从业人员在前款紧急情况下停止作业或者采取紧急撤离措施而降低其工资、福利等待遇或者解除与其订立的劳动合同。

第五十六条　生产经营单位发生生产安全事故后，应当及时采取措施救治有关人员。

因生产安全事故受到损害的从业人员，除依法享有工伤保险外，依照有关民事法律尚有获得赔偿的权利的，有权提出赔偿要求。

第五十七条 从业人员在作业过程中，应当严格落实岗位安全责任，遵守本单位的安全生产规章制度和操作规程，服从管理，正确佩戴和使用劳动防护用品。

第五十八条 从业人员应当接受安全生产教育和培训，掌握本职工作所需的安全生产知识，提高安全生产技能，增强事故预防和应急处理能力。

第五十九条 从业人员发现事故隐患或者其他不安全因素，应当立即向现场安全生产管理人员或者本单位负责人报告；接到报告的人员应当及时予以处理。

第六十条 工会有权对建设项目的安全设施与主体工程同时设计、同时施工、同时投入生产和使用进行监督，提出意见。

工会对生产经营单位违反安全生产法律、法规，侵犯从业人员合法权益的行为，有权要求纠正；发现生产经营单位违章指挥、强令冒险作业或者发现事故隐患时，有权提出解决的建议，生产经营单位应当及时研究答复；发现危及从业人员生命安全的情况时，有权向生产经营单位建议组织从业人员撤离危险场所，生产经营单位必须立即作出处理。

工会有权依法参加事故调查，向有关部门提出处理意见，并要求追究有关人员的责任。

第六十一条 生产经营单位使用被派遣劳动者的，被派遣劳动者享有本法规定的从业人员的权利，并应当履行本法规定的从业人员的义务。

第四章　安全生产的监督管理

第六十二条 县级以上地方各级人民政府应当根据本行政区域内的安全生产状况，组织有关部门按照职责分工，对本行政区域内容易发生重大生产安全事故的生产经营单位进行严格检查。

应急管理部门应当按照分类分级监督管理的要求，制定安全生产年度监督检查计划，并按照年度监督检查计划进行监督检查，发现事故隐患，应当及时处理。

第六十三条 负有安全生产监督管理职责的部门依照有关法律、法规的规定，对涉及安全生产的事项需要审查批准（包括批准、核准、许可、注册、认证、颁发证照等，下同）或者验收的，必须严格依照有关法律、法规和国家标准或者行业标准规定的安全生产条件和程序进行审查；不符合有关法律、法规和国家标准或者行业标准规定的安全生产条件的，不得批准或者验收通过。对未依法取得批准或者验收合格的单位擅自从事有关活动的，负责行政审批的部门发现或者接到举报后应当立即予以取缔，并依法予以处理。对已经依法取得批准的单位，负责行政审批的部门发现其不再具备安全生产条件的，应当撤销原批准。

第六十四条 负有安全生产监督管理职责的部门对涉及安全生产的事项进行审查、验收，不得收取费用；不得要求接受审查、验收的单位购买其指定品牌或者指定生产、销售单位的安全设备、器材或者其他产品。

第六十五条 应急管理部门和其他负有安全生产监督管理职责的部门依法开展安全生产行政执法工作，对生产经营单位执行有关安全生产的法律、法规和国家标准或者行业标准的情况进行监督检查，行使以下职权：

（一）进入生产经营单位进行检查，调阅有关资料，向有关单位和人员了解情况；

（二）对检查中发现的安全生产违法行为，当场予以纠正或者要求限期改正；对依法应当给予行政处罚的行为，依照本法和其他有关法律、行政法规的规定作出行政处罚决定；

（三）对检查中发现的事故隐患，应当责令立即排除；重大事故隐患排除前或者排除过程中无法保证安全的，应当责令从危险区域内撤出作业人员，责令暂时停产停业或者停止使用相关设施、设备；重大事故隐患排除后，经审查同意，方可恢复生产经营和使用；

（四）对有根据认为不符合保障安全生产的国家标准或者行业标准的设施、设备、器材以及违法生产、储存、使用、经营、运输的危险物品予以查封或者扣押，对违法生产、储存、使用、经营危险物品的作业场所予以查封，并依法作出处理决定。

监督检查不得影响被检查单位的正常生产经营活动。

第六十六条 生产经营单位对负有安全生产监督管理职责的部门的监督检查人员（以下统称安全生产监督检查人员）依法履行监督检查职责，应当予以配合，不得拒绝、阻挠。

第六十七条 安全生产监督检查人员应当忠于职守，坚持原则，秉公执法。

安全生产监督检查人员执行监督检查任务时，必须出示有效的行政执法证件；对涉及被检查单位的技术秘密和业务秘密，应当为其保密。

第六十八条 安全生产监督检查人员应当将检查的时间、地点、内容、发现的问题及其处理情况，作出书面记录，并由检查人员和被检查单位的负责人签字；被检查单位的负责人拒绝签字的，检查人员应当将情况记录在案，并向负有安全生产监督管理职责的部门报告。

第六十九条 负有安全生产监督管理职责的部门在监督检查中，应当互相配合，实行联合检查；确需分别进行检查的，应当互通情况，发现存在的安全问题应当由其他有关部门进行处理的，应当及时移送其他有关部门并形成记录备查，接受移送的部门应当及时进行处理。

第七十条　负有安全生产监督管理职责的部门依法对存在重大事故隐患的生产经营单位作出停产停业、停止施工、停止使用相关设施或者设备的决定，生产经营单位应当依法执行，及时消除事故隐患。生产经营单位拒不执行，有发生生产安全事故的现实危险的，在保证安全的前提下，经本部门主要负责人批准，负有安全生产监督管理职责的部门可以采取通知有关单位停止供电、停止供应民用爆炸物品等措施，强制生产经营单位履行决定。通知应当采用书面形式，有关单位应当予以配合。

负有安全生产监督管理职责的部门依照前款规定采取停止供电措施，除有危及生产安全的紧急情形外，应当提前二十四小时通知生产经营单位。生产经营单位依法履行行政决定、采取相应措施消除事故隐患的，负有安全生产监督管理职责的部门应当及时解除前款规定的措施。

第七十一条　监察机关依照监察法的规定，对负有安全生产监督管理职责的部门及其工作人员履行安全生产监督管理职责实施监察。

第七十二条　承担安全评价、认证、检测、检验职责的机构应当具备国家规定的资质条件，并对其作出的安全评价、认证、检测、检验结果的合法性、真实性负责。资质条件由国务院应急管理部门会同国务院有关部门制定。

承担安全评价、认证、检测、检验职责的机构应当建立并实施服务公开和报告公开制度，不得租借资质、挂靠、出具虚假报告。

第七十三条　负有安全生产监督管理职责的部门应当建立举报制度，公开举报电话、信箱或者电子邮件地址等网络举报平台，受理有关安全生产的举报；受理的举报事项经调查核实后，应当形成书面材料；需要落实整改措施的，报经有关负责人签字并督促落实。对不属于本部门职责，需要由其他有关部门进行调查处理的，转交其他有关部门处理。

涉及人员死亡的举报事项，应当由县级以上人民政府组织核查处理。

第七十四条 任何单位或者个人对事故隐患或者安全生产违法行为，均有权向负有安全生产监督管理职责的部门报告或者举报。

因安全生产违法行为造成重大事故隐患或者导致重大事故，致使国家利益或者社会公共利益受到侵害的，人民检察院可以根据民事诉讼法、行政诉讼法的相关规定提起公益诉讼。

第七十五条 居民委员会、村民委员会发现其所在区域内的生产经营单位存在事故隐患或者安全生产违法行为时，应当向当地人民政府或者有关部门报告。

第七十六条 县级以上各级人民政府及其有关部门对报告重大事故隐患或者举报安全生产违法行为的有功人员，给予奖励。具体奖励办法由国务院应急管理部门会同国务院财政部门制定。

第七十七条 新闻、出版、广播、电影、电视等单位有进行安全生产公益宣传教育的义务，有对违反安全生产法律、法规的行为进行舆论监督的权利。

第七十八条 负有安全生产监督管理职责的部门应当建立安全生产违法行为信息库，如实记录生产经营单位及其有关从业人员的安全生产违法行为信息；对违法行为情节严重的生产经营单位及其有关从业人员，应当及时向社会公告，并通报行业主管部门、投资主管部门、自然资源主管部门、生态环境主管部门、证券监督管理机构以及有关金融机构。有关部门和机构应当对存在失信行为的生产经营单位及其有关从业人员采取加大执法检查频次、暂停项目审批、上调有关保险费率、行业或者职业禁入等联合惩戒措施，并向社会公示。

负有安全生产监督管理职责的部门应当加强对生产经营单位行

政处罚信息的及时归集、共享、应用和公开，对生产经营单位作出处罚决定后七个工作日内在监督管理部门公示系统予以公开曝光，强化对违法失信生产经营单位及其有关从业人员的社会监督，提高全社会安全生产诚信水平。

第五章　生产安全事故的应急救援与调查处理

第七十九条　国家加强生产安全事故应急能力建设，在重点行业、领域建立应急救援基地和应急救援队伍，并由国家安全生产应急救援机构统一协调指挥；鼓励生产经营单位和其他社会力量建立应急救援队伍，配备相应的应急救援装备和物资，提高应急救援的专业化水平。

国务院应急管理部门牵头建立全国统一的生产安全事故应急救援信息系统，国务院交通运输、住房和城乡建设、水利、民航等有关部门和县级以上地方人民政府建立健全相关行业、领域、地区的生产安全事故应急救援信息系统，实现互联互通、信息共享，通过推行网上安全信息采集、安全监管和监测预警，提升监管的精准化、智能化水平。

第八十条　县级以上地方各级人民政府应当组织有关部门制定本行政区域内生产安全事故应急救援预案，建立应急救援体系。

乡镇人民政府和街道办事处，以及开发区、工业园区、港区、风景区等应当制定相应的生产安全事故应急救援预案，协助人民政府有关部门或者按照授权依法履行生产安全事故应急救援工作职责。

第八十一条　生产经营单位应当制定本单位生产安全事故应急救援预案，与所在地县级以上地方人民政府组织制定的生产安全事故应急救援预案相衔接，并定期组织演练。

第八十二条　危险物品的生产、经营、储存单位以及矿山、金属冶炼、城市轨道交通运营、建筑施工单位应当建立应急救援组织；生产经营规模较小的，可以不建立应急救援组织，但应当指定兼职的应急救援人员。

危险物品的生产、经营、储存、运输单位以及矿山、金属冶炼、城市轨道交通运营、建筑施工单位应当配备必要的应急救援器材、设备和物资，并进行经常性维护、保养，保证正常运转。

第八十三条 生产经营单位发生生产安全事故后，事故现场有关人员应当立即报告本单位负责人。

单位负责人接到事故报告后，应当迅速采取有效措施，组织抢救，防止事故扩大，减少人员伤亡和财产损失，并按照国家有关规定立即如实报告当地负有安全生产监督管理职责的部门，不得隐瞒不报、谎报或者迟报，不得故意破坏事故现场、毁灭有关证据。

第八十四条 负有安全生产监督管理职责的部门接到事故报告后，应当立即按照国家有关规定上报事故情况。负有安全生产监督管理职责的部门和有关地方人民政府对事故情况不得隐瞒不报、谎报或者迟报。

第八十五条 有关地方人民政府和负有安全生产监督管理职责的部门的负责人接到生产安全事故报告后，应当按照生产安全事故应急救援预案的要求立即赶到事故现场，组织事故抢救。

参与事故抢救的部门和单位应当服从统一指挥，加强协同联动，采取有效的应急救援措施，并根据事故救援的需要采取警戒、疏散等措施，防止事故扩大和次生灾害的发生，减少人员伤亡和财产损失。

事故抢救过程中应当采取必要措施，避免或者减少对环境造成的危害。

任何单位和个人都应当支持、配合事故抢救，并提供一切便利条件。

第八十六条　事故调查处理应当按照科学严谨、依法依规、实事求是、注重实效的原则，及时、准确地查清事故原因，查明事故性质和责任，评估应急处置工作，总结事故教训，提出整改措施，并对事故责任单位和人员提出处理建议。事故调查报告应当依法及时向社会公布。事故调查和处理的具体办法由国务院制定。

事故发生单位应当及时全面落实整改措施，负有安全生产监督管理职责的部门应当加强监督检查。

负责事故调查处理的国务院有关部门和地方人民政府应当在批复事故调查报告后一年内，组织有关部门对事故整改和防范措施落实情况进行评估，并及时向社会公开评估结果；对不履行职责导致事故整改和防范措施没有落实的有关单位和人员，应当按照有关规定追究责任。

第八十七条　生产经营单位发生生产安全事故，经调查确定为责任事故的，除了应当查明事故单位的责任并依法予以追究外，还应当查明对安全生产的有关事项负有审查批准和监督职责的行政部门的责任，对有失职、渎职行为的，依照本法第九十条的规定追究法律责任。

第八十八条　任何单位和个人不得阻挠和干涉对事故的依法调查处理。

第八十九条　县级以上地方各级人民政府应急管理部门应当定期统计分析本行政区域内发生生产安全事故的情况，并定期向社会公布。

第六章　法　律　责　任

第九十条　负有安全生产监督管理职责的部门的工作人员，有下列行为之一的，给予降级或者撤职的处分；构成犯罪的，依照刑法有关规定追究刑事责任：

（一）对不符合法定安全生产条件的涉及安全生产的事项予以批准或者验收通过的；

（二）发现未依法取得批准、验收的单位擅自从事有关活动或者接到举报后不予取缔或者不依法予以处理的；

（三）对已经依法取得批准的单位不履行监督管理职责，发现其不再具备安全生产条件而不撤销原批准或者发现安全生产违法行为不予查处的；

（四）在监督检查中发现重大事故隐患，不依法及时处理的。

负有安全生产监督管理职责的部门的工作人员有前款规定以外的滥用职权、玩忽职守、徇私舞弊行为的，依法给予处分；构成犯罪的，依照刑法有关规定追究刑事责任。

第九十一条 负有安全生产监督管理职责的部门，要求被审查、验收的单位购买其指定的安全设备、器材或者其他产品的，在对安全生产事项的审查、验收中收取费用的，由其上级机关或者监察机关责令改正，责令退还收取的费用；情节严重的，对直接负责的主管人员和其他直接责任人员依法给予处分。

第九十二条 承担安全评价、认证、检测、检验职责的机构出具失实报告的，责令停业整顿，并处三万元以上十万元以下的罚款；给他人造成损害的，依法承担赔偿责任。

承担安全评价、认证、检测、检验职责的机构租借资质、挂靠、出具虚假报告的，没收违法所得；违法所得在十万元以上的，并处违法所得二倍以上五倍以下的罚款，没有违法所得或者违法所得不足十万元的，单处或者并处十万元以上二十万元以下的罚款；对其直接负责的主管人员和其他直接责任人员处五万元以上十万元以下的罚款；给他人造成损害的，与生产经营单位承担连带赔偿责任；构成犯罪的，依照刑法有关规定追究刑事责任。

对有前款违法行为的机构及其直接责任人员，吊销其相应资质和资格，五年内不得从事安全评价、认证、检测、检验等工作；情节严重的，实行终身行业和职业禁入。

第九十三条　生产经营单位的决策机构、主要负责人或者个人经营的投资人不依照本法规定保证安全生产所必需的资金投入，致使生产经营单位不具备安全生产条件的，责令限期改正，提供必需的资金；逾期未改正的，责令生产经营单位停产停业整顿。

有前款违法行为，导致发生生产安全事故的，对生产经营单位的主要负责人给予撤职处分，对个人经营的投资人处二万元以上二十万元以下的罚款；构成犯罪的，依照刑法有关规定追究刑事责任。

第九十四条　生产经营单位的主要负责人未履行本法规定的安全生产管理职责的，责令限期改正，处二万元以上五万元以下的罚款；逾期未改正的，处五万元以上十万元以下的罚款，责令生产经营单位停产停业整顿。

生产经营单位的主要负责人有前款违法行为，导致发生生产安全事故的，给予撤职处分；构成犯罪的，依照刑法有关规定追究刑事责任。

生产经营单位的主要负责人依照前款规定受刑事处罚或者撤职处分的，自刑罚执行完毕或者受处分之日起，五年内不得担任任何生产经营单位的主要负责人；对重大、特别重大生产安全事故负有责任的，终身不得担任本行业生产经营单位的主要负责人。

第九十五条　生产经营单位的主要负责人未履行本法规定的安全生产管理职责，导致发生生产安全事故的，由应急管理部门依照下列规定处以罚款：

（一）发生一般事故的，处上一年年收入百分之四十的罚款；

（二）发生较大事故的，处上一年年收入百分之六十的罚款；

（三）发生重大事故的，处上一年年收入百分之八十的罚款；

（四）发生特别重大事故的，处上一年年收入百分之一百的罚款。

第九十六条 生产经营单位的其他负责人和安全生产管理人员未履行本法规定的安全生产管理职责的，责令限期改正，处一万元以上三万元以下的罚款；导致发生生产安全事故的，暂停或者吊销其与安全生产有关的资格，并处上一年年收入百分之二十以上百分之五十以下的罚款；构成犯罪的，依照刑法有关规定追究刑事责任。

第九十七条 生产经营单位有下列行为之一的，责令限期改正，处十万元以下的罚款；逾期未改正的，责令停产停业整顿，并处十万元以上二十万元以下的罚款，对其直接负责的主管人员和其他直接责任人员处二万元以上五万元以下的罚款：

（一）未按照规定设置安全生产管理机构或者配备安全生产管理人员、注册安全工程师的；

（二）危险物品的生产、经营、储存、装卸单位以及矿山、金属冶炼、建筑施工、运输单位的主要负责人和安全生产管理人员未按照规定经考核合格的；

（三）未按照规定对从业人员、被派遣劳动者、实习学生进行安全生产教育和培训，或者未按照规定如实告知有关的安全生产事项的；

（四）未如实记录安全生产教育和培训情况的；

（五）未将事故隐患排查治理情况如实记录或者未向从业人员通报的；

（六）未按照规定制定生产安全事故应急救援预案或者未定期组织演练的；

（七）特种作业人员未按照规定经专门的安全作业培训并取得相应资格，上岗作业的。

第九十八条 生产经营单位有下列行为之一的，责令停止建设或者停产停业整顿，限期改正，并处十万元以上五十万元以下的罚款，对其直接负责的主管人员和其他直接责任人员处二万元以上五万元以下的罚款；逾期未改正的，处五十万元以上一百万元以下的罚款，对其直接负责的主管人员和其他直接责任人员处五万元以上十万元以下的罚款；构成犯罪的，依照刑法有关规定追究刑事责任：

（一）未按照规定对矿山、金属冶炼建设项目或者用于生产、储存、装卸危险物品的建设项目进行安全评价的；

（二）矿山、金属冶炼建设项目或者用于生产、储存、装卸危险物品的建设项目没有安全设施设计或者安全设施设计未按照规定报经有关部门审查同意的；

（三）矿山、金属冶炼建设项目或者用于生产、储存、装卸危险物品的建设项目的施工单位未按照批准的安全设施设计施工的；

（四）矿山、金属冶炼建设项目或者用于生产、储存、装卸危险物品的建设项目竣工投入生产或者使用前，安全设施未经验收合格的。

第九十九条 生产经营单位有下列行为之一的，责令限期改正，处五万元以下的罚款；逾期未改正的，处五万元以上二十万元以下的罚款，对其直接负责的主管人员和其他直接责任人员处一万元以上二万元以下的罚款；情节严重的，责令停产停业整顿；构成犯罪的，依照刑法有关规定追究刑事责任：

（一）未在有较大危险因素的生产经营场所和有关设施、设备上设置明显的安全警示标志的；

（二）安全设备的安装、使用、检测、改造和报废不符合国家标准或者行业标准的；

（三）未对安全设备进行经常性维护、保养和定期检测的；

（四）关闭、破坏直接关系生产安全的监控、报警、防护、救生设备、设施，或者篡改、隐瞒、销毁其相关数据、信息的；

（五）未为从业人员提供符合国家标准或者行业标准的劳动防护用品的；

（六）危险物品的容器、运输工具，以及涉及人身安全、危险性较大的海洋石油开采特种设备和矿山井下特种设备未经具有专业资质的机构检测、检验合格，取得安全使用证或者安全标志，投入使用的；

（七）使用应当淘汰的危及生产安全的工艺、设备的；

（八）餐饮等行业的生产经营单位使用燃气未安装可燃气体报警装置的。

第一百条 未经依法批准，擅自生产、经营、运输、储存、使用危险物品或者处置废弃危险物品的，依照有关危险物品安全管理的法律、行政法规的规定予以处罚；构成犯罪的，依照刑法有关规定追究刑事责任。

第一百零一条 生产经营单位有下列行为之一的，责令限期改正，处十万元以下的罚款；逾期未改正的，责令停产停业整顿，并处十万元以上二十万元以下的罚款，对其直接负责的主管人员和其他直接责任人员处二万元以上五万元以下的罚款；构成犯罪的，依照刑法有关规定追究刑事责任：

（一）生产、经营、运输、储存、使用危险物品或者处置废弃危险物品，未建立专门安全管理制度、未采取可靠的安全措施的；

（二）对重大危险源未登记建档，未进行定期检测、评估、监控，未制定应急预案，或者未告知应急措施的；

（三）进行爆破、吊装、动火、临时用电以及国务院应急管理部门会同国务院有关部门规定的其他危险作业，未安排专门人员进行现场安全管理的；

（四）未建立安全风险分级管控制度或者未按照安全风险分级采取相应管控措施的；

（五）未建立事故隐患排查治理制度，或者重大事故隐患排查治理情况未按照规定报告的。

第一百零二条　生产经营单位未采取措施消除事故隐患的，责令立即消除或者限期消除，处五万元以下的罚款；生产经营单位拒不执行的，责令停产停业整顿，对其直接负责的主管人员和其他直接责任人员处五万元以上十万元以下的罚款；构成犯罪的，依照刑法有关规定追究刑事责任。

第一百零三条　生产经营单位将生产经营项目、场所、设备发包或者出租给不具备安全生产条件或者相应资质的单位或者个人的，责令限期改正，没收违法所得；违法所得十万元以上的，并处违法所得二倍以上五倍以下的罚款；没有违法所得或者违法所得不足十万元的，单处或者并处十万元以上二十万元以下的罚款；对其直接负责的主管人员和其他直接责任人员处一万元以上二万元以下的罚款；导致发生生产安全事故给他人造成损害的，与承包方、承租方承担连带赔偿责任。

生产经营单位未与承包单位、承租单位签订专门的安全生产管理协议或者未在承包合同、租赁合同中明确各自的安全生产管理职责，或者未对承包单位、承租单位的安全生产统一协调、管理的，责令限期改正，处五万元以下的罚款，对其直接负责的主管人员和其他直接责任人员处一万元以下的罚款；逾期未改正的，责令停产停业整顿。

矿山、金属冶炼建设项目和用于生产、储存、装卸危险物品的建设项目的施工单位未按照规定对施工项目进行安全管理的，责令限期改正，处十万元以下的罚款，对其直接负责的主管人员和其他直接责任人员处二万元以下的罚款；逾期未改正的，责令停产停业整顿。以上施工单位倒卖、出租、出借、挂靠或者以其他形式非法转让施工资质的，责令停产停业整顿，吊销资质证书，没收违法所得；违法所得十万元以上的，并处违法所得二倍以上五倍以下的罚款，没有违法所得或者违法所得不足十万元的，单处或者并处十万元以上二十万元以下的罚款；对其直接负责的主管人员和其他直接责任人员处五万元以上十万元以下的罚款；构成犯罪的，依照刑法有关规定追究刑事责任。

第一百零四条 两个以上生产经营单位在同一作业区域内进行可能危及对方安全生产的生产经营活动，未签订安全生产管理协议或者未指定专职安全生产管理人员进行安全检查与协调的，责令限期改正，处五万元以下的罚款，对其直接负责的主管人员和其他直接责任人员处一万元以下的罚款；逾期未改正的，责令停产停业。

第一百零五条 生产经营单位有下列行为之一的，责令限期改正，处五万元以下的罚款，对其直接负责的主管人员和其他直接责任人员处一万元以下的罚款；逾期未改正的，责令停产停业整顿；构成犯罪的，依照刑法有关规定追究刑事责任：

（一）生产、经营、储存、使用危险物品的车间、商店、仓库与员工宿舍在同一座建筑内，或者与员工宿舍的距离不符合安全要求的；

（二）生产经营场所和员工宿舍未设有符合紧急疏散需要、标志明显、保持畅通的出口、疏散通道，或者占用、锁闭、封堵生产经营场所或者员工宿舍出口、疏散通道的。

第一百零六条 生产经营单位与从业人员订立协议，免除或者减轻其对从业人员因生产安全事故伤亡依法应承担的责任的，该协议无效；对生产经营单位的主要负责人、个人经营的投资人处二万元以上十万元以下的罚款。

第一百零七条 生产经营单位的从业人员不落实岗位安全责

任，不服从管理，违反安全生产规章制度或者操作规程的，由生产经营单位给予批评教育，依照有关规章制度给予处分；构成犯罪的，依照刑法有关规定追究刑事责任。

第一百零八条　违反本法规定，生产经营单位拒绝、阻碍负有安全生产监督管理职责的部门依法实施监督检查的，责令改正；拒不改正的，处二万元以上二十万元以下的罚款；对其直接负责的主管人员和其他直接责任人员处一万元以上二万元以下的罚款；构成犯罪的，依照刑法有关规定追究刑事责任。

第一百零九条　高危行业、领域的生产经营单位未按照国家规定投保安全生产责任保险的，责令限期改正，处五万元以上十万元以下的罚款；逾期未改正的，处十万元以上二十万元以下的罚款。

第一百一十条　生产经营单位的主要负责人在本单位发生生产安全事故时，不立即组织抢救或者在事故调查处理期间擅离职守或者逃匿的，给予降级、撤职的处分，并由应急管理部门处上一年年收入百分之六十至百分之一百的罚款；对逃匿的处十五日以下拘留；构成犯罪的，依照刑法有关规定追究刑事责任。

生产经营单位的主要负责人对生产安全事故隐瞒不报、谎报或者迟报的，依照前款规定处罚。

第一百一十一条　有关地方人民政府、负有安全生产监督管理职责的部门，对生产安全事故隐瞒不报、谎报或者迟报的，对直接负责的主管人员和其他直接责任人员依法给予处分；构成犯罪的，依照刑法有关规定追究刑事责任。

第一百一十二条　生产经营单位违反本法规定，被责令改正且受到罚款处罚，拒不改正的，负有安全生产监督管理职责的部门可以自作出责令改正之日的次日起，按照原处罚数额按日连续处罚。

第一百一十三条　生产经营单位存在下列情形之一的，负有安全生产监督管理职责的部门应当提请地方人民政府予以关闭，有关部门应当依法吊销其有关证照。生产经营单位主要负责人五年内不得担任任何生产经营单位的主要负责人；情节严重的，终身不得担任本行业生产经营单位的主要负责人：

（一）存在重大事故隐患，一百八十日内三次或者一年内四次受到本法规定的行政处罚的；

（二）经停产停业整顿，仍不具备法律、行政法规和国家标准或者行业标准规定的安全生产条件的；

（三）不具备法律、行政法规和国家标准或者行业标准规定的安全生产条件，导致发生重大、特别重大生产安全事故的；

（四）拒不执行负有安全生产监督管理职责的部门作出的停产停业整顿决定的。

第一百一十四条 发生生产安全事故，对负有责任的生产经营单位除要求其依法承担相应的赔偿等责任外，由应急管理部门依照下列规定处以罚款：

（一）发生一般事故的，处三十万元以上一百万元以下的罚款；

（二）发生较大事故的，处一百万元以上二百万元以下的罚款；

（三）发生重大事故的，处二百万元以上一千万元以下的罚款；

（四）发生特别重大事故的，处一千万元以上二千万元以下的罚款。

发生生产安全事故，情节特别严重、影响特别恶劣的，应急管理部门可以按照前款罚款数额的二倍以上五倍以下对负有责任的生产经营单位处以罚款。

第一百一十五条 本法规定的行政处罚，由应急管理部门和其他负有安全生产监督管理职责的部门按照职责分工决定；其中，根据本法第九十五条、第一百一十条、第一百一十四条的规定应当给予民航、铁路、电力行业的生产经营单位及其主要负责人行政处罚的，也可以由主管的负有安全生产监督管理职责的部门进行处罚。予以关闭的行政处罚，由负有安全生产监督管理职责的部门报请县级以上人民政府按照国务院规定的权限决定；给予拘留的行政处罚，由公安机关依照治安管理处罚的规定决定。

第一百一十六条　生产经营单位发生生产安全事故造成人员伤亡、他人财产损失的，应当依法承担赔偿责任；拒不承担或者其负责人逃匿的，由人民法院依法强制执行。

生产安全事故的责任人未依法承担赔偿责任，经人民法院依法采取执行措施后，仍不能对受害人给予足额赔偿的，应当继续履行赔偿义务；受害人发现责任人有其他财产的，可以随时请求人民法院执行。

第七章　附　　则

第一百一十七条　本法下列用语的含义：

危险物品，是指易燃易爆物品、危险化学品、放射性物品等能够危及人身安全和财产安全的物品。

重大危险源，是指长期地或者临时地生产、搬运、使用或者储存危险物品，且危险物品的数量等于或者超过临界量的单元（包括场所和设施）。

第一百一十八条　本法规定的生产安全一般事故、较大事故、重大事故、特别重大事故的划分标准由国务院规定。

国务院应急管理部门和其他负有安全生产监督管理职责的部门应当根据各自的职责分工，制定相关行业、领域重大危险源的辨识标准和重大事故隐患的判定标准。

第一百一十九条　本法自 2002 年 11 月 1 日起施行。

附件三

中华人民共和国国务院令

第 493 号

《生产安全事故报告和调查处理条例》已经 2007 年 3 月 28 日国务院第 172 次常务会议通过，现予公布，自 2007 年 6 月 1 日起施行。

总理　温家宝

二〇〇七年四月九日

生产安全事故报告和调查处理条例

第一章　总　　则

第一条　为了规范生产安全事故的报告和调查处理，落实生产安全事故责任追究制度，防止和减少生产安全事故，根据《中华人民共和国安全生产法》和有关法律，制定本条例。

第二条　生产经营活动中发生的造成人身伤亡或者直接经济损失的生产安全事故的报告和调查处理，适用本条例；环境污染事故、核设施事故、国防科研生产事故的报告和调查处理不适用本条例。

第三条 根据生产安全事故（以下简称事故）造成的人员伤亡或者直接经济损失，事故一般分为以下等级：

（一）特别重大事故，是指造成 30 人以上死亡，或者 100 人以上重伤（包括急性工业中毒，下同），或者 1 亿元以上直接经济损失的事故；

（二）重大事故，是指造成 10 人以上 30 人以下死亡，或者 50 人以上 100 人以下重伤，或者 5000 万元以上 1 亿元以下直接经济损失的事故；

（三）较大事故，是指造成 3 人以上 10 人以下死亡，或者 10 人以上 50 人以下重伤，或者 1000 万元以上 5000 万元以下直接经济损失的事故；

（四）一般事故，是指造成 3 人以下死亡，或者 10 人以下重伤，或者 1000 万元以下直接经济损失的事故。

国务院安全生产监督管理部门可以会同国务院有关部门，制定事故等级划分的补充性规定。

本条第一款所称的"以上"包括本数，所称的"以下"不包括本数。

第四条 事故报告应当及时、准确、完整，任何单位和个人对事故不得迟报、漏报、谎报或者瞒报。

事故调查处理应当坚持实事求是、尊重科学的原则，及时、准确地查清事故经过、事故原因和事故损失，查明事故性质，认定事故责任，总结事故教训，提出整改措施，并对事故责任者依法追究责任。

第五条 县级以上人民政府应当依照本条例的规定，严格履行职责，及时、准确地完成事故调查处理工作。

事故发生地有关地方人民政府应当支持、配合上级人民政府或者有关部门的事故调查处理工作，并提供必要的便利条件。

参加事故调查处理的部门和单位应当互相配合，提高事故调查处理工作的效率。

第六条　工会依法参加事故调查处理，有权向有关部门提出处理意见。

第七条　任何单位和个人不得阻挠和干涉对事故的报告和依法调查处理。

第八条　对事故报告和调查处理中的违法行为，任何单位和个人有权向安全生产监督管理部门、监察机关或者其他有关部门举报，接到举报的部门应当依法及时处理。

第二章　事　故　报　告

第九条　事故发生后，事故现场有关人员应当立即向本单位负责人报告；单位负责人接到报告后，应当于 1 小时内向事故发生地县级以上人民政府安全生产监督管理部门和负有安全生产监督管理职责的有关部门报告。

情况紧急时，事故现场有关人员可以直接向事故发生地县级以上人民政府安全生产监督管理部门和负有安全生产监督管理职责的有关部门报告。

第十条　安全生产监督管理部门和负有安全生产监督管理职责的有关部门接到事故报告后，应当依照下列规定上报事故情况，并通知公安机关、劳动保障行政部门、工会和人民检察院：

（一）特别重大事故、重大事故逐级上报至国务院安全生产监督管理部门和负有安全生产监督管理职责的有关部门；

（二）较大事故逐级上报至省、自治区、直辖市人民政府安全生产监督管理部门和负有安全生产监督管理职责的有关部门；

（三）一般事故上报至设区的市级人民政府安全生产监督管理

部门和负有安全生产监督管理职责的有关部门。

安全生产监督管理部门和负有安全生产监督管理职责的有关部门依照前款规定上报事故情况，应当同时报告本级人民政府。国务院安全生产监督管理部门和负有安全生产监督管理职责的有关部门以及省级人民政府接到发生特别重大事故、重大事故的报告后，应当立即报告国务院。

必要时，安全生产监督管理部门和负有安全生产监督管理职责的有关部门可以越级上报事故情况。

第十一条　安全生产监督管理部门和负有安全生产监督管理职责的有关部门逐级上报事故情况，每级上报的时间不得超过 2 小时。

第十二条　报告事故应当包括下列内容：

（一）事故发生单位概况；

（二）事故发生的时间、地点以及事故现场情况；

（三）事故的简要经过；

（四）事故已经造成或者可能造成的伤亡人数（包括下落不明的人数）和初步估计的直接经济损失；

（五）已经采取的措施；

（六）其他应当报告的情况。

第十三条　事故报告后出现新情况的，应当及时补报。

自事故发生之日起 30 日内，事故造成的伤亡人数发生变化的，应当及时补报。道路交通事故、火灾事故自发生之日起 7 日内，事故造成的伤亡人数发生变化的，应当及时补报。

第十四条　事故发生单位负责人接到事故报告后，应当立即启动事故相应应急预案，或者采取有效措施，组织抢救，防止事故扩大，减少人员伤亡和财产损失。

第十五条　事故发生地有关地方人民政府、安全生产监督管理部门和负有安全生产监督管理职责的有关部门接到事故报告后，其负责人应当立即赶赴事故现场，组织事故救援。

第十六条 事故发生后，有关单位和人员应当妥善保护事故现场以及相关证据，任何单位和个人不得破坏事故现场、毁灭相关证据。

因抢救人员、防止事故扩大以及疏通交通等原因，需要移动事故现场物件的，应当做出标志，绘制现场简图并做出书面记录，妥善保存现场重要痕迹、物证。

第十七条 事故发生地公安机关根据事故的情况，对涉嫌犯罪的，应当依法立案侦查，采取强制措施和侦查措施。犯罪嫌疑人逃匿的，公安机关应当迅速追捕归案。

第十八条 安全生产监督管理部门和负有安全生产监督管理职责的有关部门应当建立值班制度，并向社会公布值班电话，受理事故报告和举报。

第三章 事 故 调 查

第十九条 特别重大事故由国务院或者国务院授权有关部门组织事故调查组进行调查。

重大事故、较大事故、一般事故分别由事故发生地省级人民政府、设区的市级人民政府、县级人民政府负责调查。省级人民政府、设区的市级人民政府、县级人民政府可以直接组织事故调查组进行调查，也可以授权或者委托有关部门组织事故调查组进行调查。

未造成人员伤亡的一般事故，县级人民政府也可以委托事故发生单位组织事故调查组进行调查。

第二十条 上级人民政府认为必要时，可以调查由下级人民政府负责调查的事故。

自事故发生之日起 30 日内（道路交通事故、火灾事故自发生之日起 7 日内），因事故伤亡人数变化导致事故等级发生变化，依照本条例规定应当由上级人民政府负责调查的，上级人民政府可以另行组织事故调查组进行调查。

第二十一条　特别重大事故以下等级事故，事故发生地与事故发生单位不在同一个县级以上行政区域的，由事故发生地人民政府负责调查，事故发生单位所在地人民政府应当派人参加。

第二十二条　事故调查组的组成应当遵循精简、效能的原则。

根据事故的具体情况，事故调查组由有关人民政府、安全生产监督管理部门、负有安全生产监督管理职责的有关部门、监察机关、公安机关以及工会派人组成，并应当邀请人民检察院派人参加。

事故调查组可以聘请有关专家参与调查。

第二十三条　事故调查组成员应当具有事故调查所需要的知识和专长，并与所调查的事故没有直接利害关系。

第二十四条　事故调查组组长由负责事故调查的人民政府指定。事故调查组组长主持事故调查组的工作。

第二十五条　事故调查组履行下列职责：

（一）查明事故发生的经过、原因、人员伤亡情况及直接经济损失；

（二）认定事故的性质和事故责任；

（三）提出对事故责任者的处理建议；

（四）总结事故教训，提出防范和整改措施；

（五）提交事故调查报告。

第二十六条　事故调查组有权向有关单位和个人了解与事故有关的情况，并要求其提供相关文件、资料，有关单位和个人不得拒绝。

事故发生单位的负责人和有关人员在事故调查期间不得擅离职守，并应当随时接受事故调查组的询问，如实提供有关情况。

事故调查中发现涉嫌犯罪的，事故调查组应当及时将有关材料或者其复印件移交司法机关处理。

第二十七条 事故调查中需要进行技术鉴定的，事故调查组应当委托具有国家规定资质的单位进行技术鉴定。必要时，事故调查组可以直接组织专家进行技术鉴定。技术鉴定所需时间不计入事故调查期限。

第二十八条 事故调查组成员在事故调查工作中应当诚信公正、恪尽职守，遵守事故调查组的纪律，保守事故调查的秘密。

未经事故调查组组长允许，事故调查组成员不得擅自发布有关事故的信息。

第二十九条 事故调查组应当自事故发生之日起 60 日内提交事故调查报告；特殊情况下，经负责事故调查的人民政府批准，提交事故调查报告的期限可以适当延长，但延长的期限最长不超过 60 日。

第三十条 事故调查报告应当包括下列内容：

（一）事故发生单位概况；

（二）事故发生经过和事故救援情况；

（三）事故造成的人员伤亡和直接经济损失；

（四）事故发生的原因和事故性质；

（五）事故责任的认定以及对事故责任者的处理建议；

（六）事故防范和整改措施。

事故调查报告应当附具有关证据材料。事故调查组成员应当在事故调查报告上签名。

第三十一条 事故调查报告报送负责事故调查的人民政府后，事故调查工作即告结束。事故调查的有关资料应当归档保存。

第四章 事 故 处 理

第三十二条 重大事故、较大事故、一般事故，负责事故调查的人民政府应当自收到事故调查报告之日起 15 日内做出批复；特别重大事故，30 日内做出批复，特殊情况下，批复时间可以适当延长，但延长的时间最长不超过 30 日。

有关机关应当按照人民政府的批复，依照法律、行政法规规定的权限和程序，对事故发生单位和有关人员进行行政处罚，对负有事故责任的国家工作人员进行处分。

事故发生单位应当按照负责事故调查的人民政府的批复，对本单位负有事故责任的人员进行处理。

负有事故责任的人员涉嫌犯罪的，依法追究刑事责任。

第三十三条 事故发生单位应当认真吸取事故教训，落实防范和整改措施，防止事故再次发生。防范和整改措施的落实情况应当接受工会和职工的监督。

安全生产监督管理部门和负有安全生产监督管理职责的有关部门应当对事故发生单位落实防范和整改措施的情况进行监督检查。

第三十四条 事故处理的情况由负责事故调查的人民政府或者其授权的有关部门、机构向社会公布，依法应当保密的除外。

第五章 法 律 责 任

第三十五条 事故发生单位主要负责人有下列行为之一的，处上一年年收入 40% 至 80% 的罚款；属于国家工作人员的，并依法给予处分；构成犯罪的，依法追究刑事责任：

（一）不立即组织事故抢救的；

（二）迟报或者漏报事故的；

（三）在事故调查处理期间擅离职守的。

第三十六条 事故发生单位及其有关人员有下列行为之一的，对事故发生单位处 100 万元以上 500 万元以下的罚款；对主要负责人、直接负责的主管人员和其他直接责任人员处上一年年收入 60% 至 100% 的罚款；属于国家工作人员的，并依法给予处分；构成违反治安管理行为的，由公安机关依法给予治安管理处罚；构成犯罪的，依法追究刑事责任：

（一）谎报或者瞒报事故的；

（二）伪造或者故意破坏事故现场的；

（三）转移、隐匿资金、财产，或者销毁有关证据、资料的；

（四）拒绝接受调查或者拒绝提供有关情况和资料的；

（五）在事故调查中作伪证或者指使他人作伪证的；

（六）事故发生后逃匿的。

第三十七条 事故发生单位对事故发生负有责任的，依照下列规定处以罚款：

（一）发生一般事故的，处 10 万元以上 20 万元以下的罚款；

（二）发生较大事故的，处 20 万元以上 50 万元以下的罚款；

（三）发生重大事故的，处 50 万元以上 200 万元以下的罚款；

（四）发生特别重大事故的，处 200 万元以上 500 万元以下的罚款。

第三十八条 事故发生单位主要负责人未依法履行安全生产管理职责，导致事故发生的，依照下列规定处以罚款；属于国家工作人员的，并依法给予处分；构成犯罪的，依法追究刑事责任：

（一）发生一般事故的，处上一年年收入 30% 的罚款；

（二）发生较大事故的，处上一年年收入 40% 的罚款；

（三）发生重大事故的，处上一年年收入 60% 的罚款；

（四）发生特别重大事故的，处上一年年收入 80% 的罚款。

第三十九条 有关地方人民政府、安全生产监督管理部门和负有安全生产监督管理职责的有关部门有下列行为之一的，对直接负责的主管人员和其他直接责任人员依法给予处分；构成犯罪的，依法追究刑事责任：

（一）不立即组织事故抢救的；

（二）迟报、漏报、谎报或者瞒报事故的；

（三）阻碍、干涉事故调查工作的；

（四）在事故调查中作伪证或者指使他人作伪证的。

第四十条 事故发生单位对事故发生负有责任的，由有关部门依法暂扣或者吊销其有关证照；对事故发生单位负有事故责任的有关人员，依法暂停或者撤销其与安全生产有关的执业资格、岗位证书；事故发生单位主要负责人受到刑事处罚或者撤职处分的，自刑罚执行完毕或者受处分之日起，5 年内不得担任任何生产经营单位的主要负责人。

为发生事故的单位提供虚假证明的中介机构，由有关部门依法暂扣或者吊销其有关证照及其相关人员的执业资格；构成犯罪的，依法追究刑事责任。

第四十一条 参与事故调查的人员在事故调查中有下列行为之一的，依法给予处分；构成犯罪的，依法追究刑事责任：

（一）对事故调查工作不负责任，致使事故调查工作有重大疏漏的；

（二）包庇、袒护负有事故责任的人员或者借机打击报复的。

第四十二条 违反本条例规定，有关地方人民政府或者有关部门故意拖延或者拒绝落实经批复的对事故责任人的处理意见的，由监察机关对有关责任人员依法给予处分。

第四十三条 本条例规定的罚款的行政处罚，由安全生产监督管理部门决定。

法律、行政法规对行政处罚的种类、幅度和决定机关另有规定的，依照其规定。

第六章　附　　则

第四十四条　没有造成人员伤亡，但是社会影响恶劣的事故，国务院或者有关地方人民政府认为需要调查处理的，依照本条例的有关规定执行。

国家机关、事业单位、人民团体发生的事故的报告和调查处理，参照本条例的规定执行。

第四十五条　特别重大事故以下等级事故的报告和调查处理，有关法律、行政法规或者国务院另有规定的，依照其规定。

第四十六条　本条例自 2007 年 6 月 1 日起施行。国务院 1989 年 3 月 29 日公布的《特别重大事故调查程序暂行规定》和 1991 年 2 月 22 日公布的《企业职工伤亡事故报告和处理规定》同时废止。